AF447202

Copyright @2021 Kingschool Edition

Tous les droits sont réservés

Si vous avez des suggestions sur la façon d'améliorer notre livre, ce que nous pouvons changer ou ajouter pour le rendre plus utiles en particulier à vos enfants, n'hésitez pas à nous contacter à kamal.elhattab@gmail.com nous serions heureux d'avoir des nouvelles de votre part.

Merci de votre confiance en choisissant notre livre et n'hésitez pas à nous soutenir en laissant un commentaire

Géométrie !

Table des matières

Périmètre

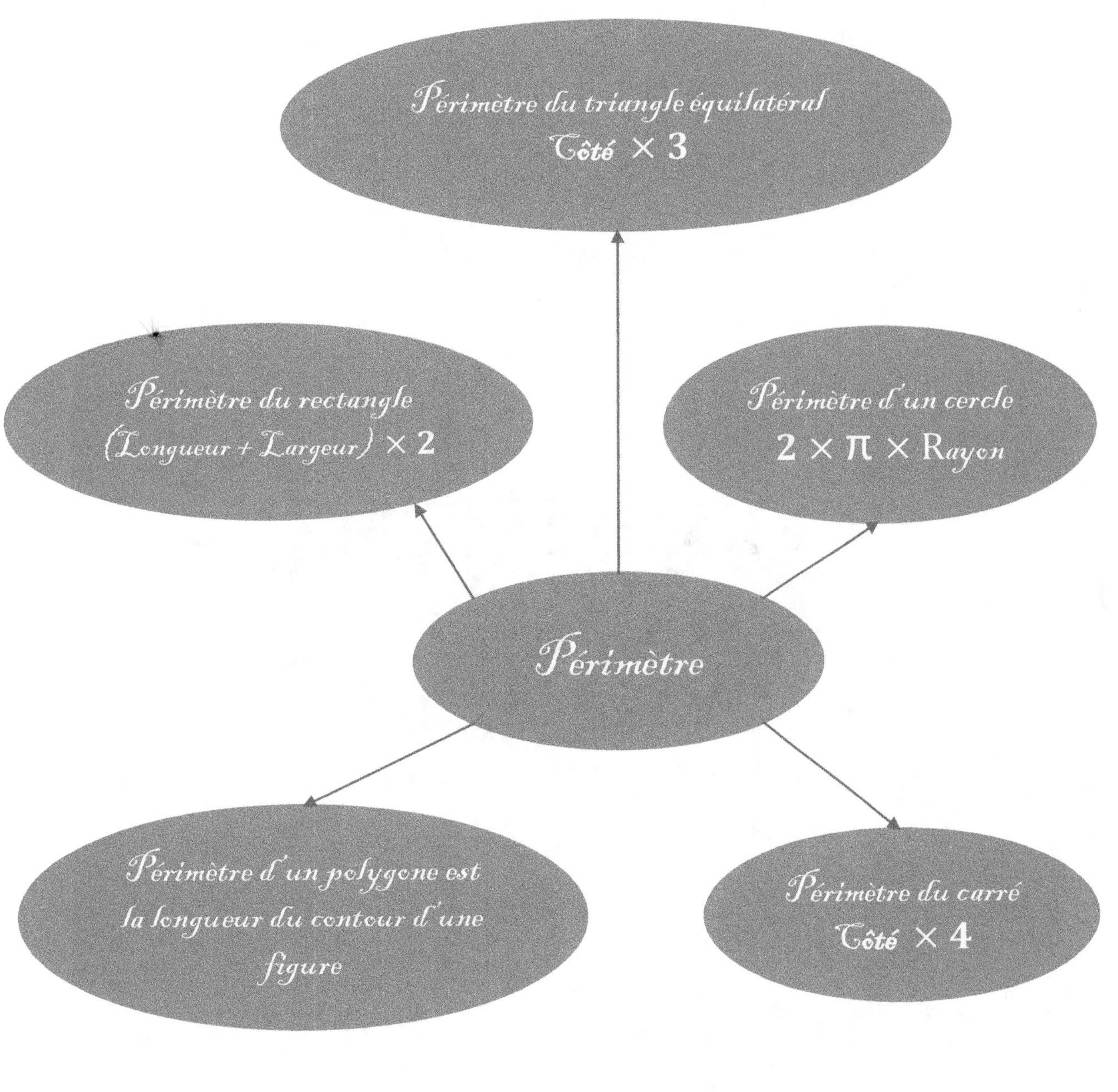

Périmètre du triangle équilatéral
Côté × 3
Périmètre du rectangle
(Longueur + Largeur) × 2
Périmètre d'un cercle
2 × π × Rayon
Périmètre
Périmètre d'un polygone est la longueur du contour d'une figure
Périmètre du carré
Côté × 4

Aire

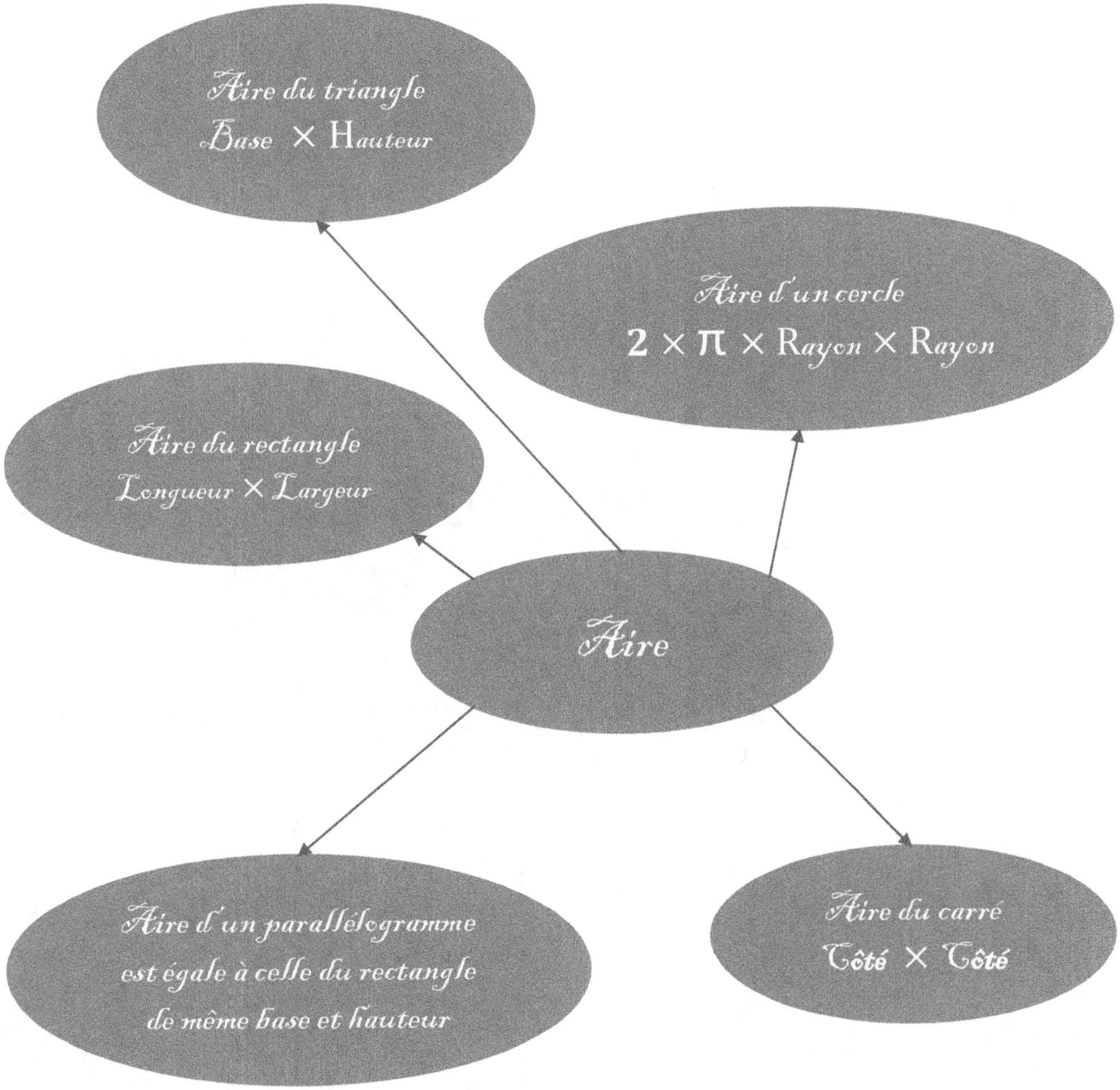

Aire du triangle
Base $\times$ Hauteur

Aire d'un cercle
$2 \times \pi \times$ Rayon $\times$ Rayon

Aire du rectangle
Longueur $\times$ Largeur

Aire

Aire d'un parallélogramme
est égale à celle du rectangle
de même base et hauteur

Aire du carré
Côté $\times$ Côté

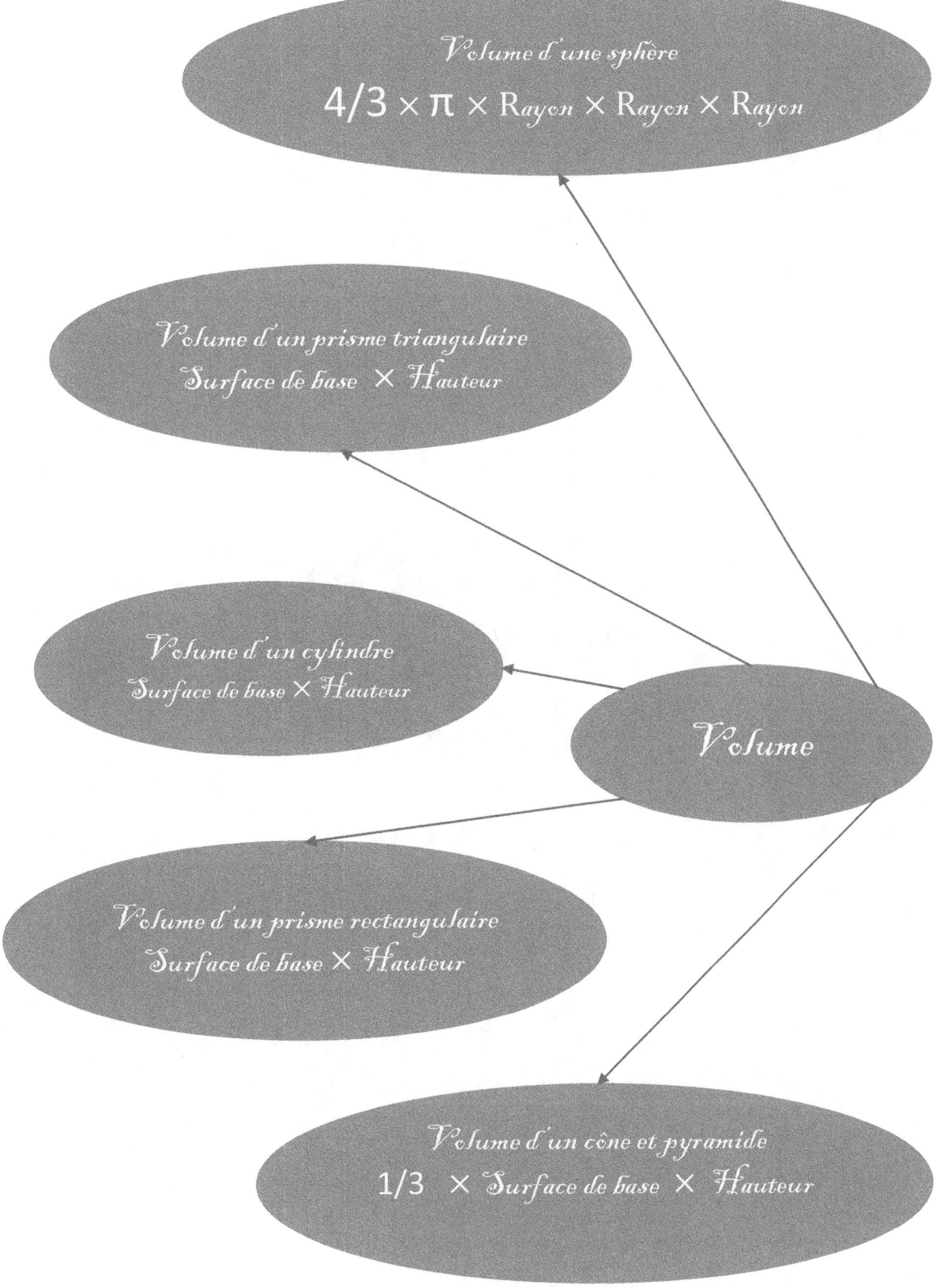

Volume d'une sphère
$4/3 \times \pi \times$ Rayon $\times$ Rayon $\times$ Rayon

Volume d'un prisme triangulaire
Surface de base $\times$ Hauteur

Volume d'un cylindre
Surface de base $\times$ Hauteur

Volume

Volume d'un prisme rectangulaire
Surface de base $\times$ Hauteur

Volume d'un cône et pyramide
$1/3 \times$ Surface de base $\times$ Hauteur

Exercices

Calculer le périmètre

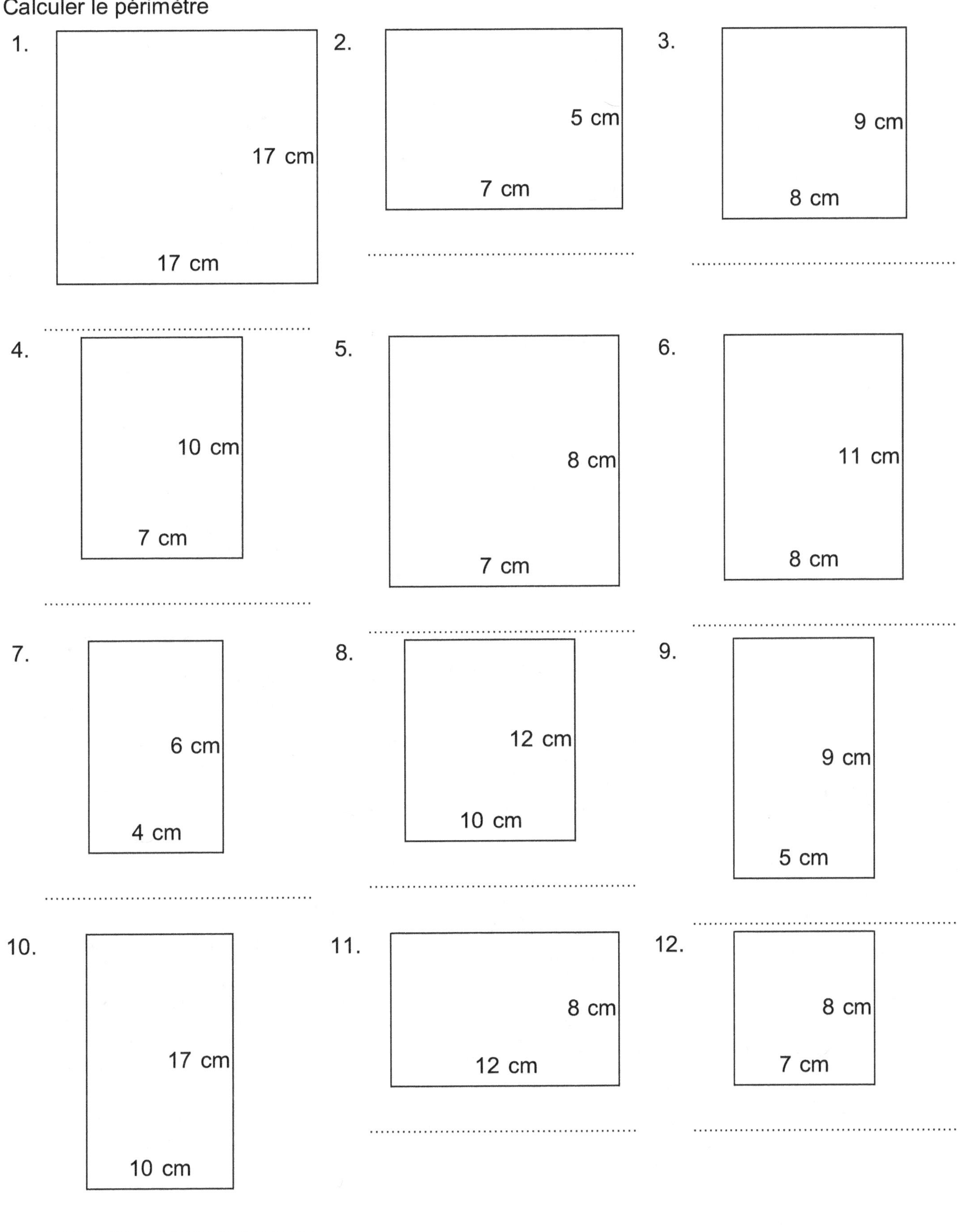

© KingSchool Edition

Calculer le périmètre

1.
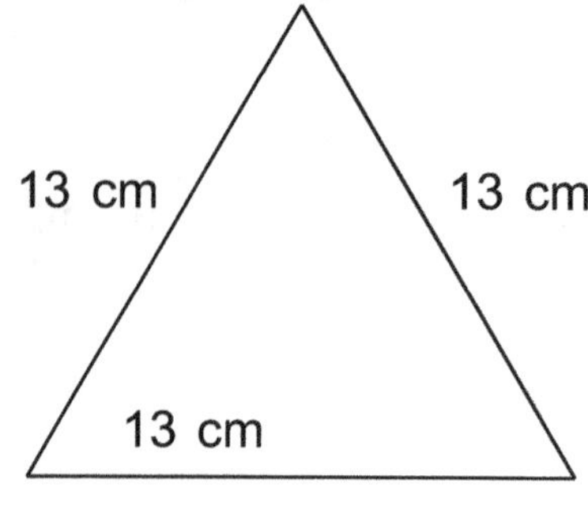

....

2.
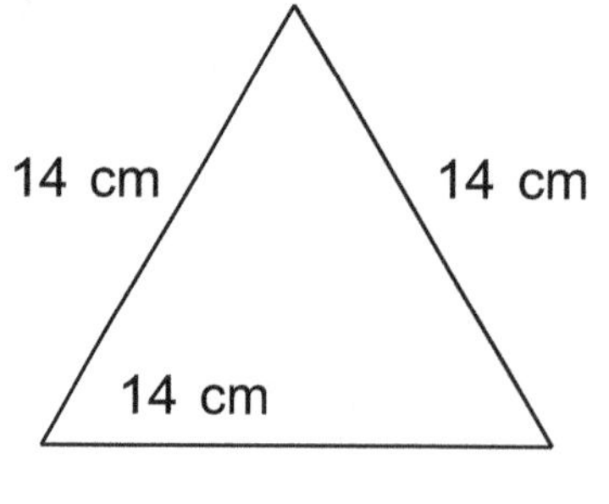

....

3.
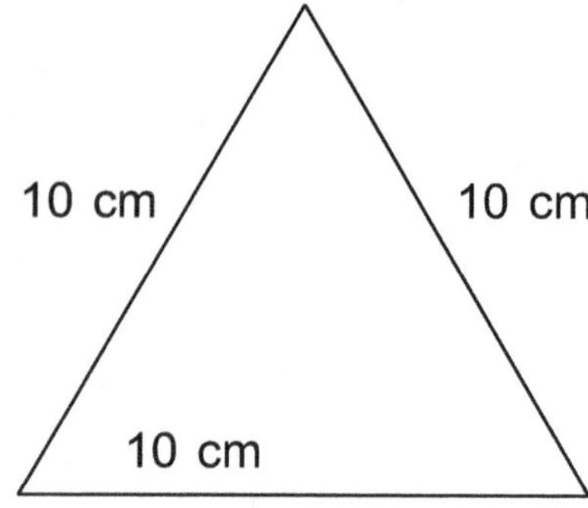

....

4.
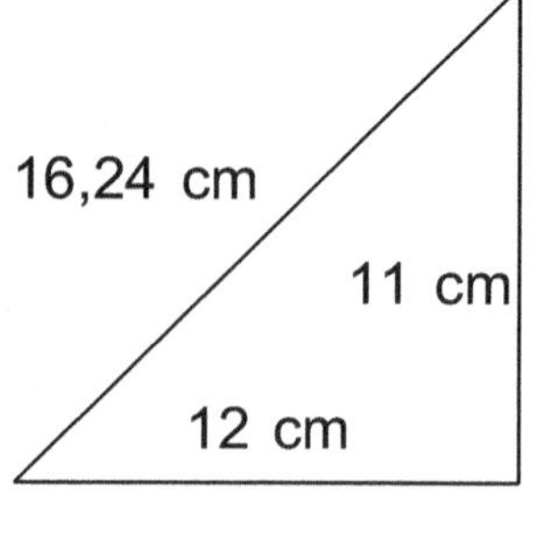

....

5.
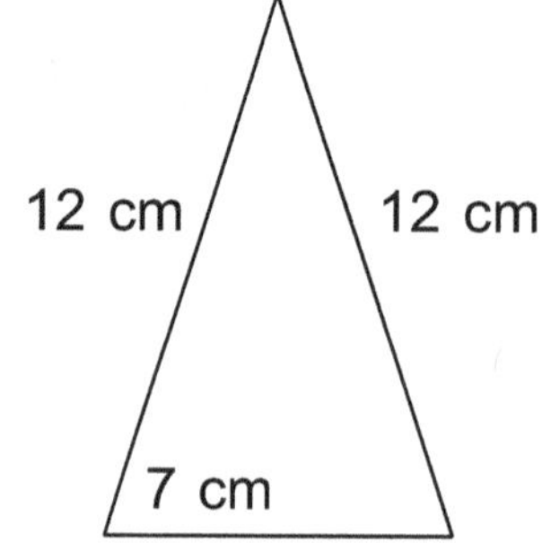

....

6.
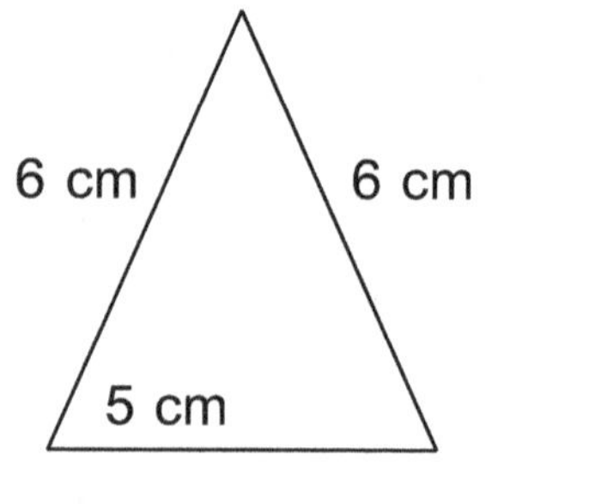

....

7.
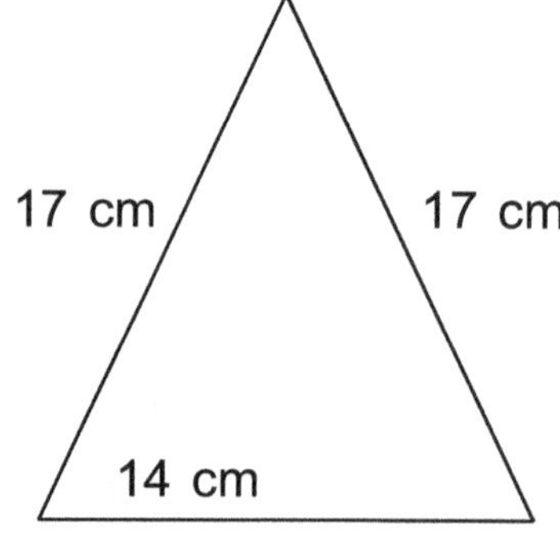

....

8.
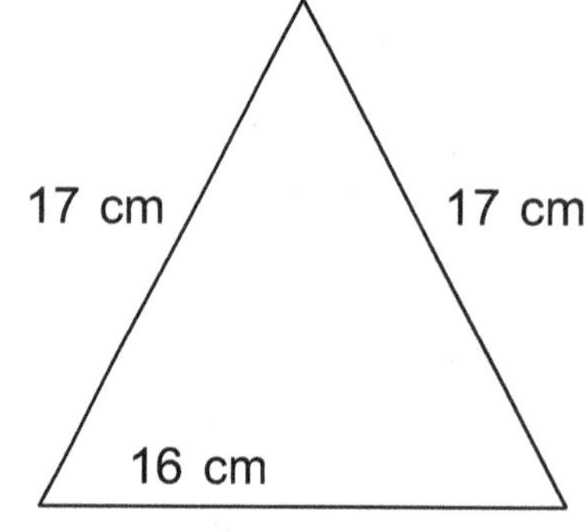

....

9.
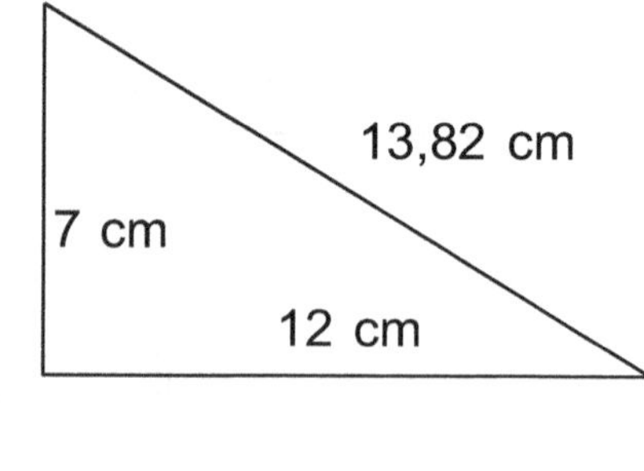

....

10.
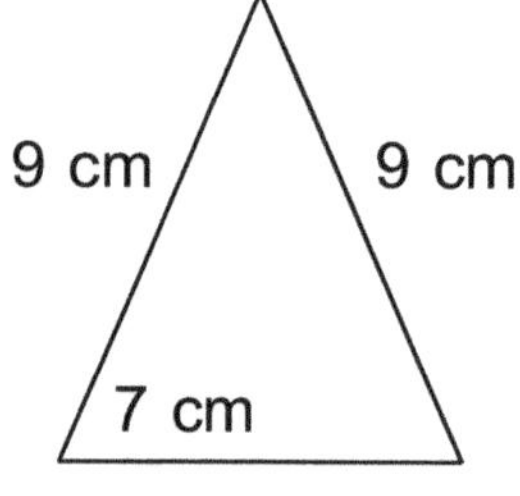

....

11.
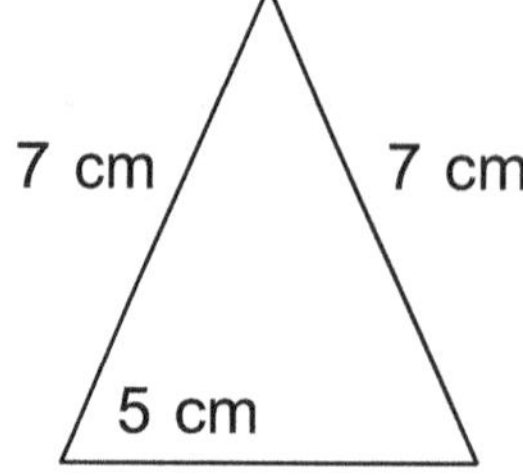

....

12.
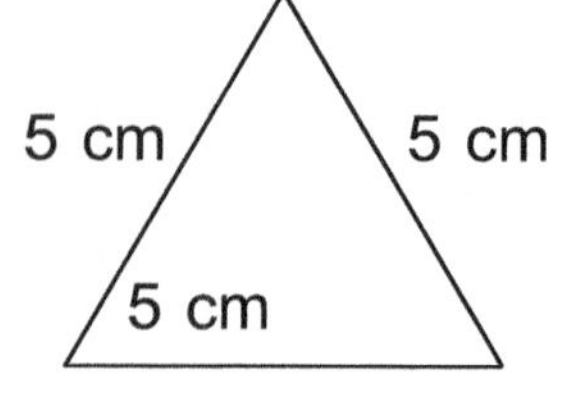

....

© KingSchool Edition

Calculer le périmètre

1. 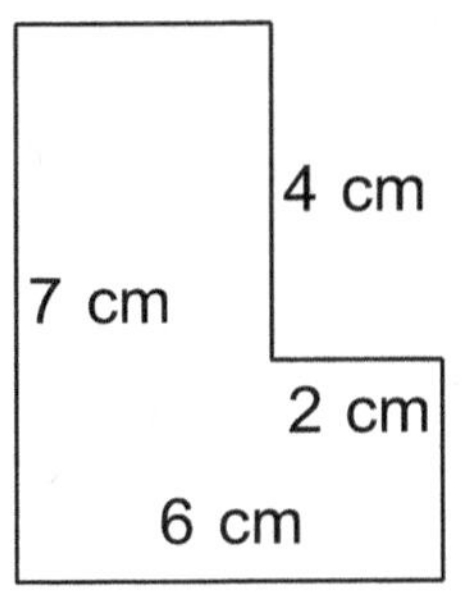

2. 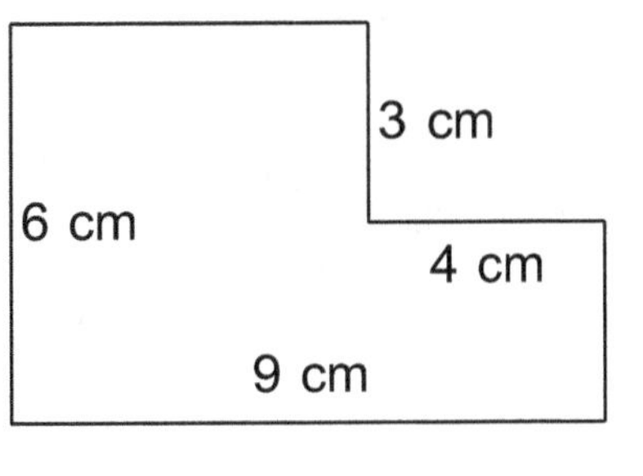

3. 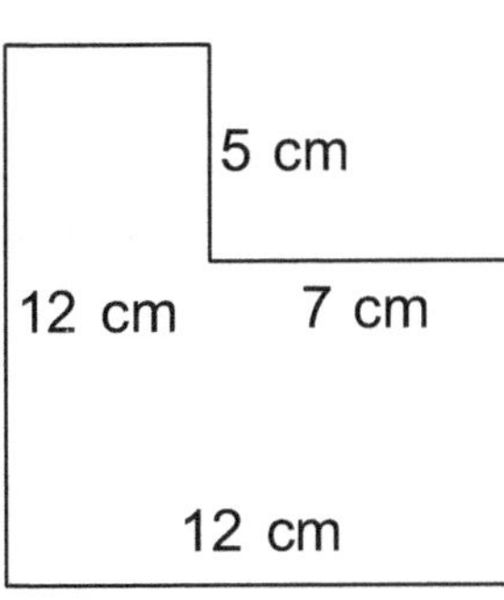

4. 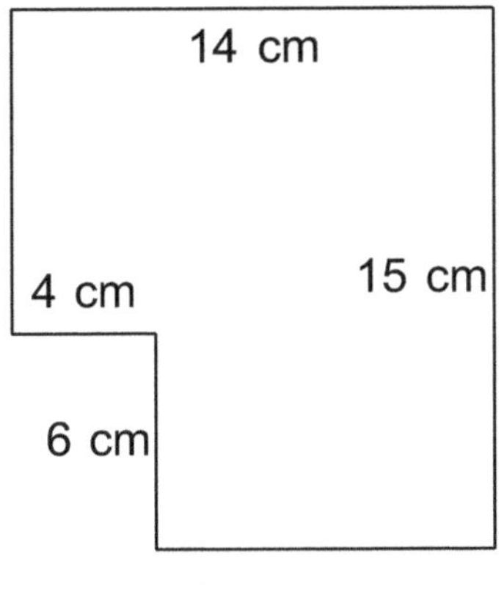

5. 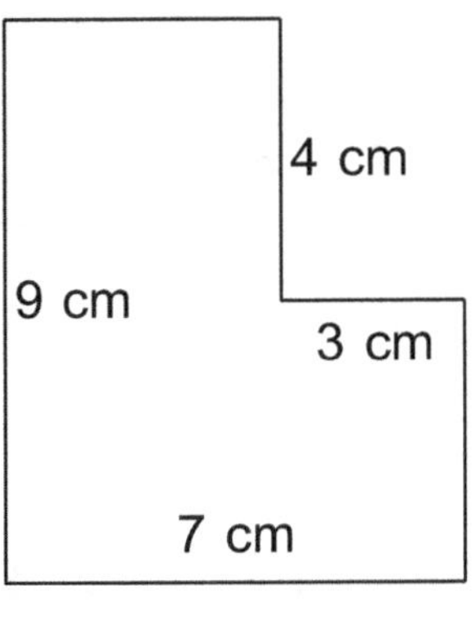

6. 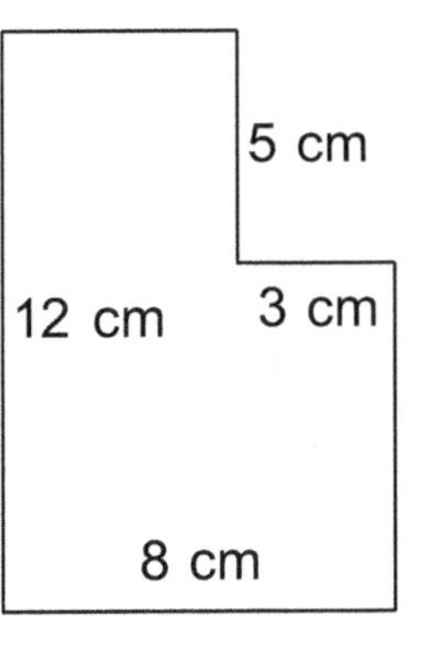

7. 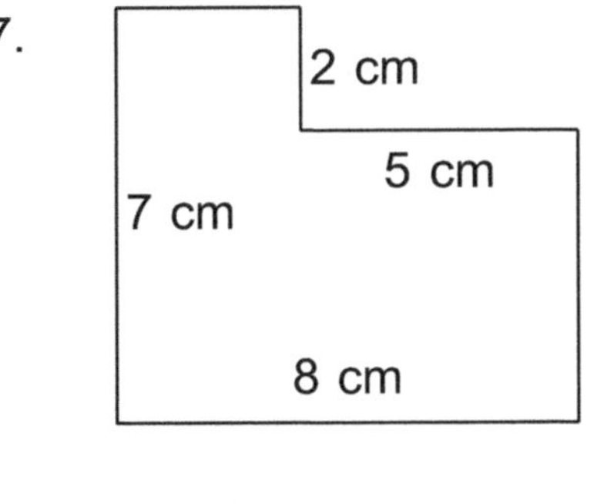

8. 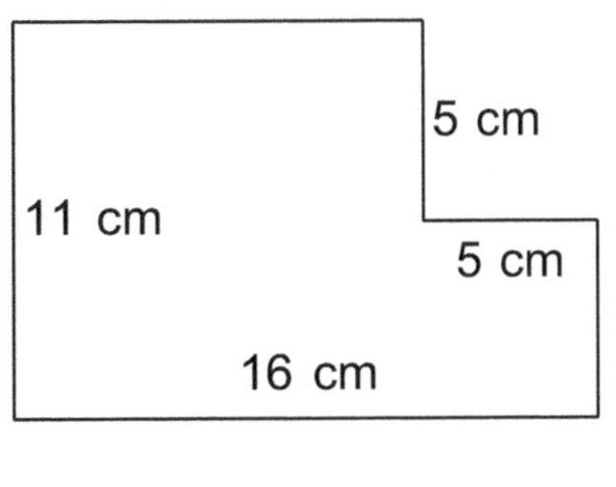

9. 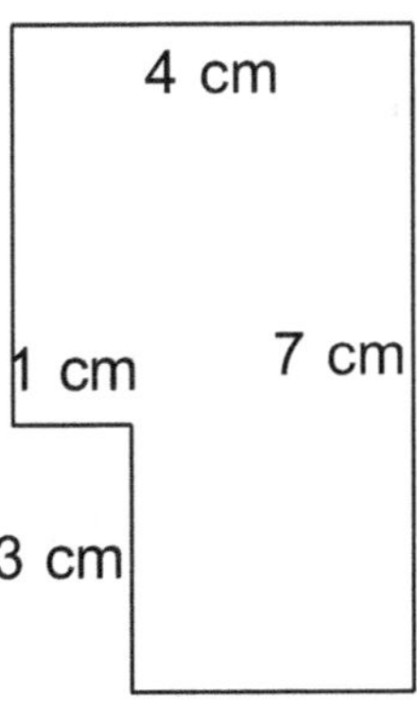

10. 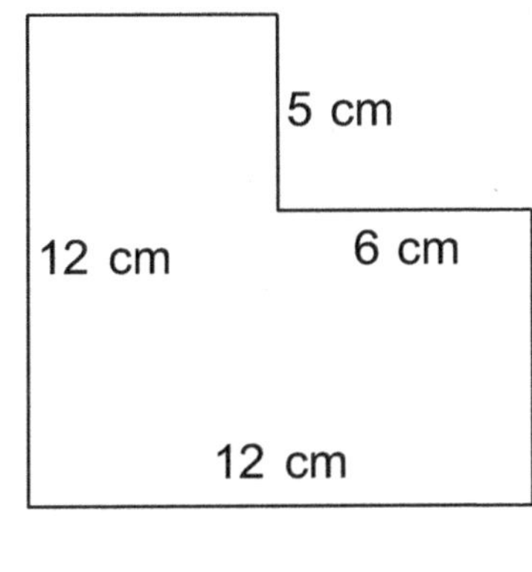

11. 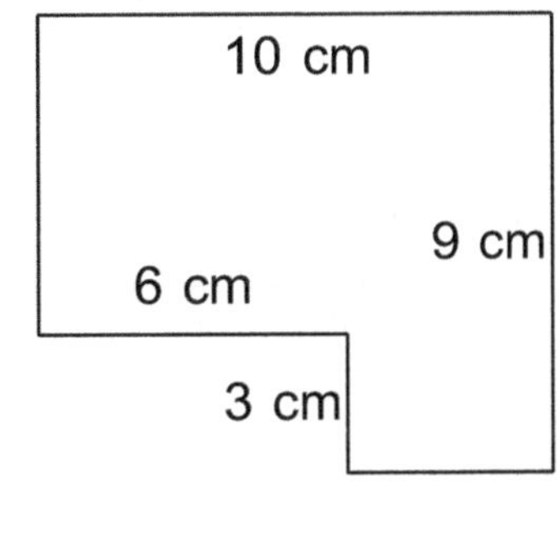

12. 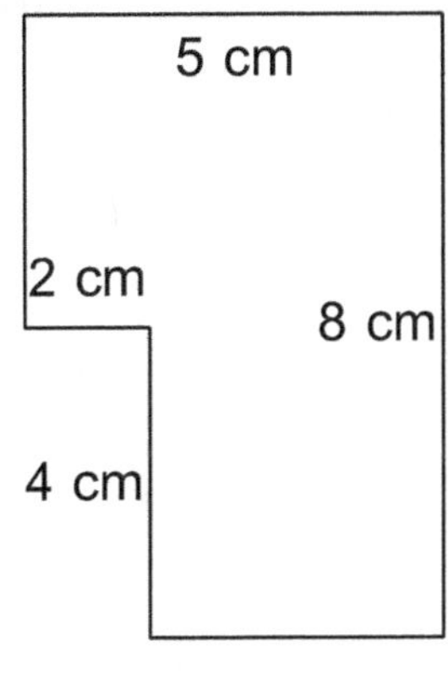

© KingSchool Edition

Calculer le périmètre

1. 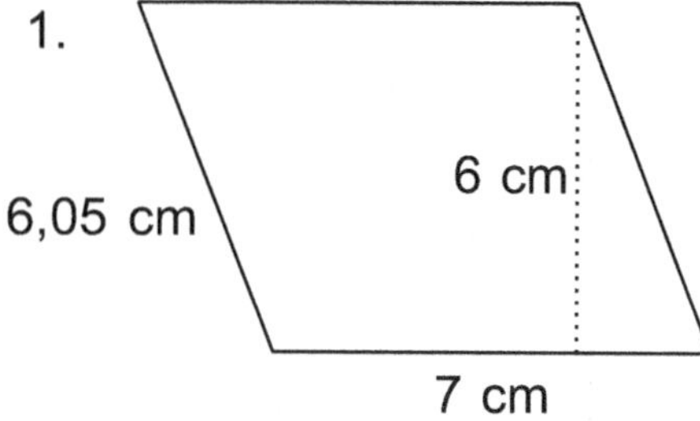

6,05 cm   6 cm   7 cm

2. 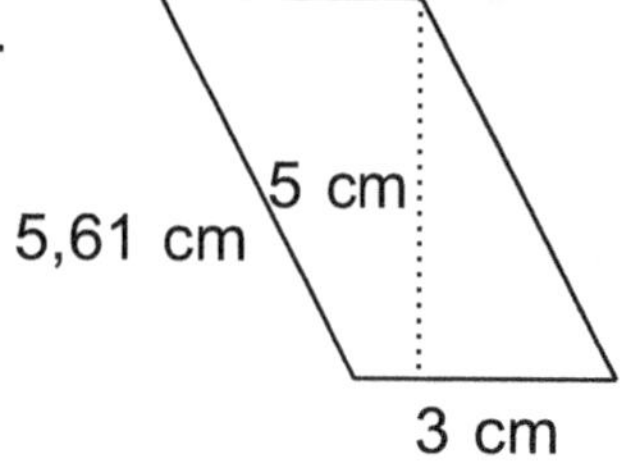

5,61 cm   5 cm   3 cm

3. 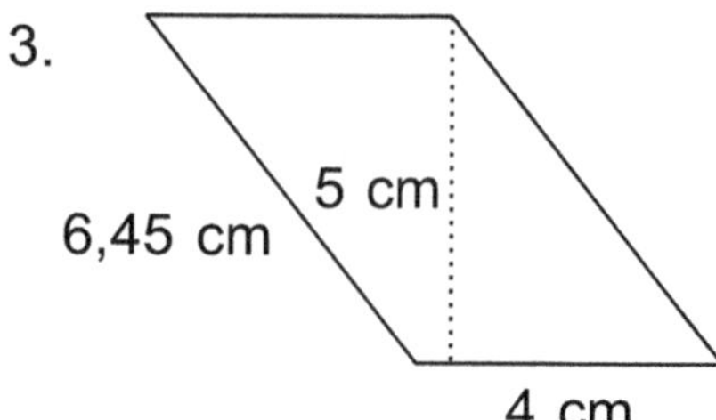

6,45 cm   5 cm   4 cm

4. 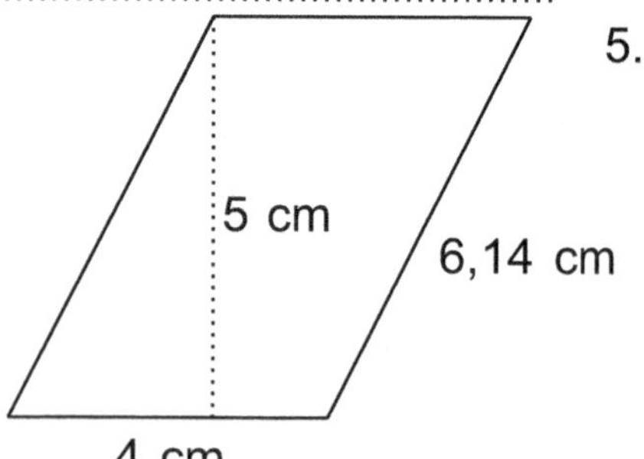

5 cm   6,14 cm   4 cm

5. 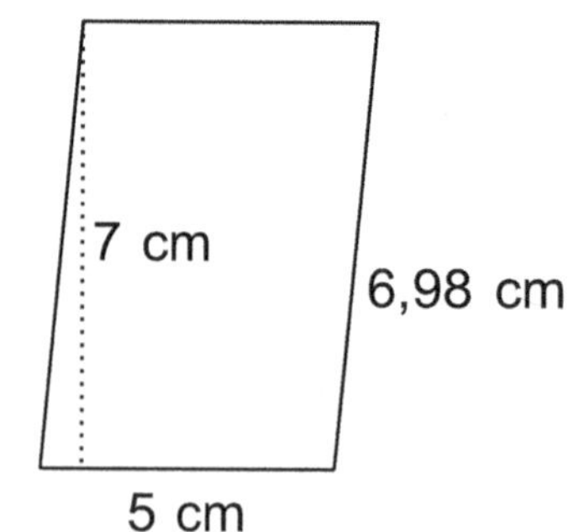

7 cm   6,98 cm   5 cm

6. 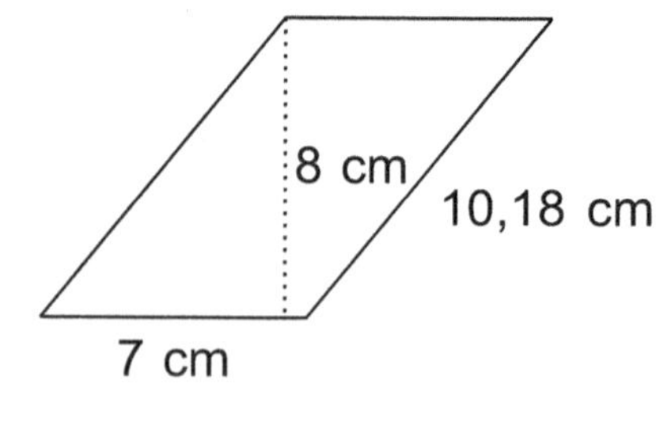

8 cm   10,18 cm   7 cm

7. 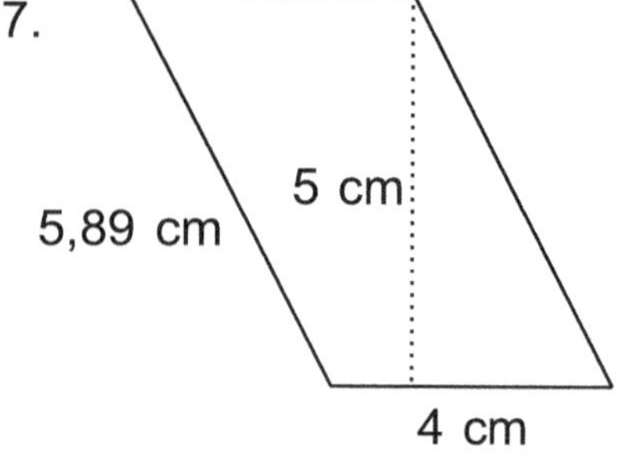

5,89 cm   5 cm   4 cm

8. 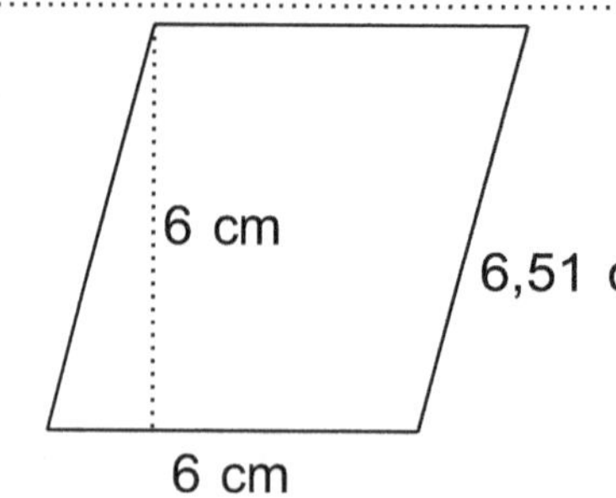

6 cm   6,51 cm   6 cm

9. 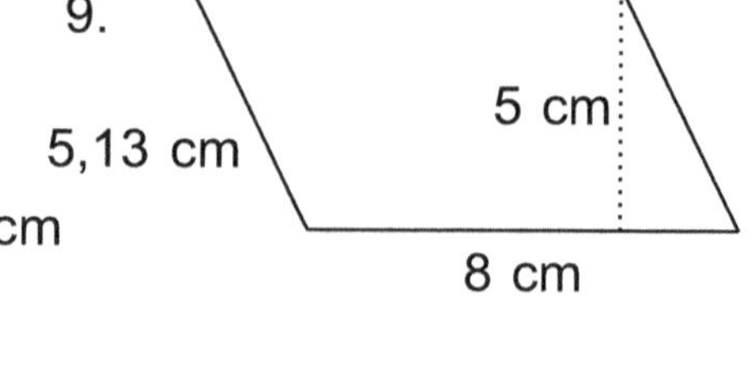

5,13 cm   5 cm   8 cm

10. 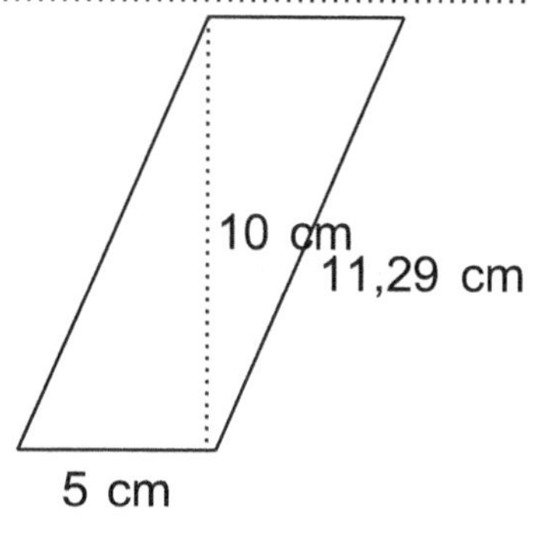

10 cm   11,29 cm   5 cm

11. 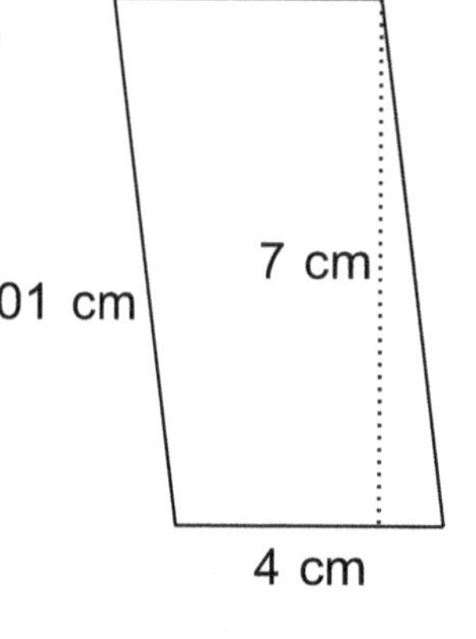

7,01 cm   7 cm   4 cm

12. 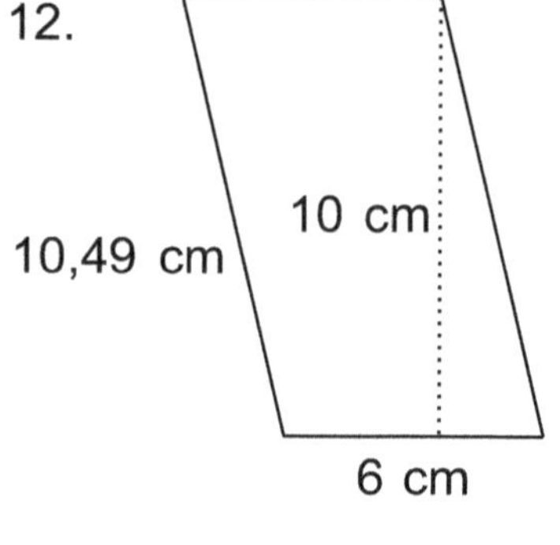

10,49 cm   10 cm   6 cm

© KingSchool Edition

Calculer la surface

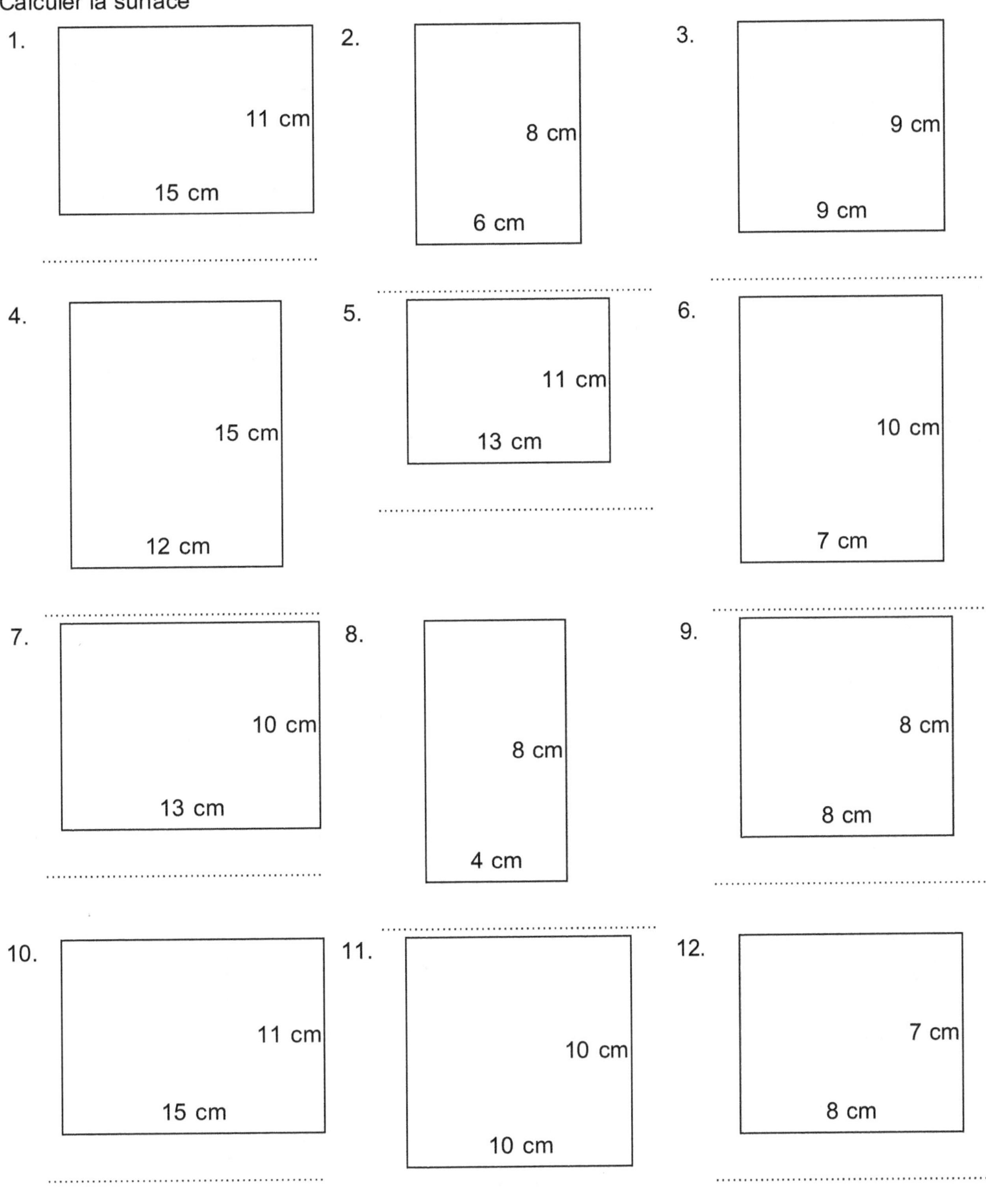

© KingSchool Edition

Calculer la surface

1. 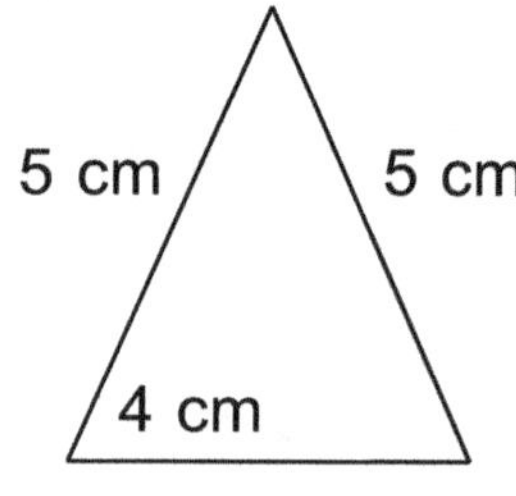

....

2. 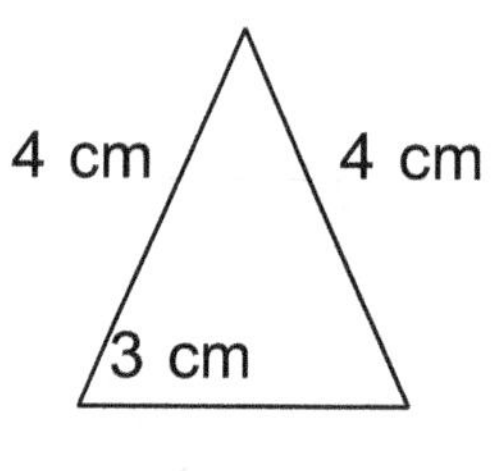

....

3. 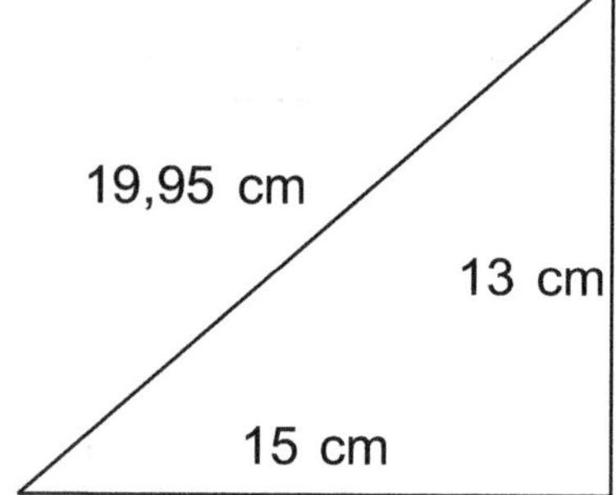

4. 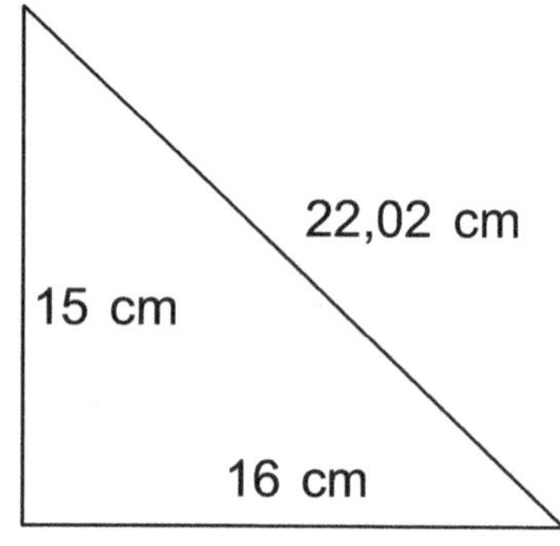

5. 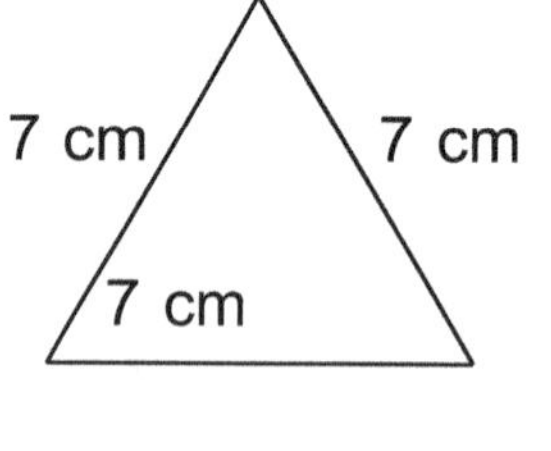

....

6. 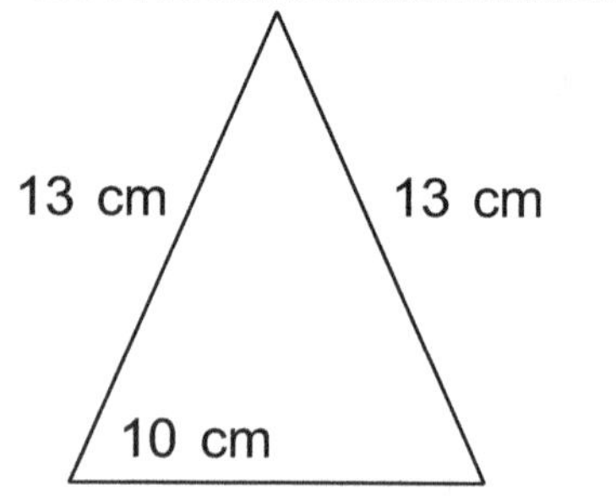

7. 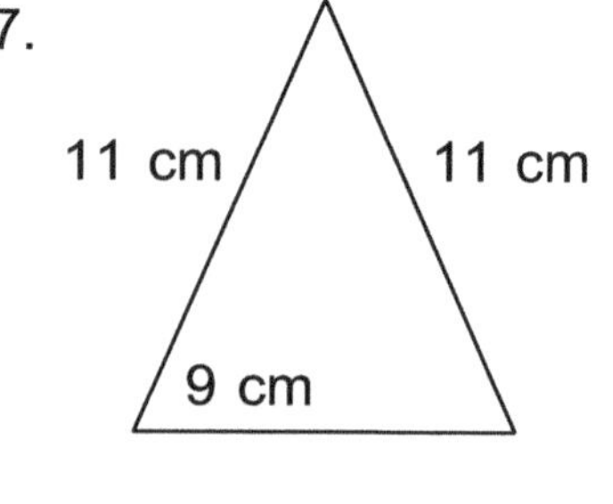

....

8. 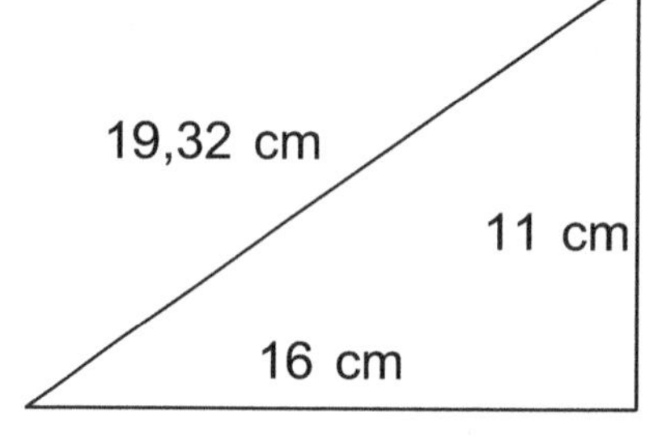

....

9. 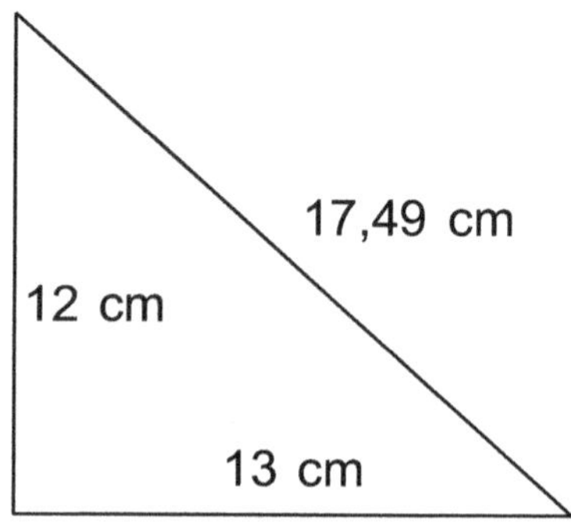

10. 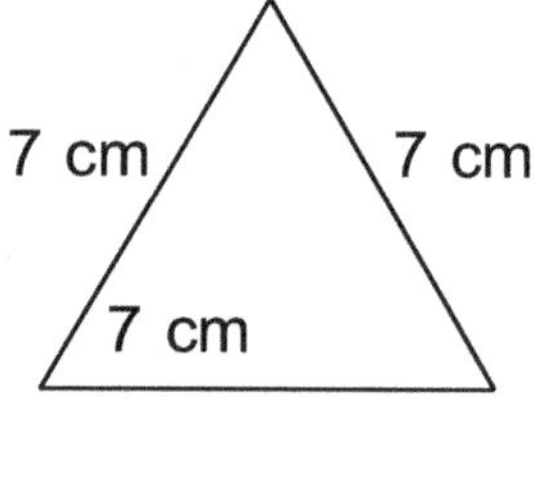

....

11. 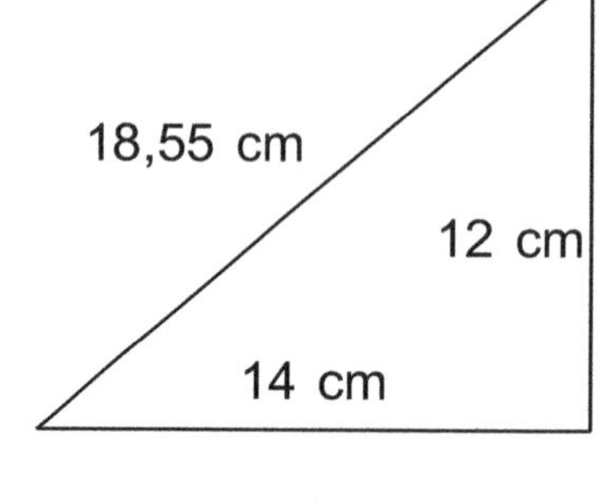

....

12. 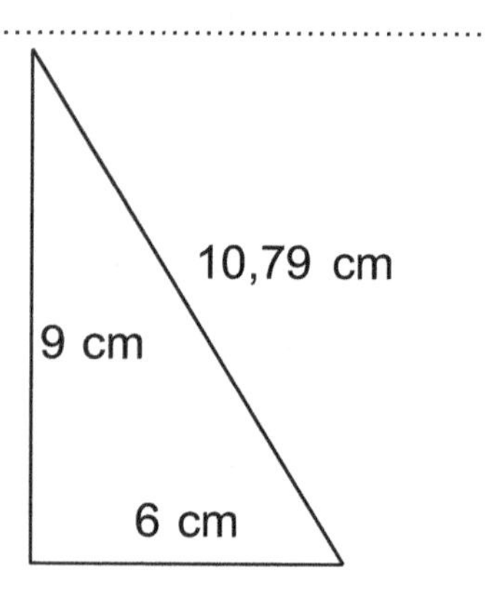

....

© KingSchool Edition

Calculer la surface

1.

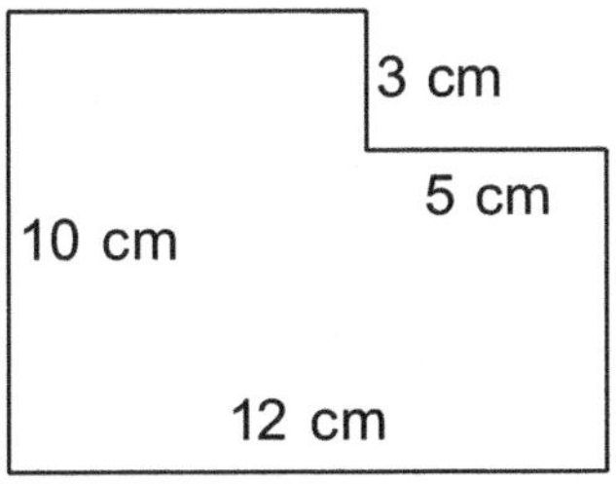

3 cm
5 cm
10 cm
12 cm

....

2.

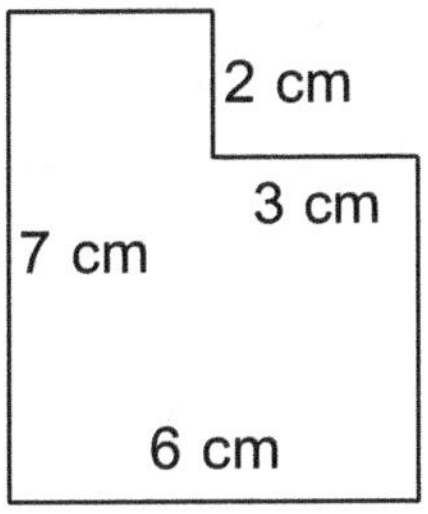

2 cm
3 cm
7 cm
6 cm

....

3.

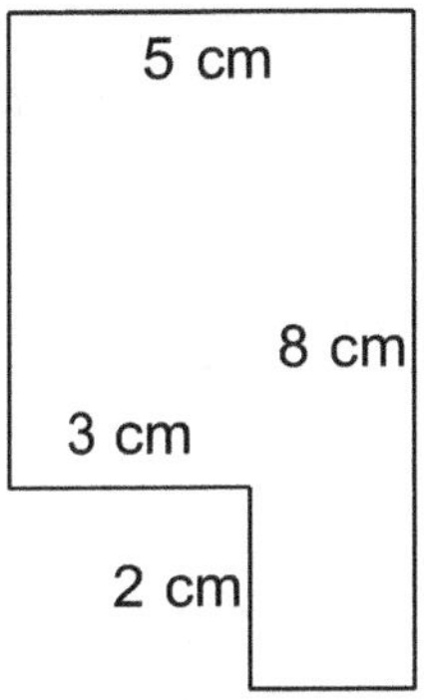

5 cm
8 cm
3 cm
2 cm

....

4.

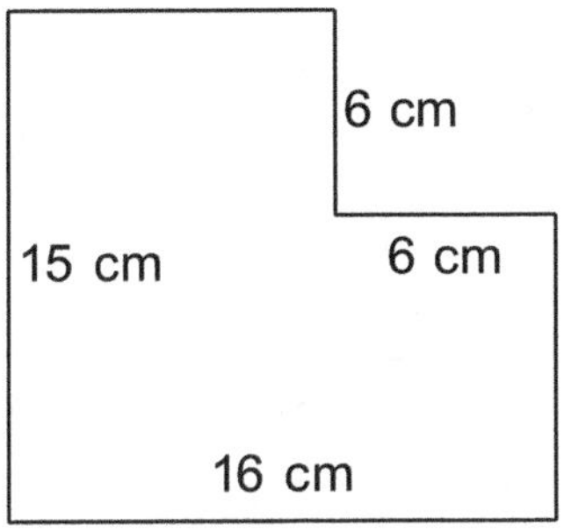

6 cm
15 cm
6 cm
16 cm

....

5.

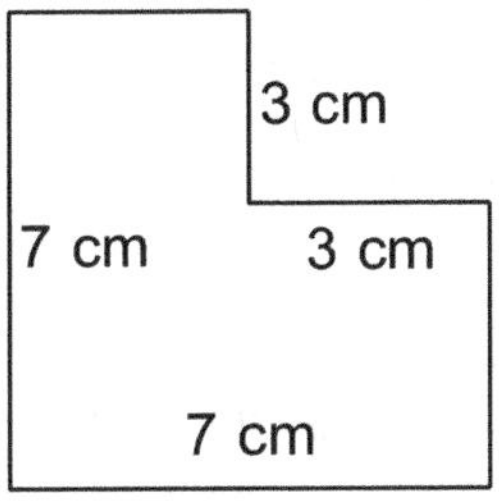

3 cm
7 cm
3 cm
7 cm

....

6.

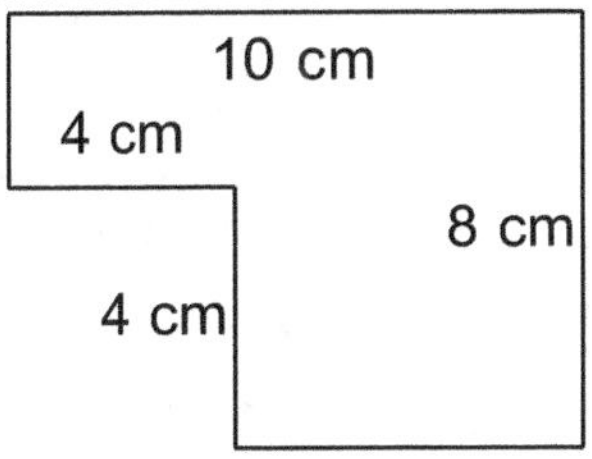

10 cm
4 cm
8 cm
4 cm

....

7.

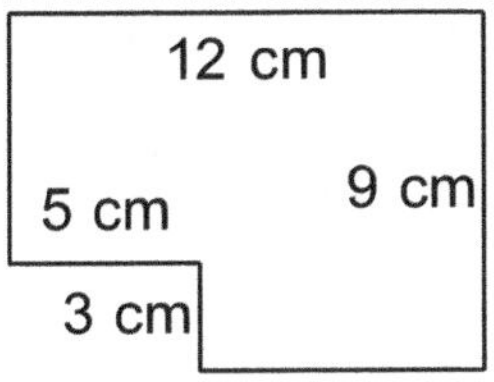

12 cm
5 cm
9 cm
3 cm

....

8.

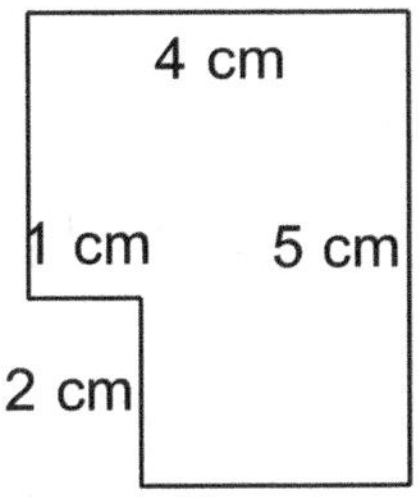

4 cm
1 cm
5 cm
2 cm

....

9.

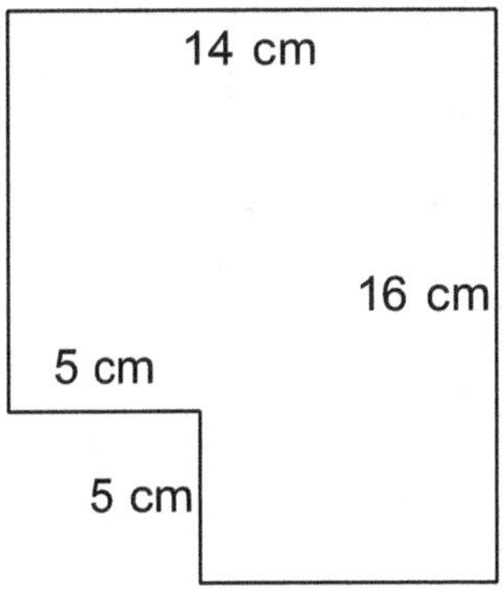

14 cm
16 cm
5 cm
5 cm

....

10.

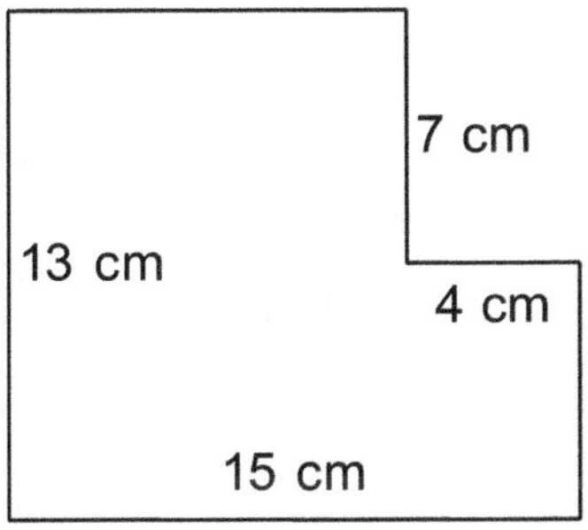

7 cm
13 cm
4 cm
15 cm

....

11.

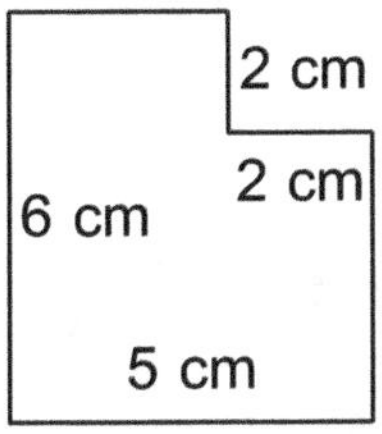

2 cm
2 cm
6 cm
5 cm

....

12.

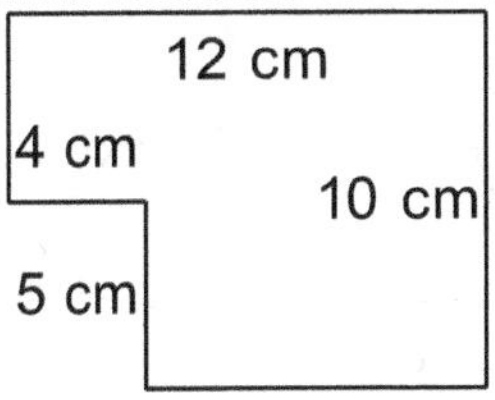

12 cm
4 cm
10 cm
5 cm

....

© KingSchool Edition

Calculer la surface

1. 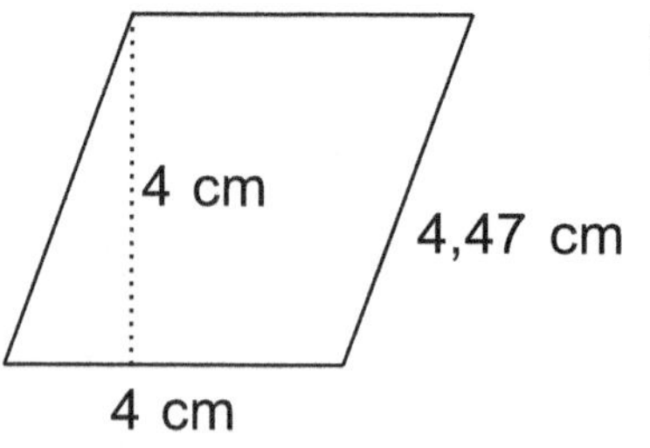

2. 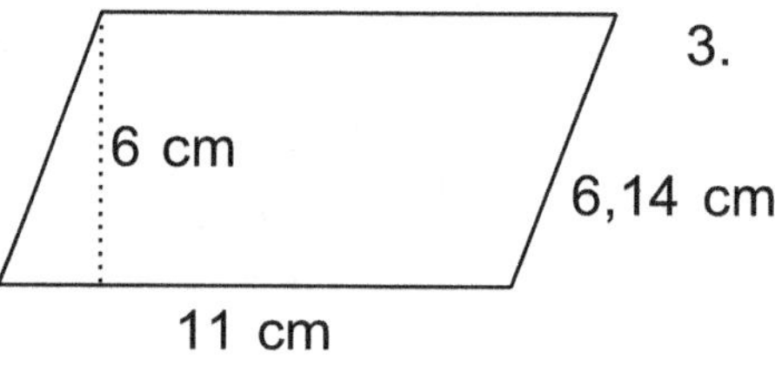

....

3. 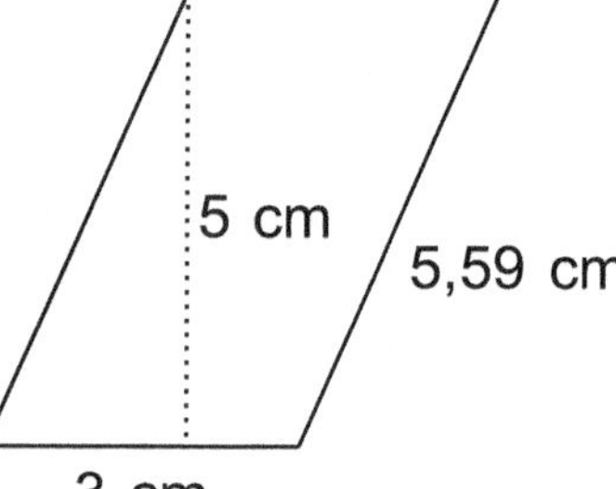

4. 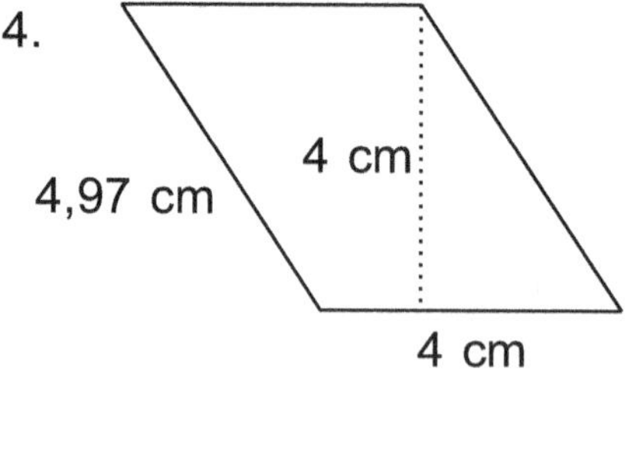

....

5. 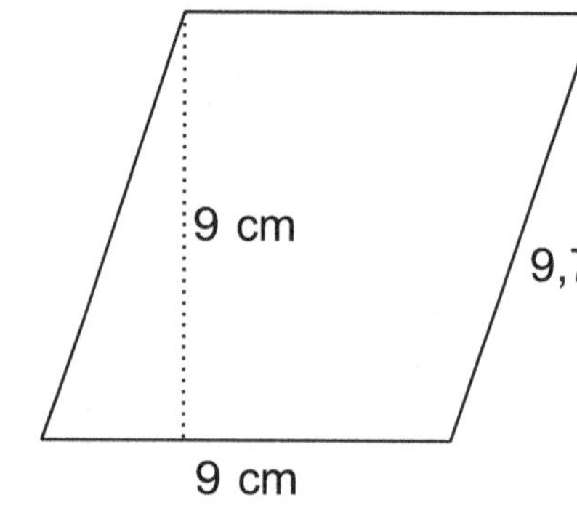

6. 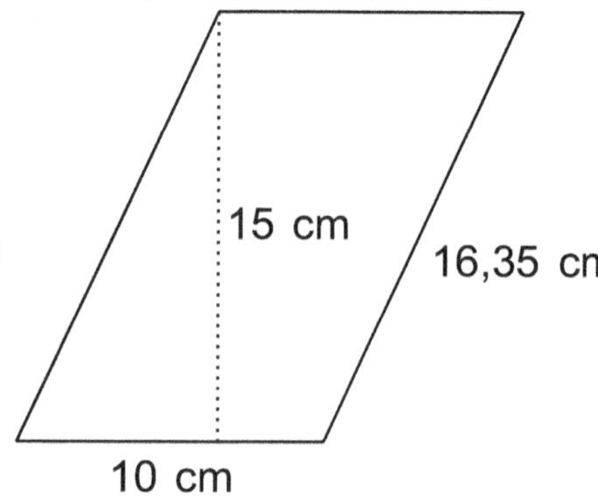

....

7. 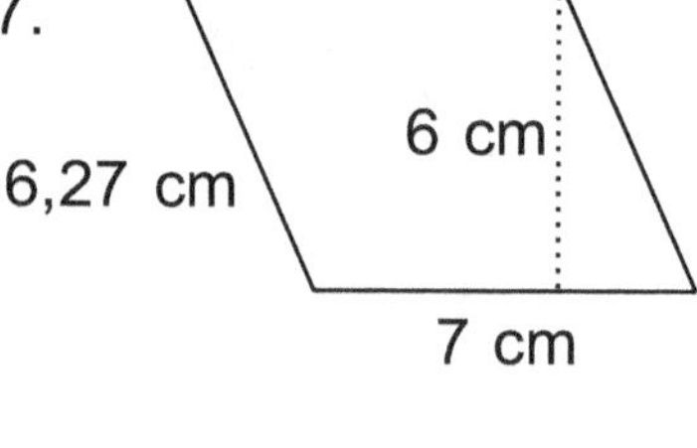

....

8. 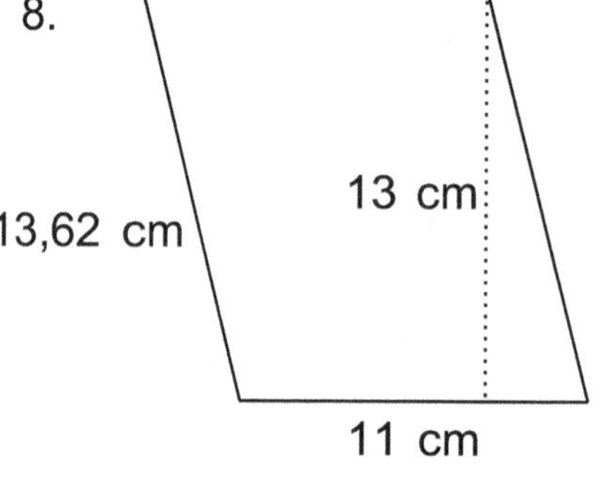

9. 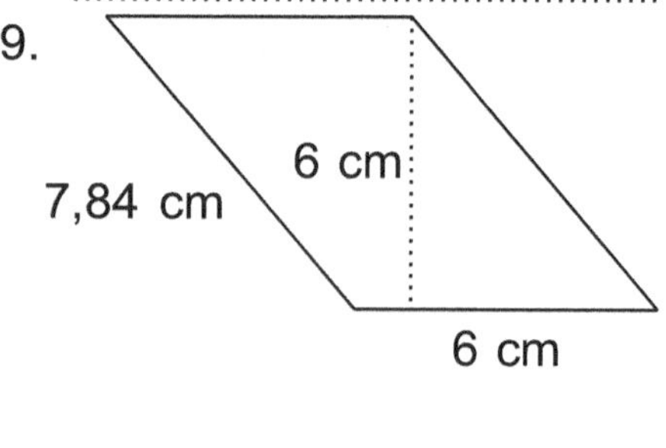

....

10. 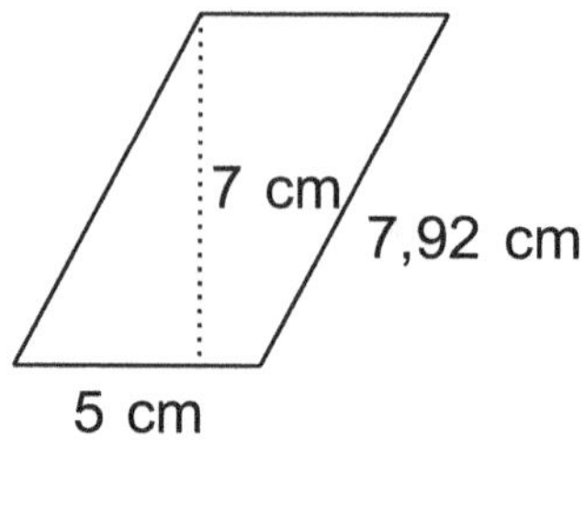

....

11. 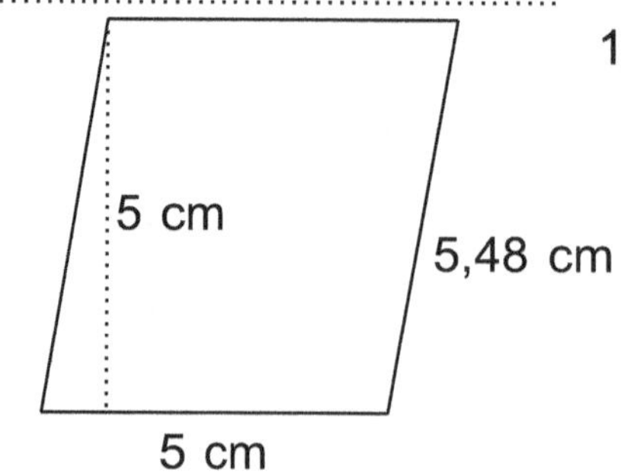

....

12. 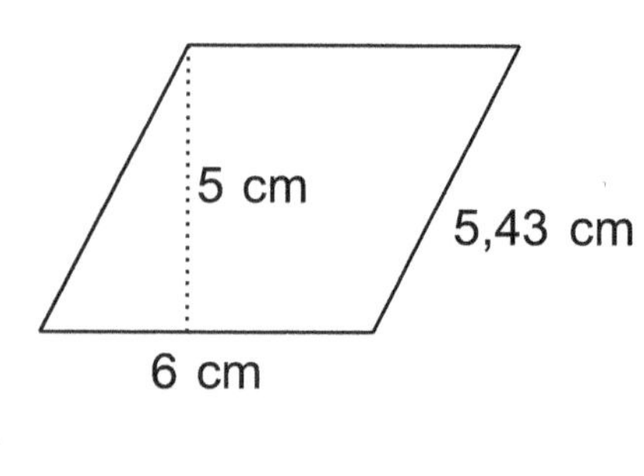

....

© KingSchool Edition

Calculer le volume

1.

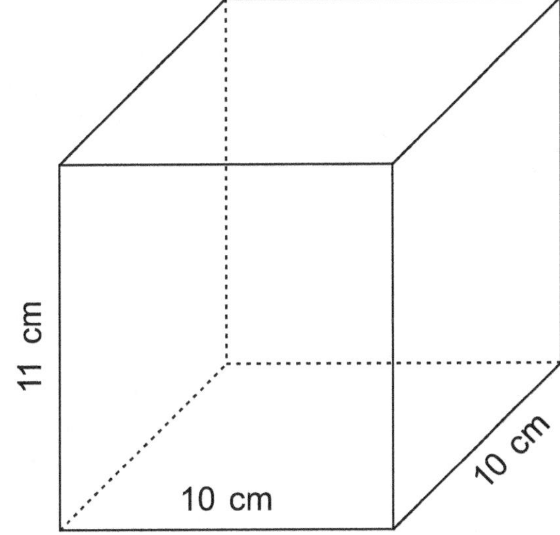

2.

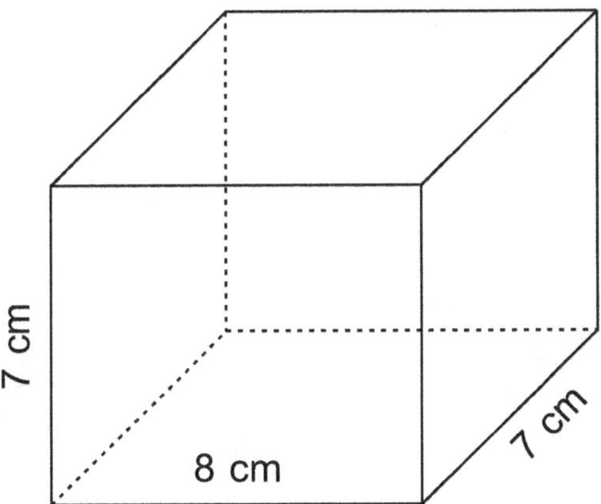

3.

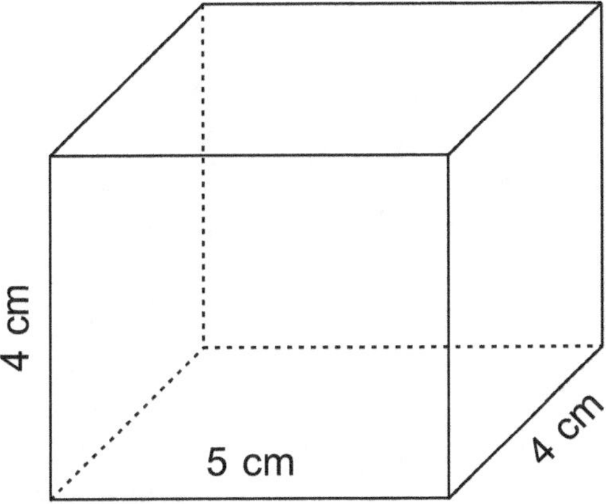

© KingSchool Edition

Calculer le volume

1.

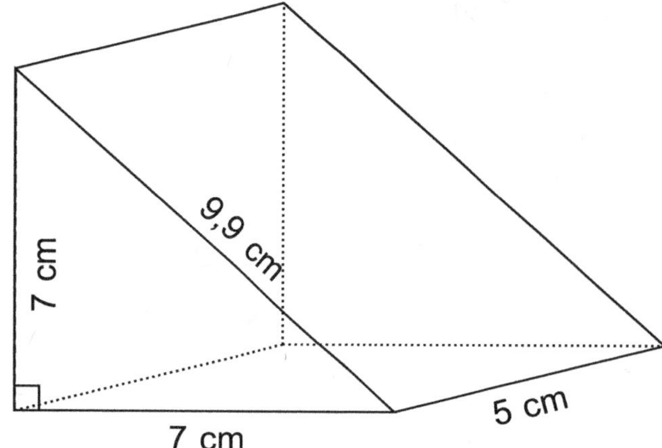

2.

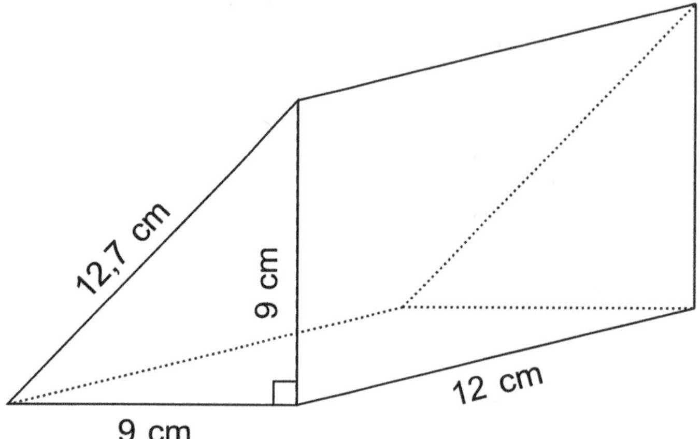

3.

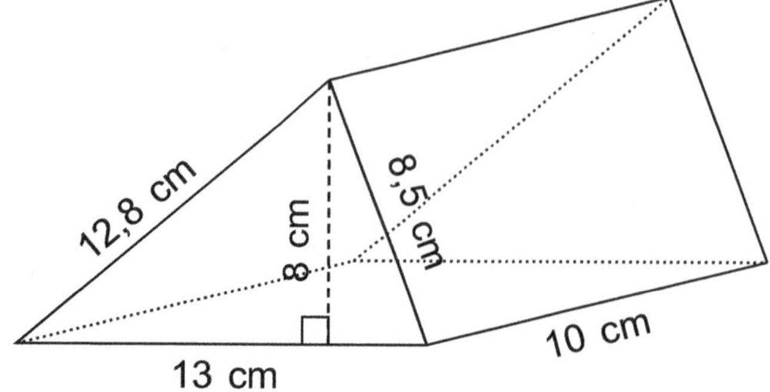

© KingSchool Edition

Calculer le volume

1. 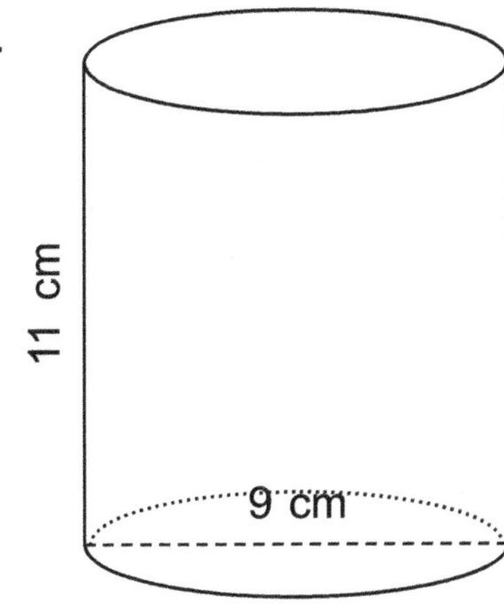

2. 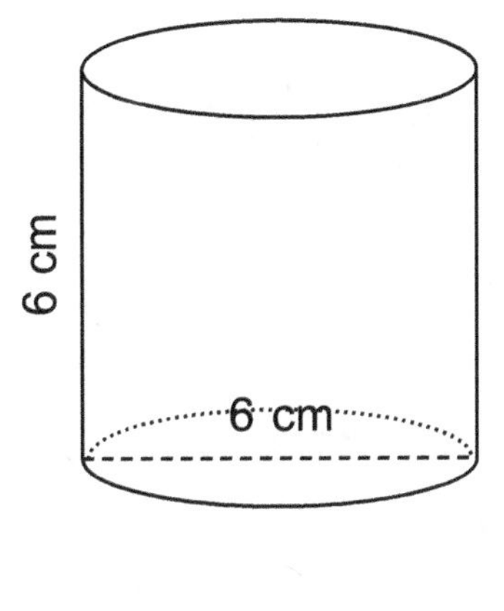

3. 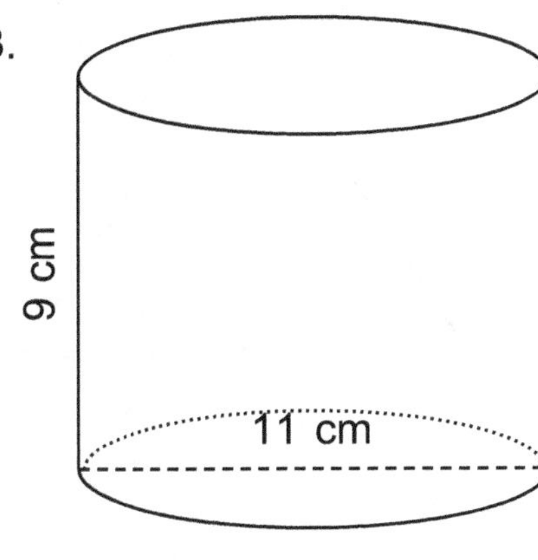

4. 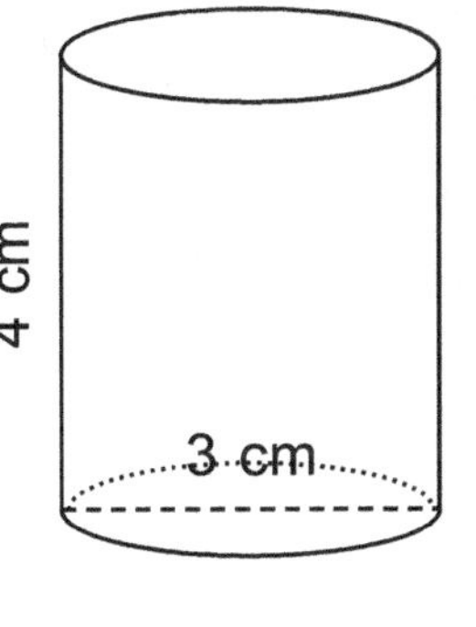

5. 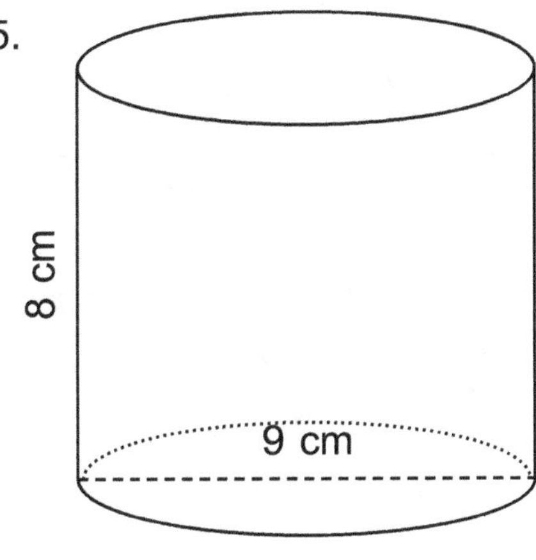

6. 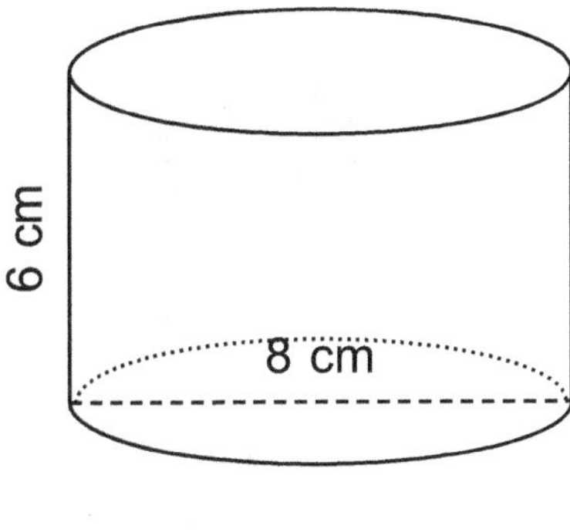

7. 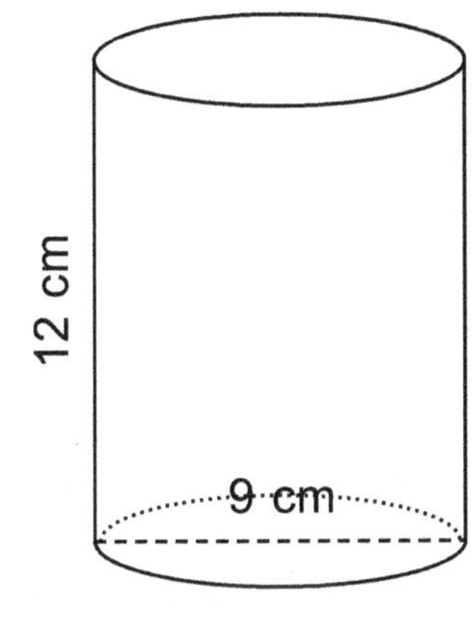

8. 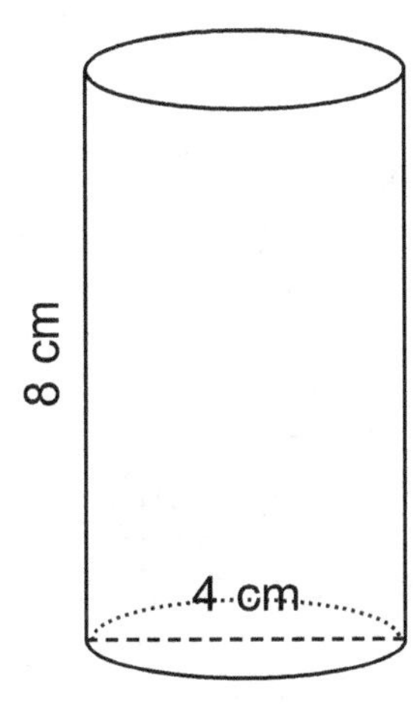

9. 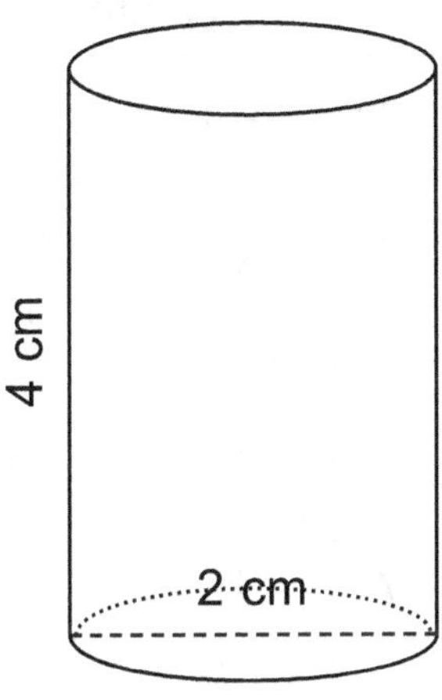

© KingSchool Edition

Calculer le volume

1.
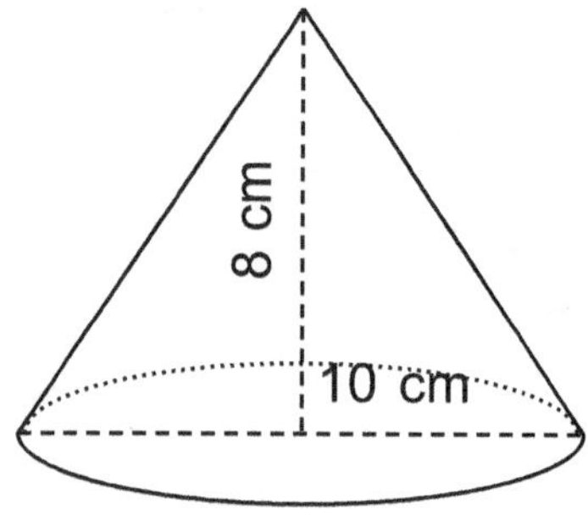

....

2.
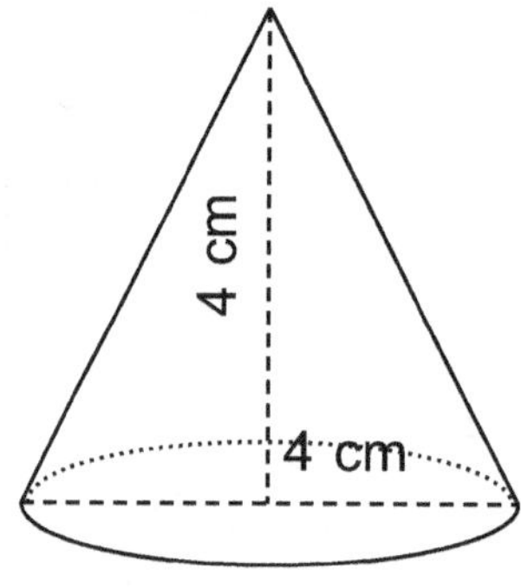

3.
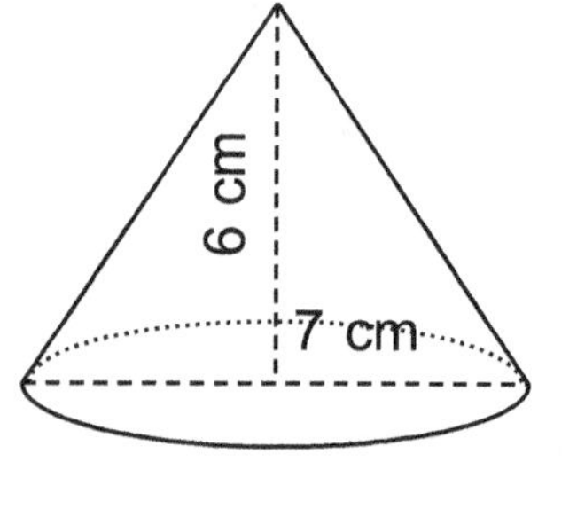

....

4.
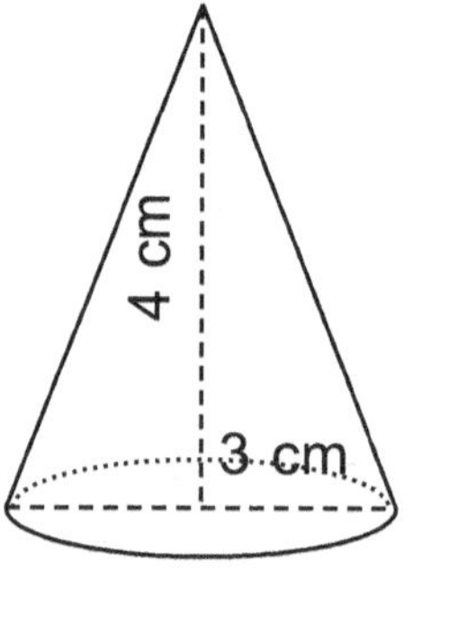

....

5.
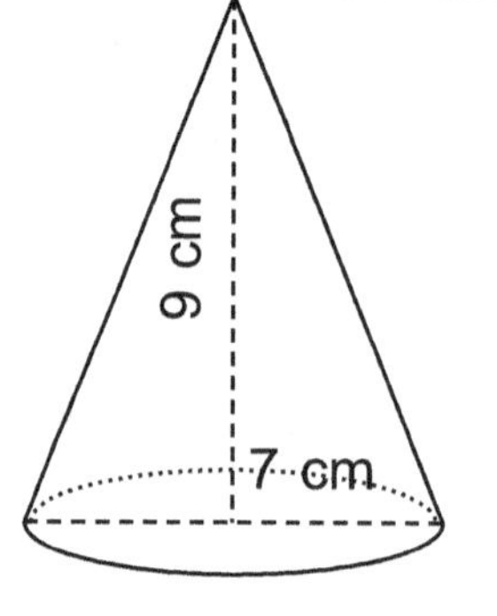

....

6.
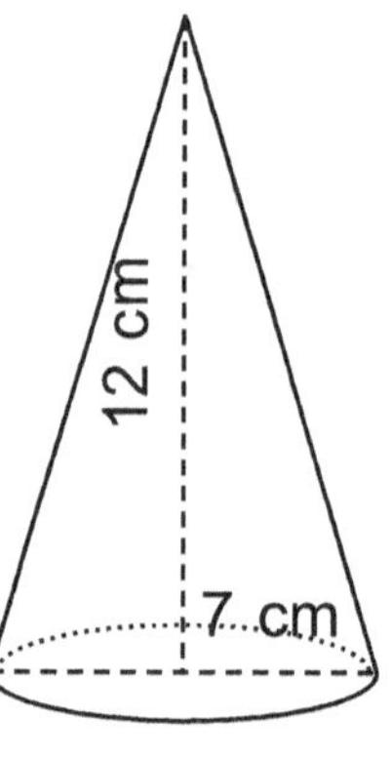

7.
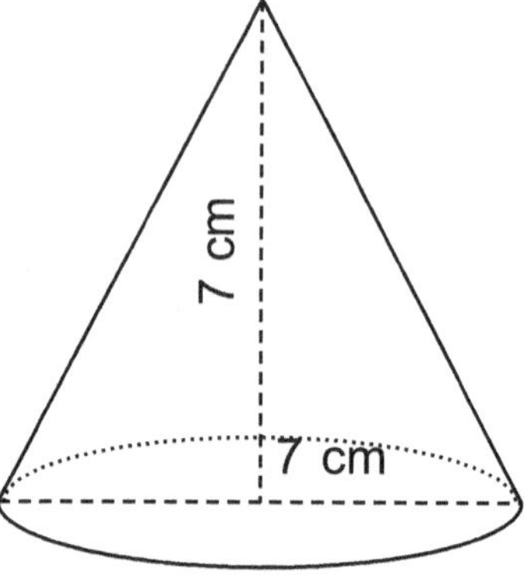

8.
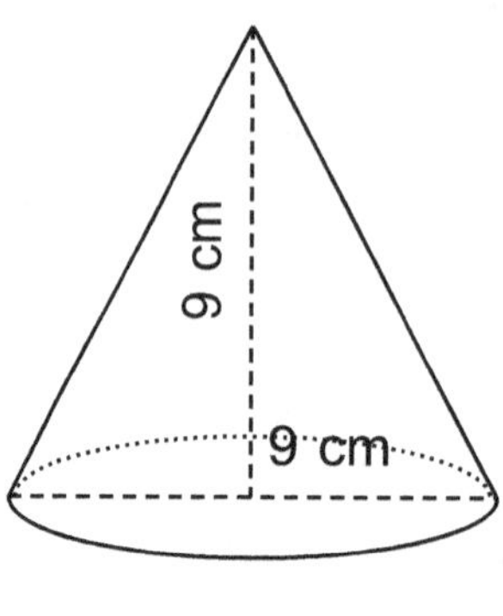

....

9.
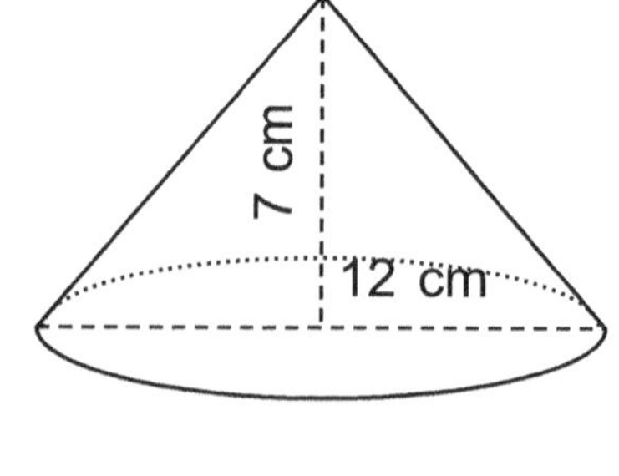

....

10.
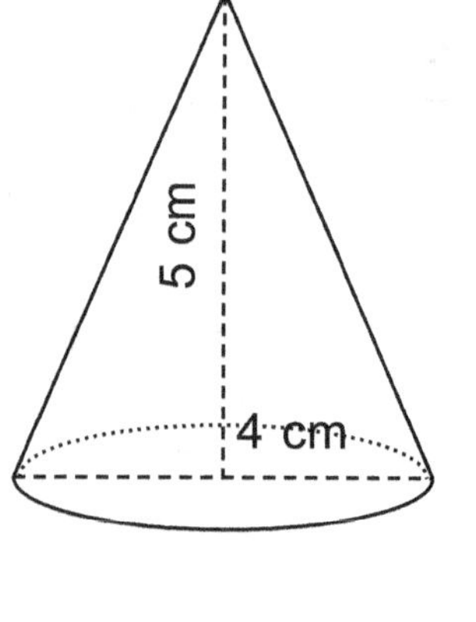

....

11.
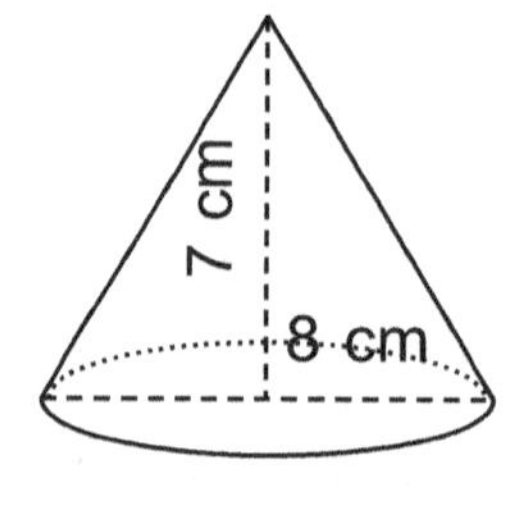

....

12.
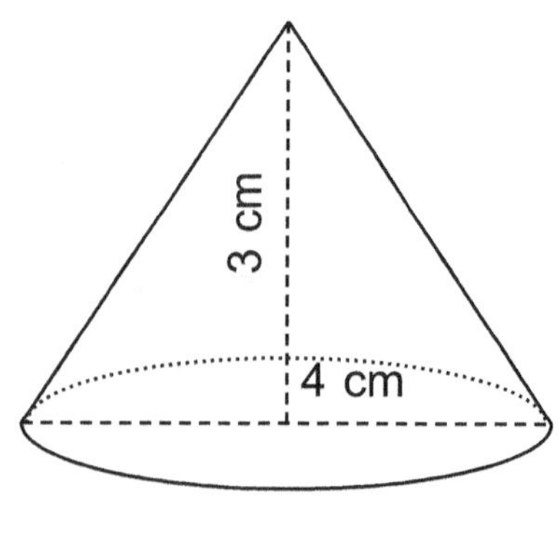

....

© KingSchool Edition

Calculer le volume

1.
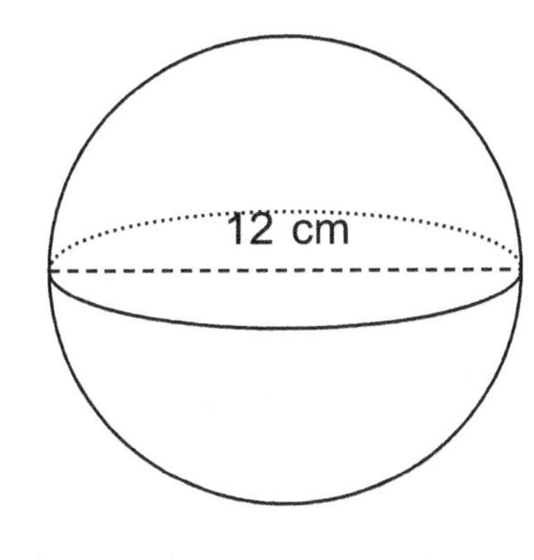

2.
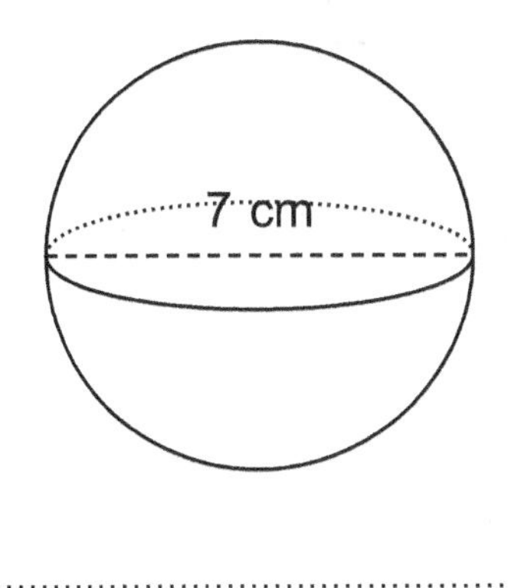

3.
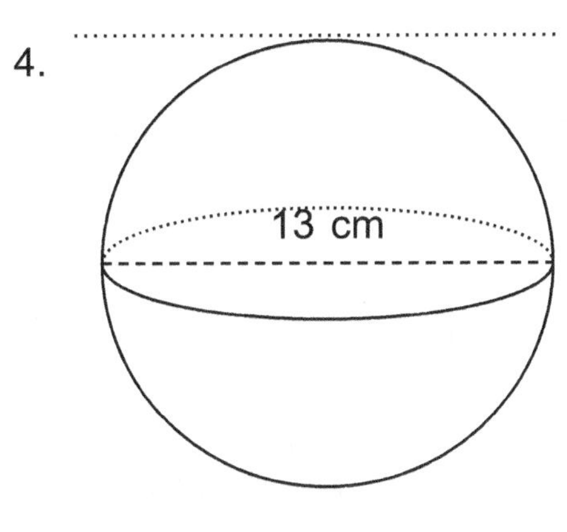

4.
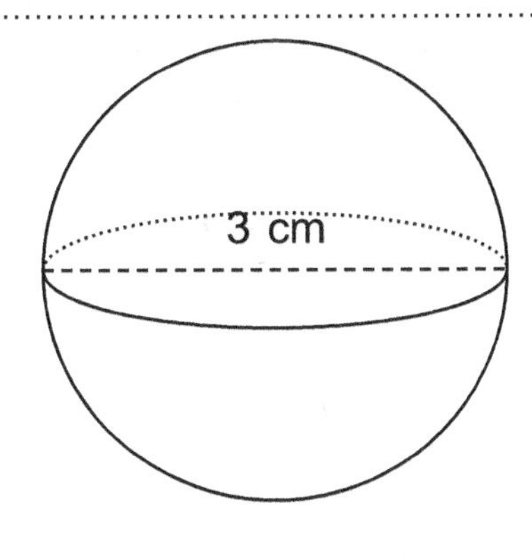

5.
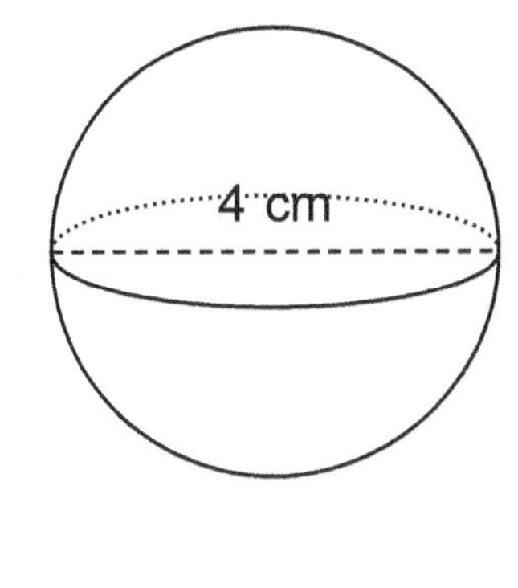

6.
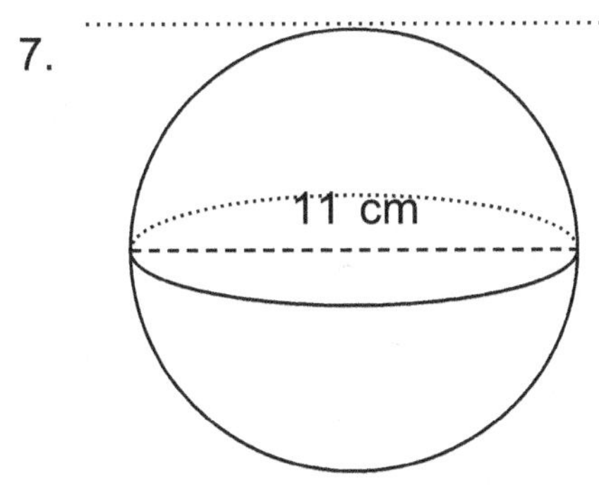

7.
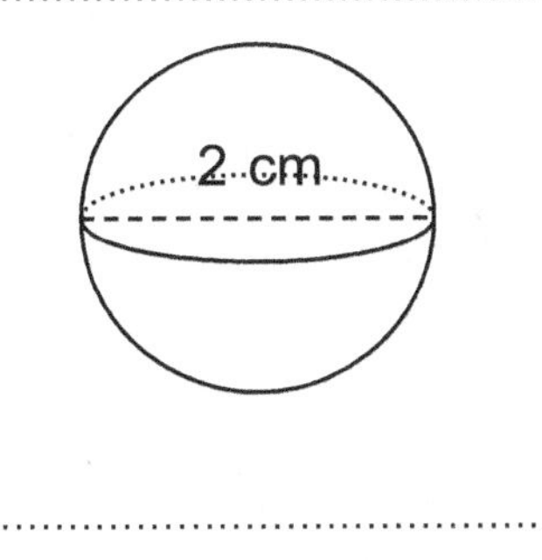

8.
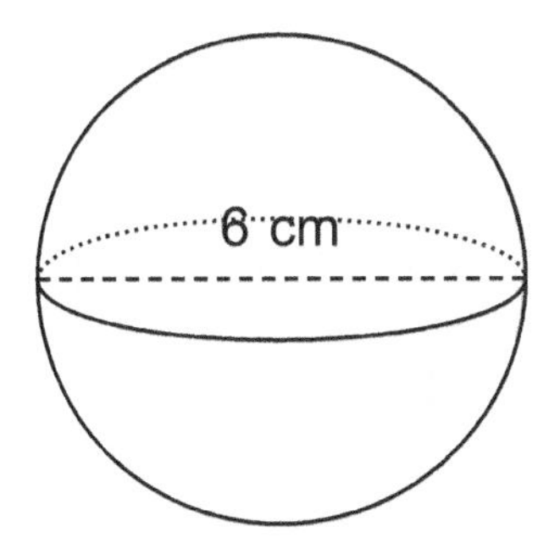

9.
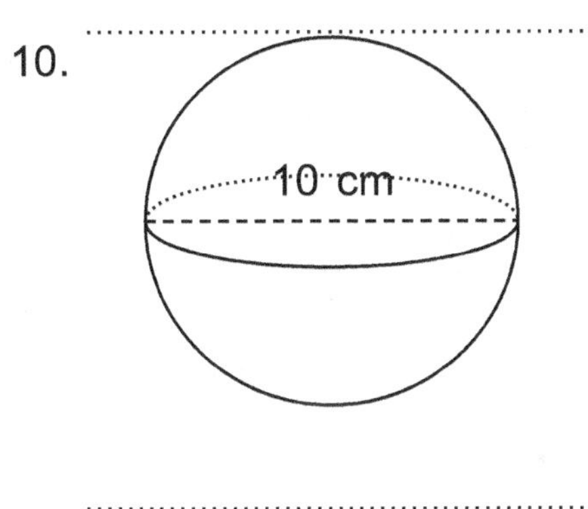

10.
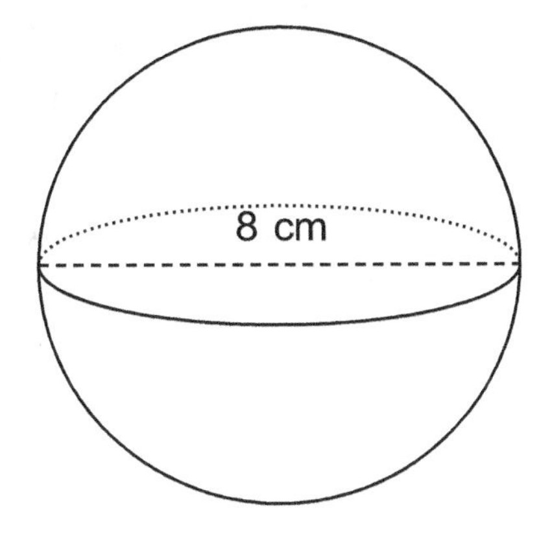

11.
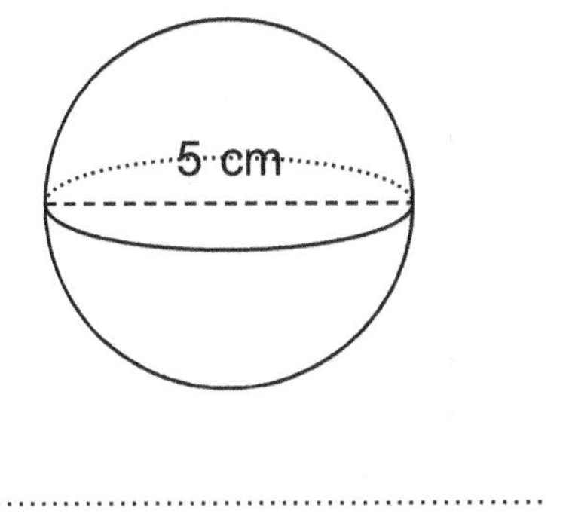

12.

© KingSchool Edition

Calculer le périmètre

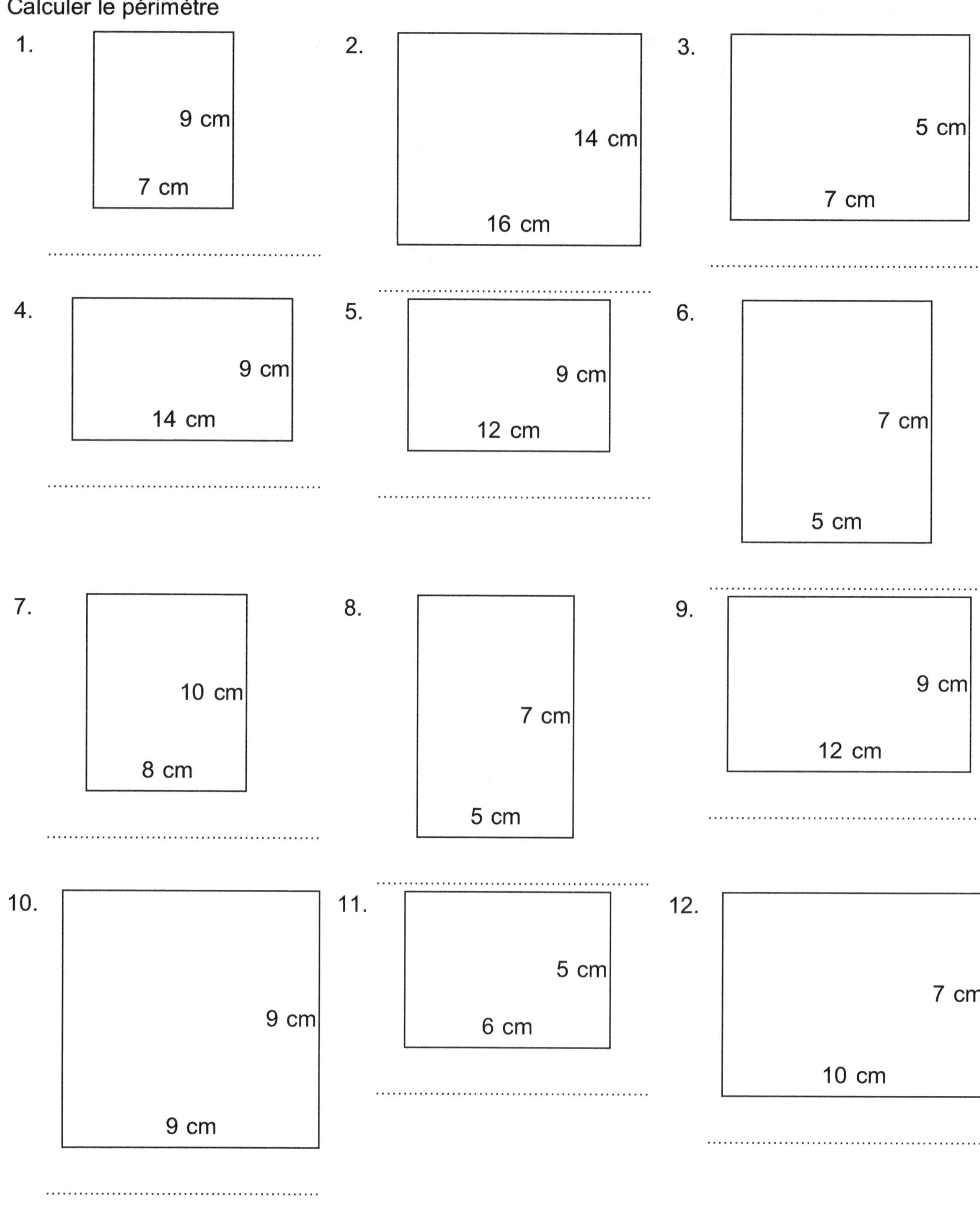

© KingSchool Edition

Calculer le périmètre

1.

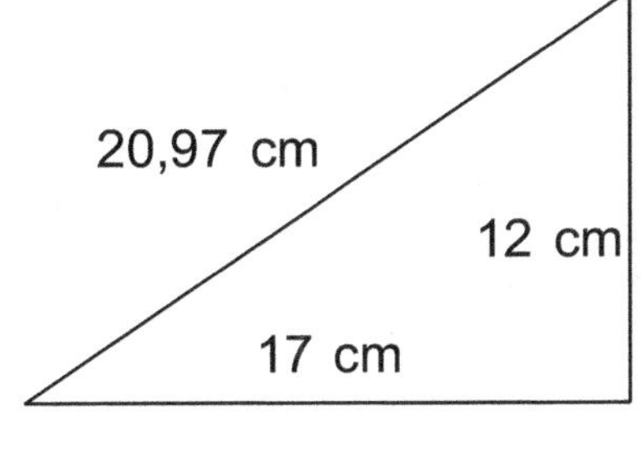

2.

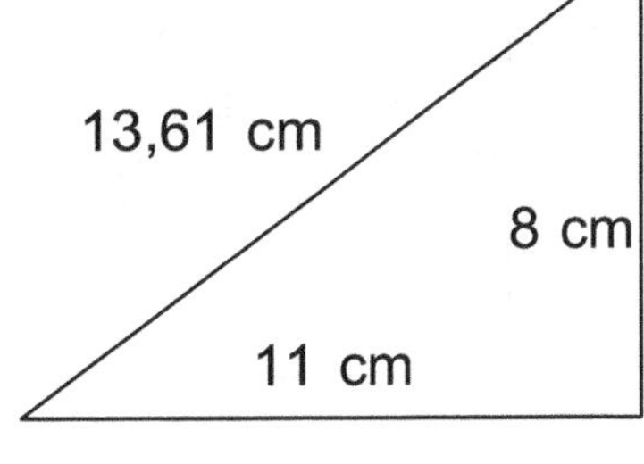

3.

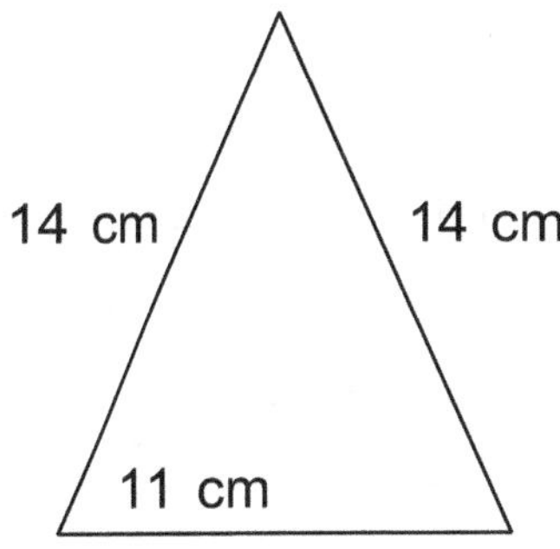

4.

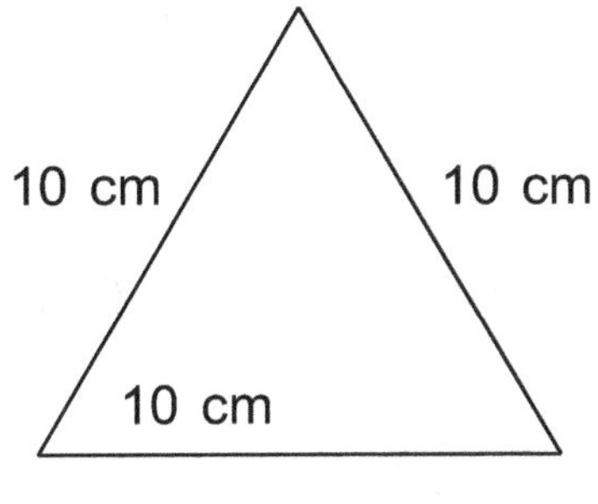

5.

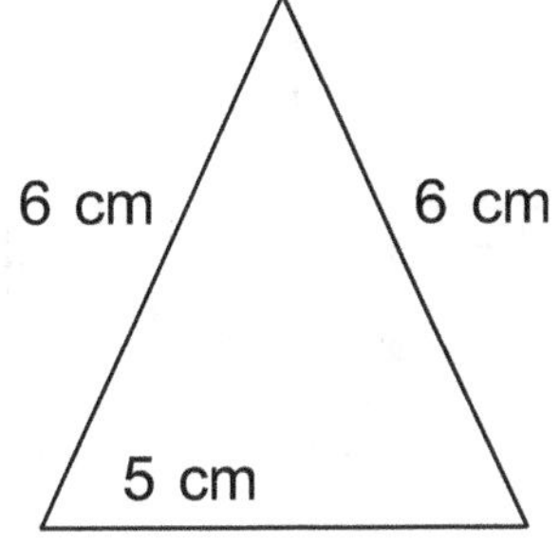

6.

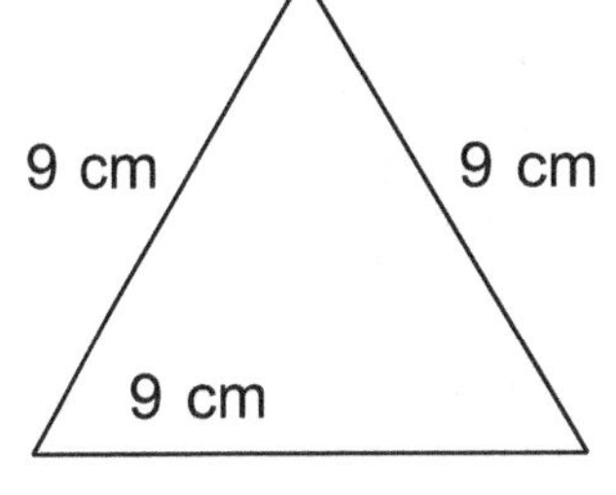

7.

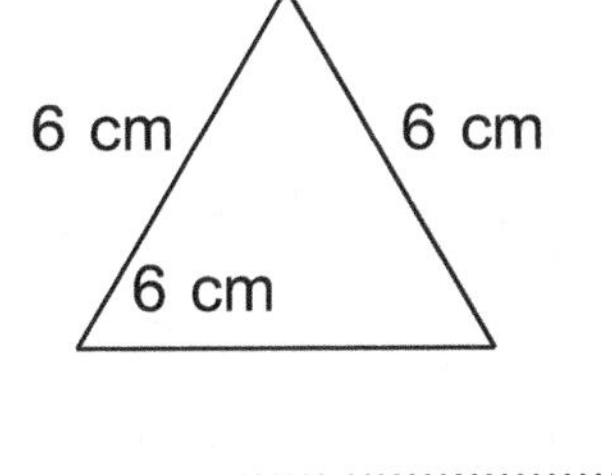

8.

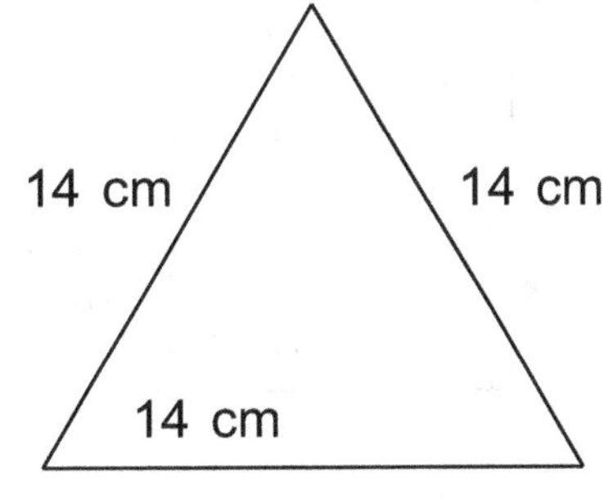

9.

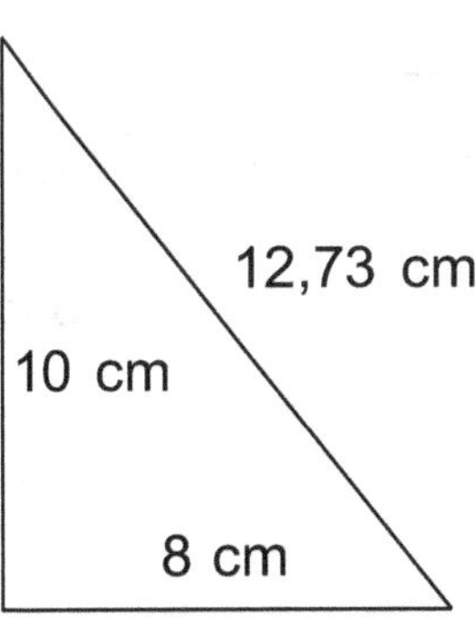

10.

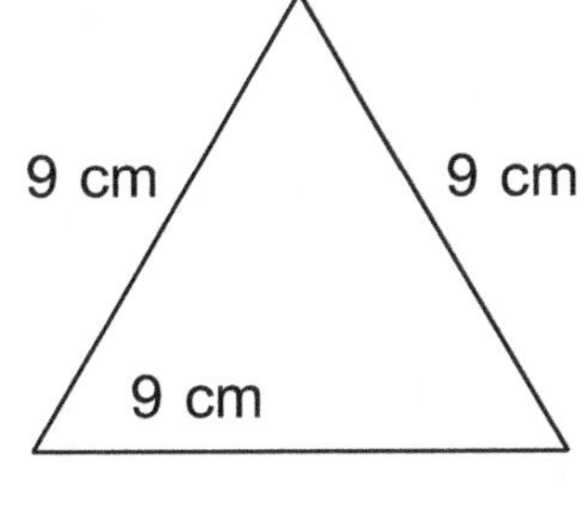

11.

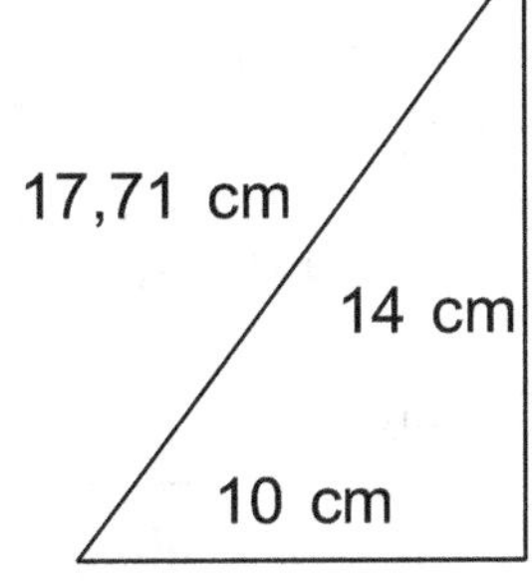

12.

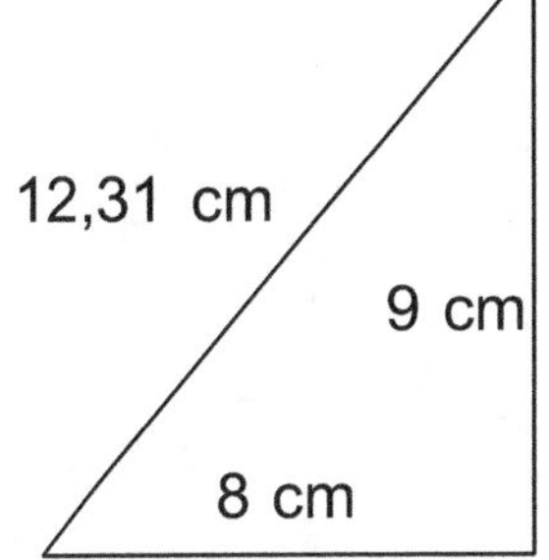

© KingSchool Edition

Calculer le périmètre

1. 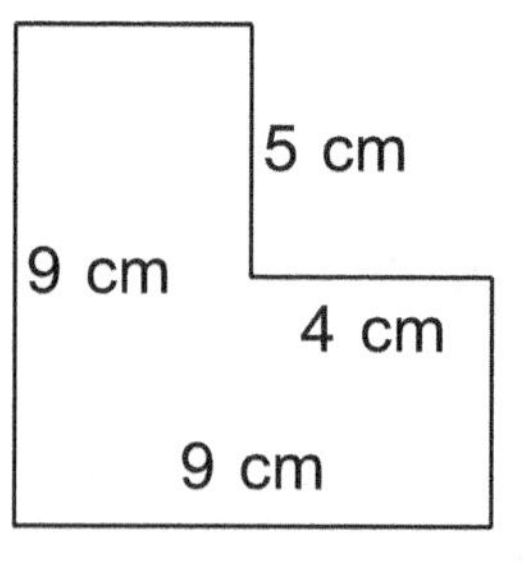

2. 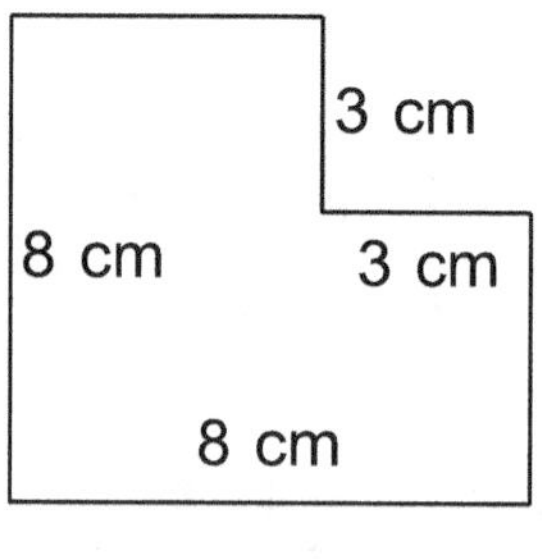

3. 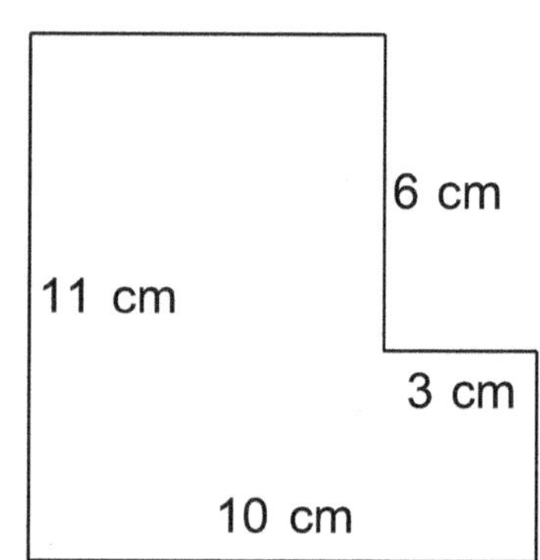

4. 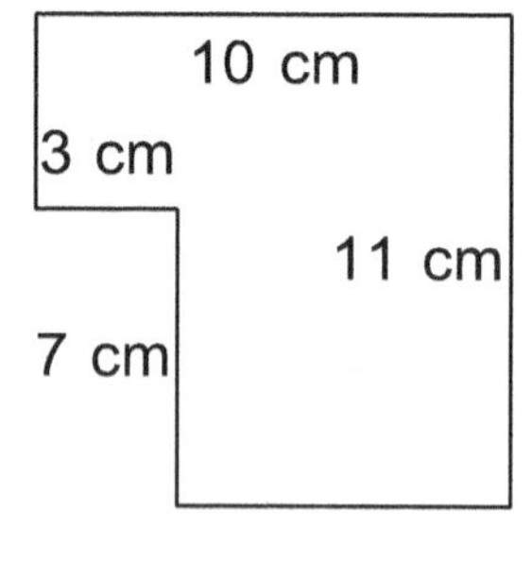

5. 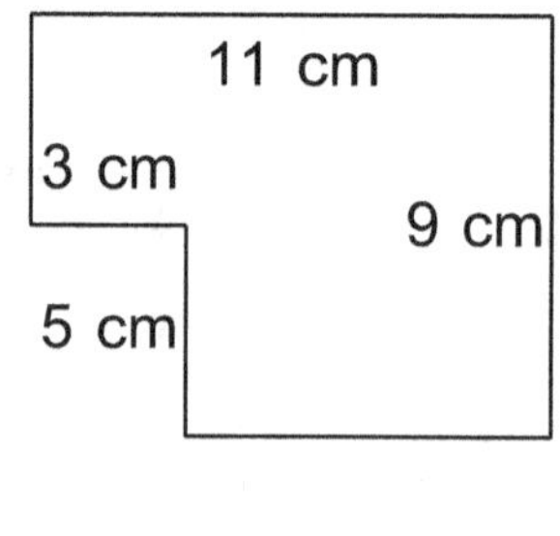

6. 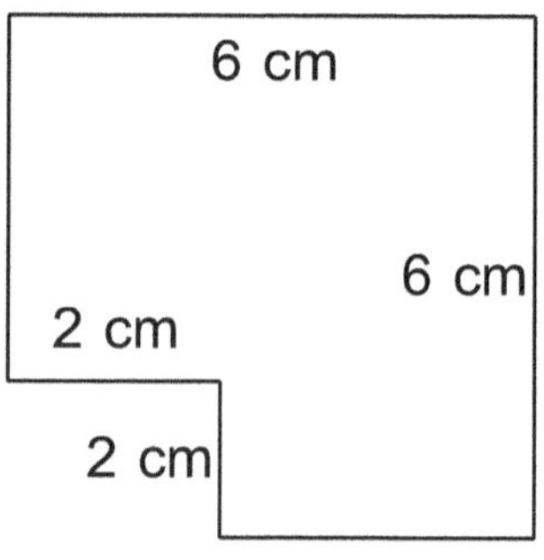

7. 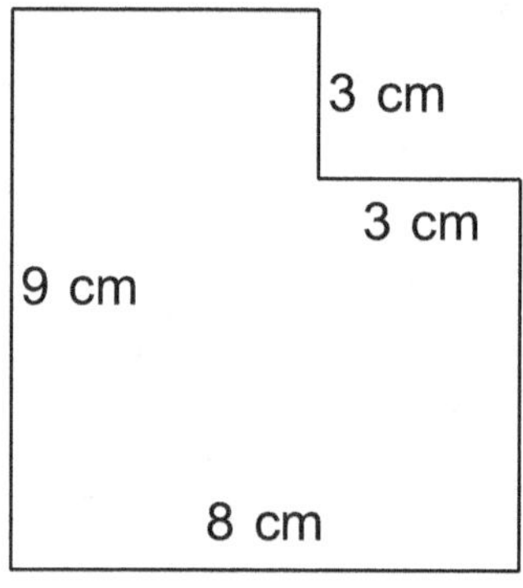

8. 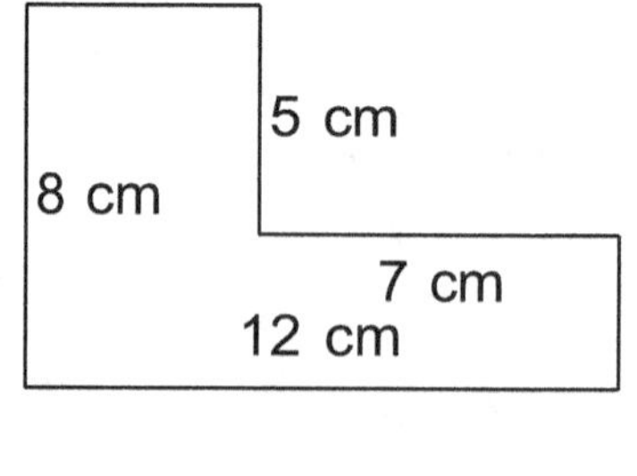

9. 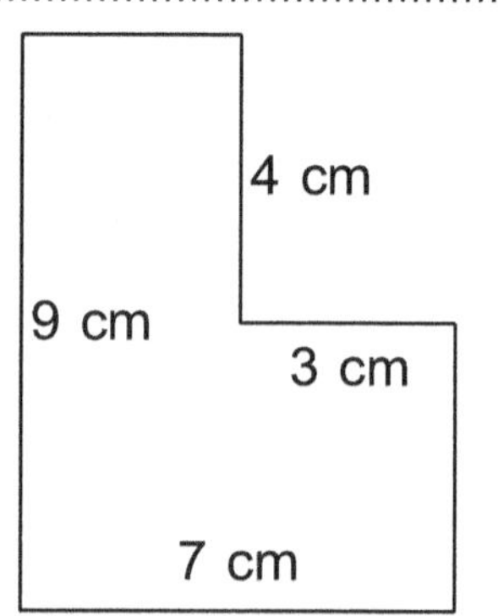

10. 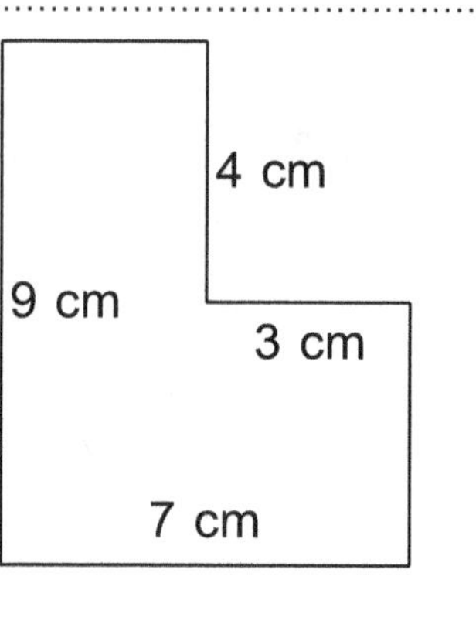

11. 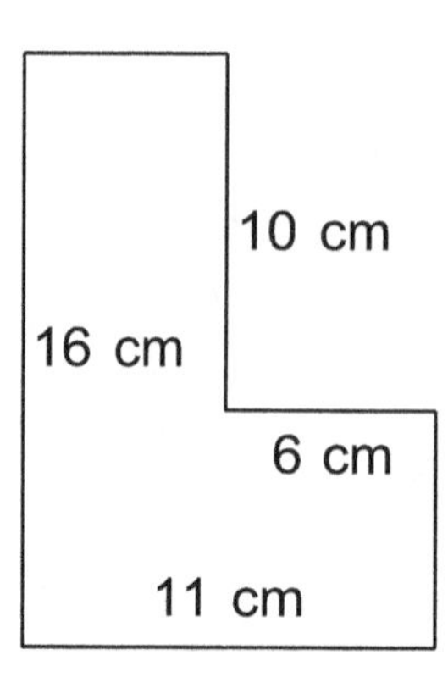

12. 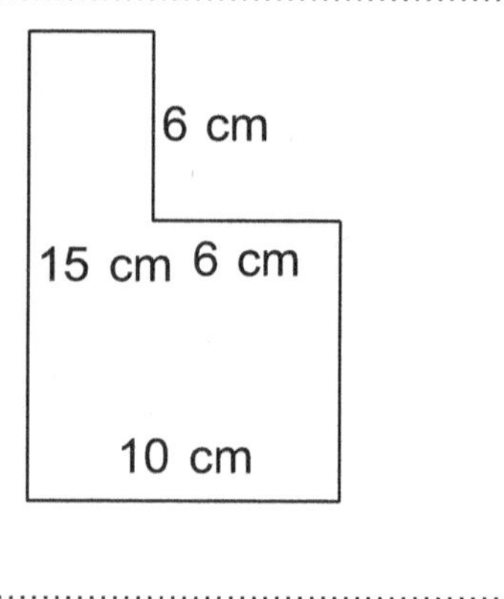

© KingSchool Edition

Calculer le périmètre

1. 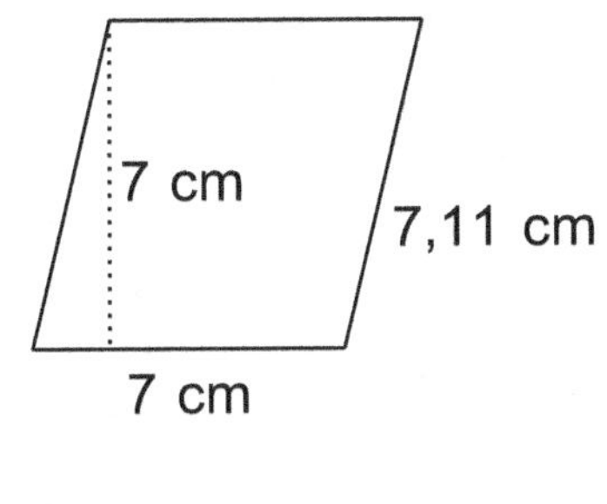

....

2. 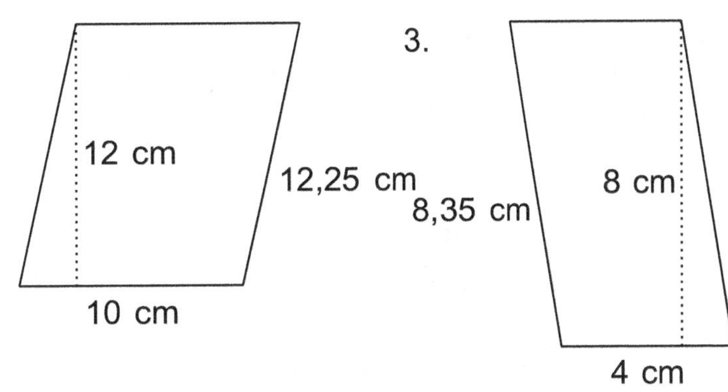

....

3. 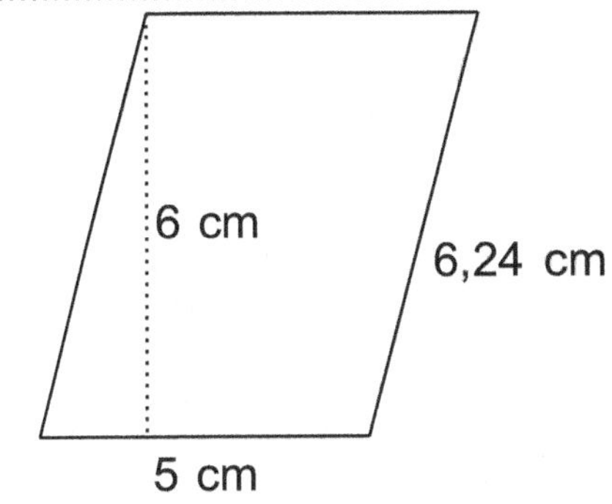

4. 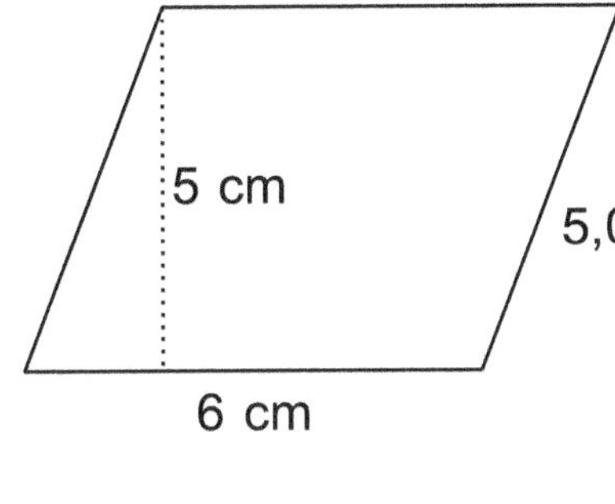

....

5. 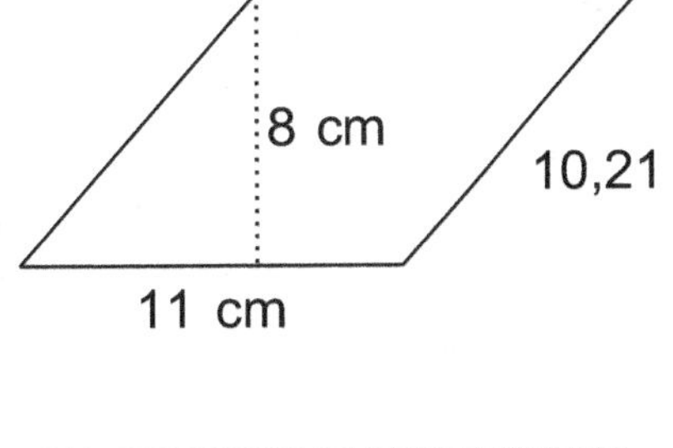

....

6. 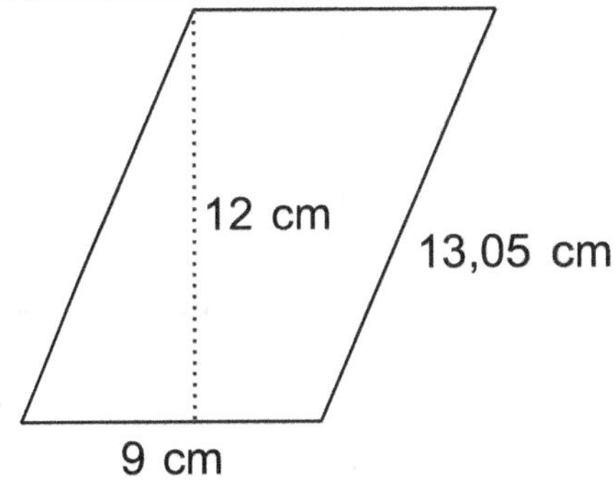

7. 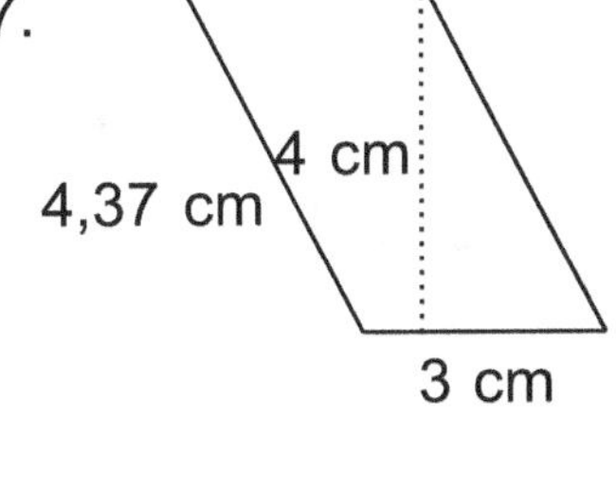

....

8. 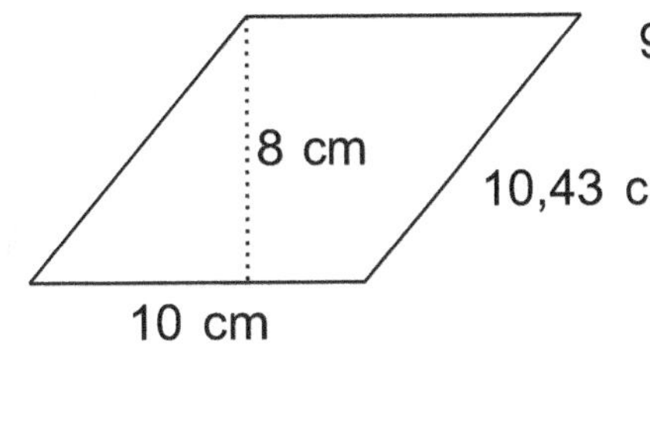

....

9. 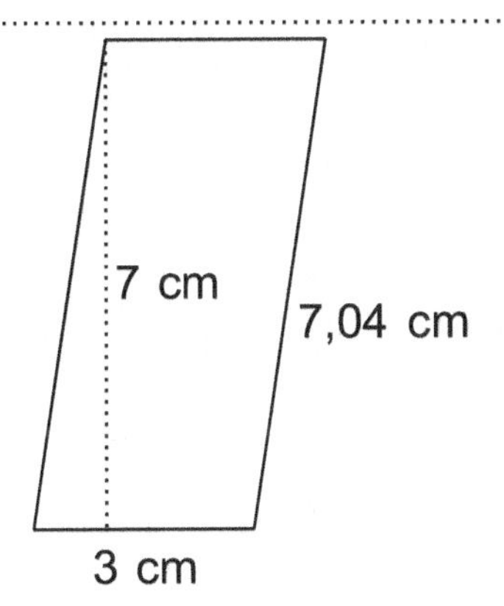

10. 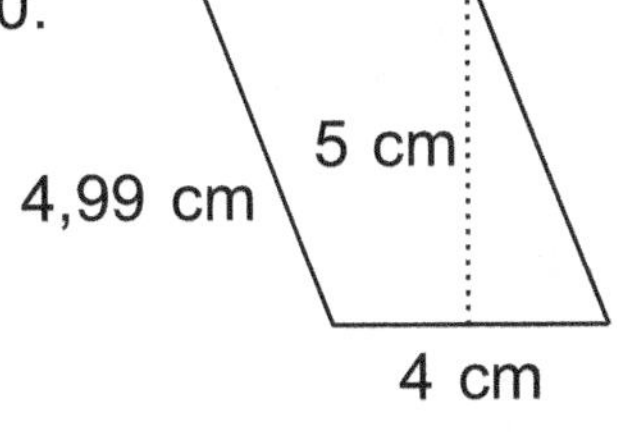

....

11. 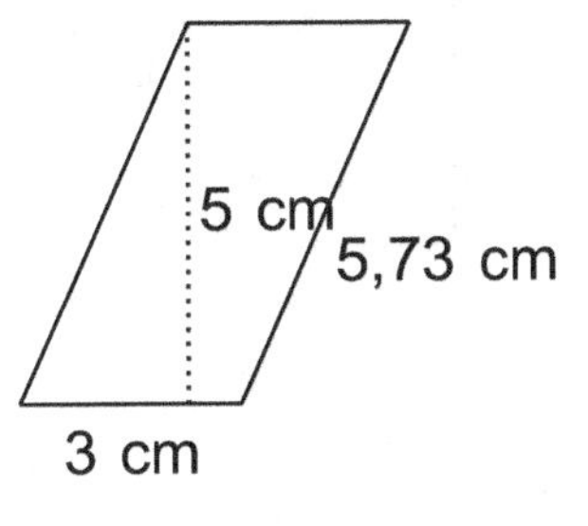

....

12.

....

© KingSchool Edition

Calculer la surface

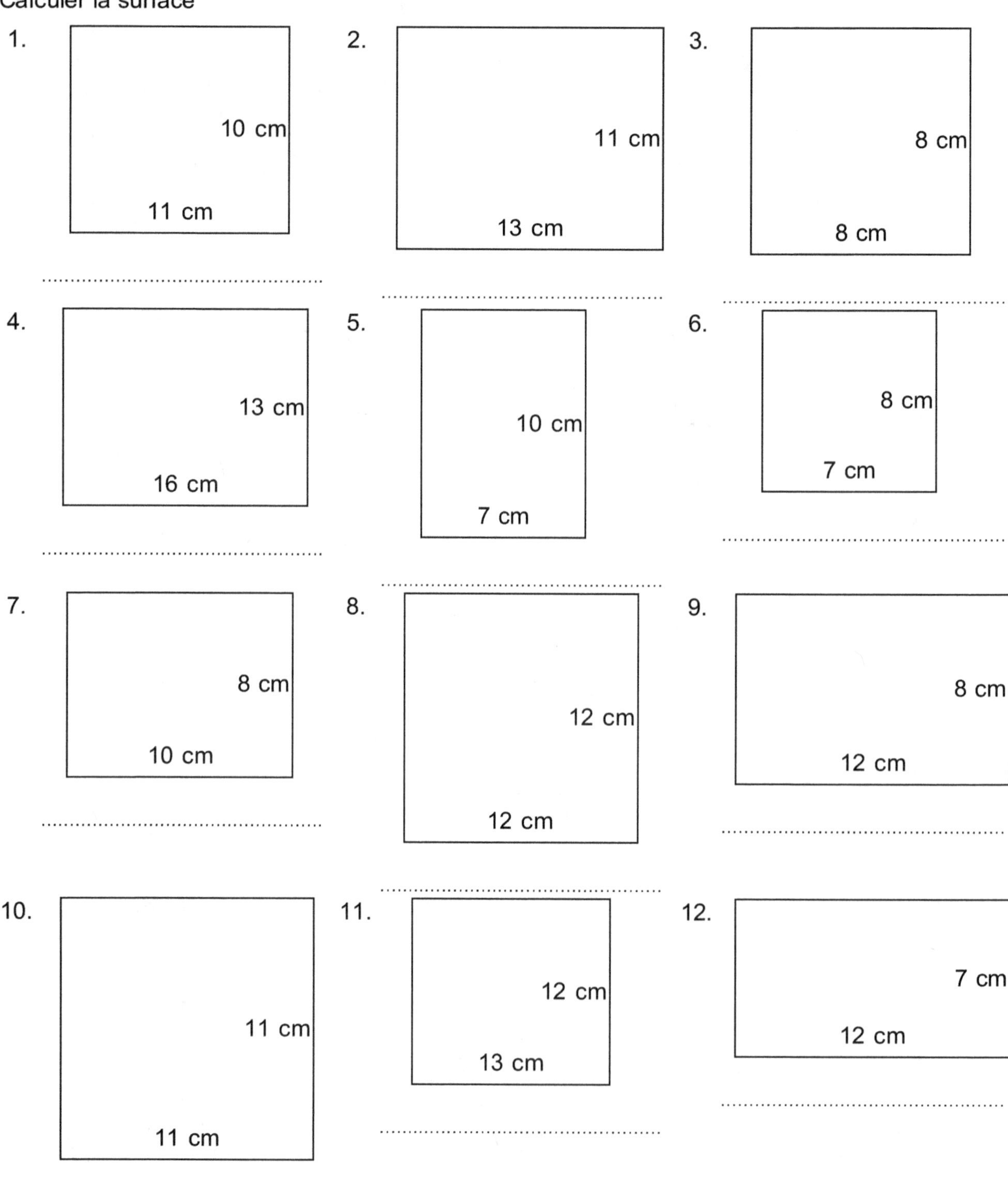

© KingSchool Edition

Calculer la surface

1.

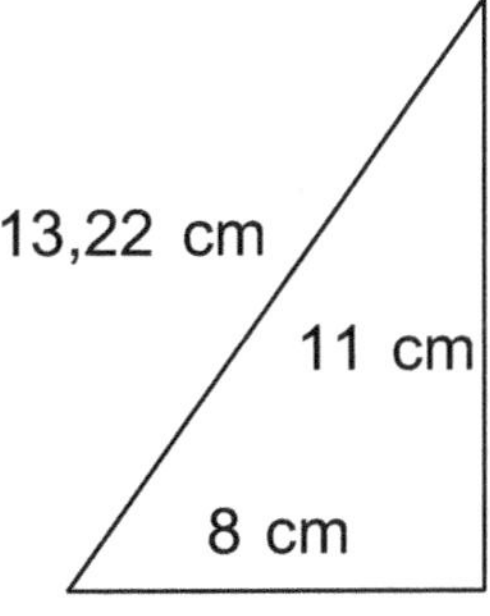

....

2.

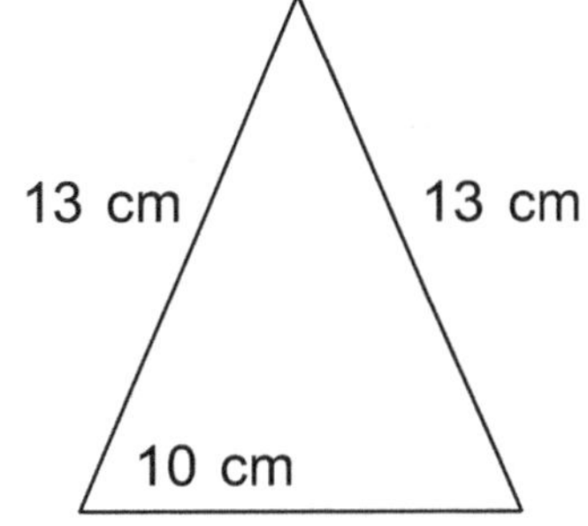

3.

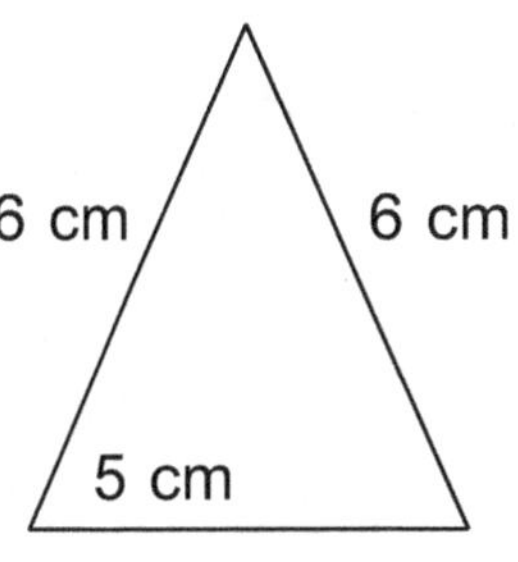

....

4.

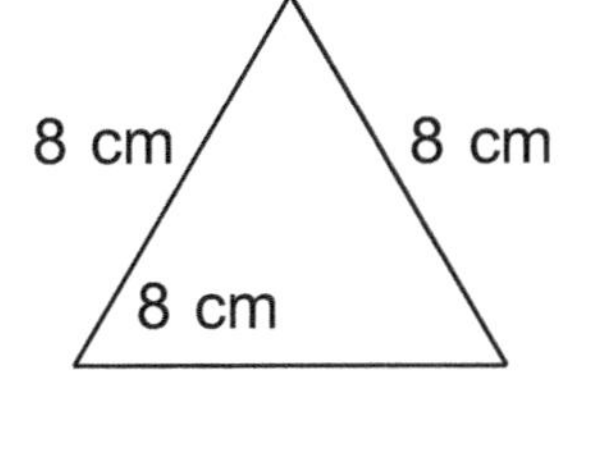

....

5.

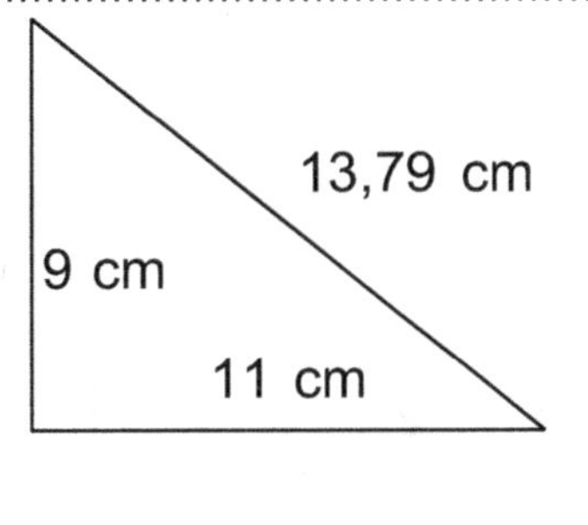

....

6.

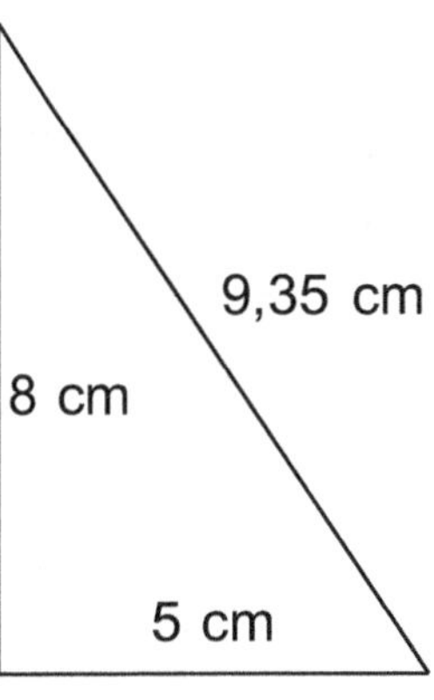

....

7.

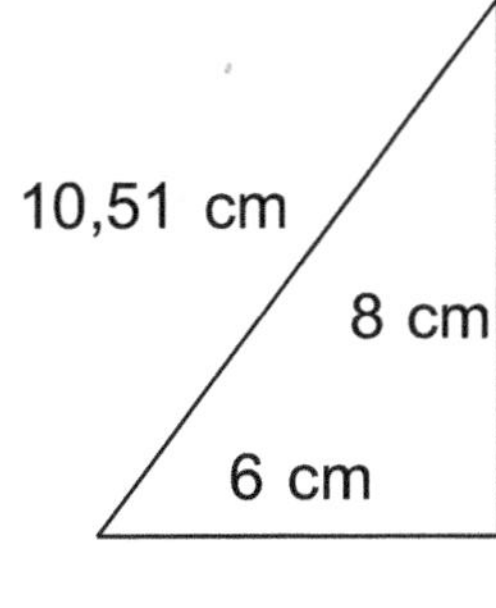

....

8.

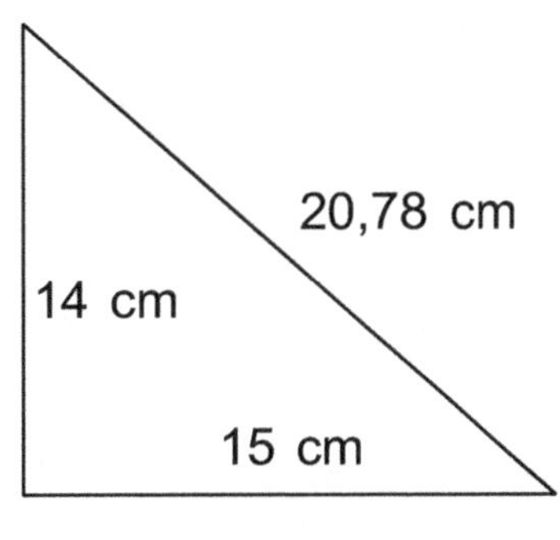

....

9.

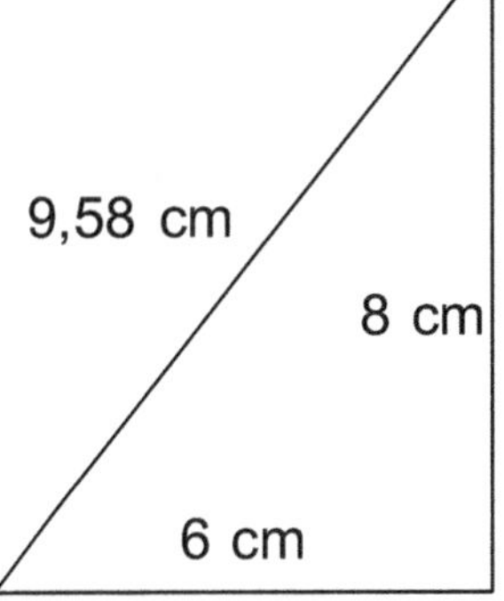

10.

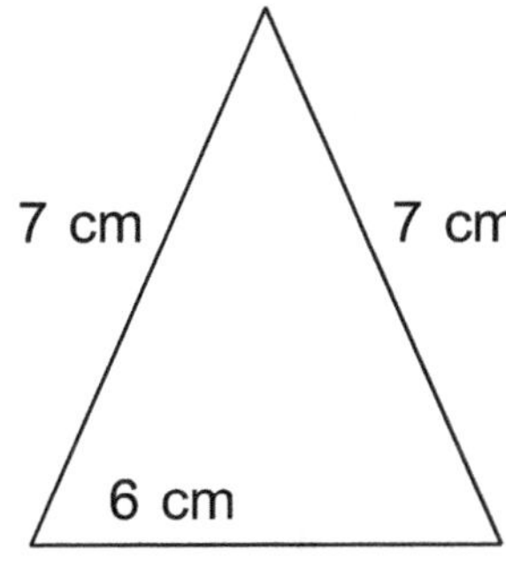

....

11.

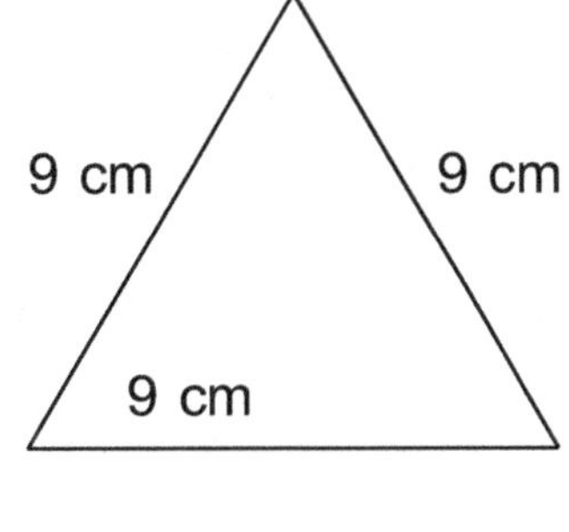

....

12.

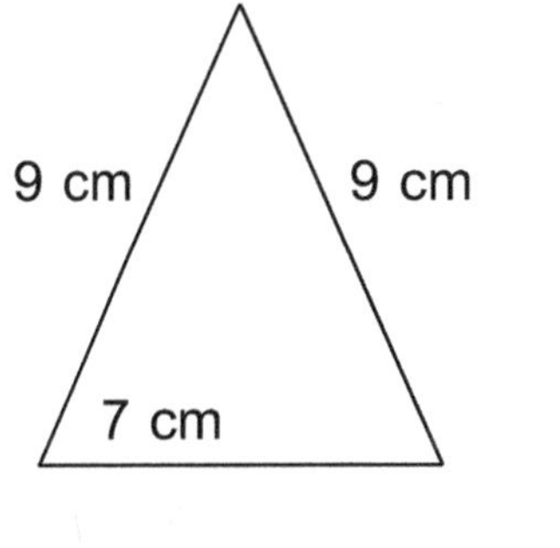

....

Calculer la surface

1. 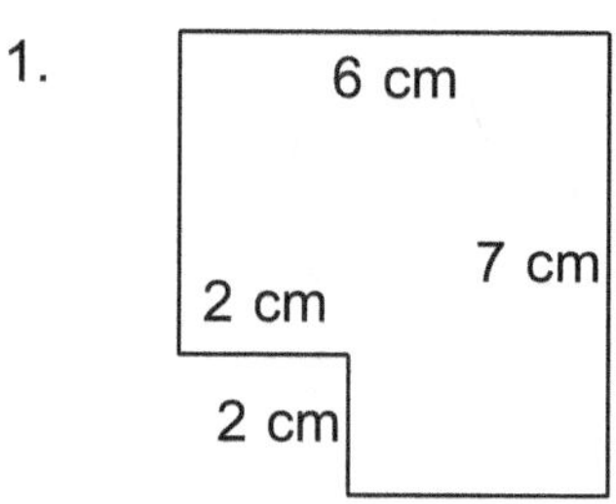

....

2. 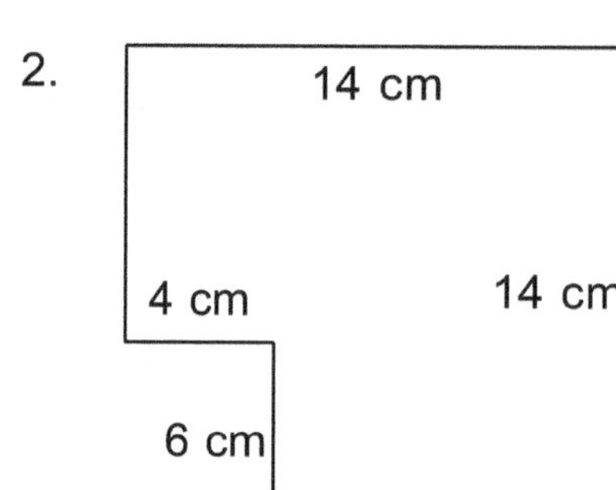

3. 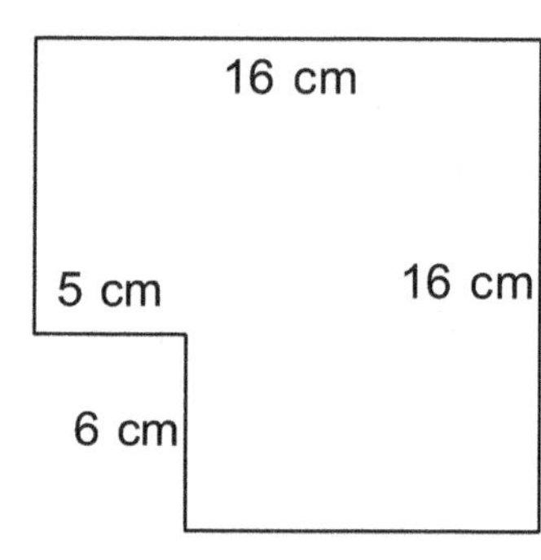

4. 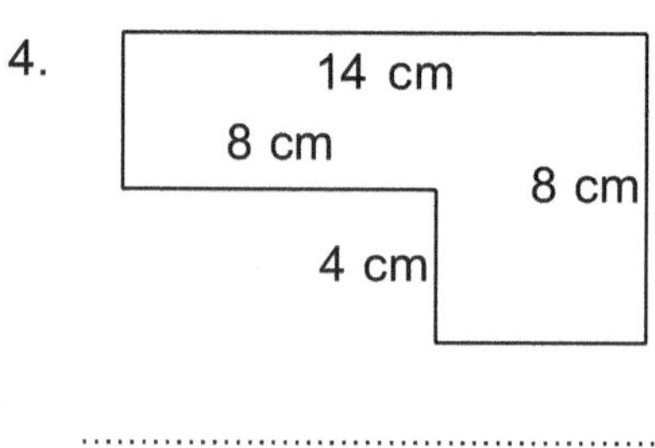

....

5. 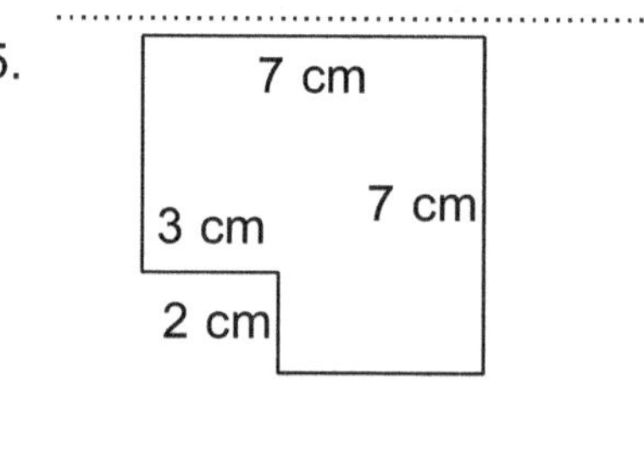

....

6. 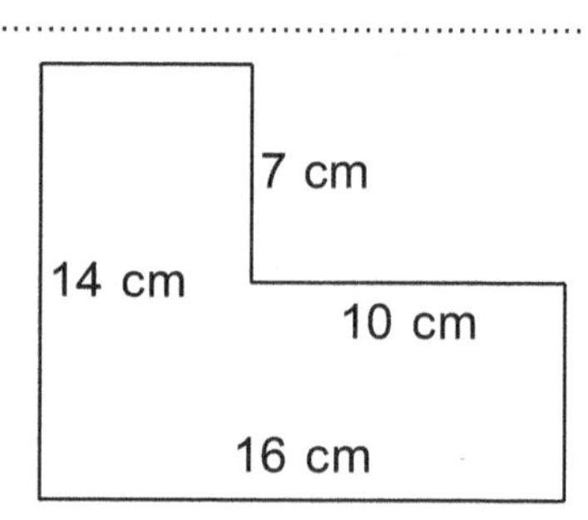

7. 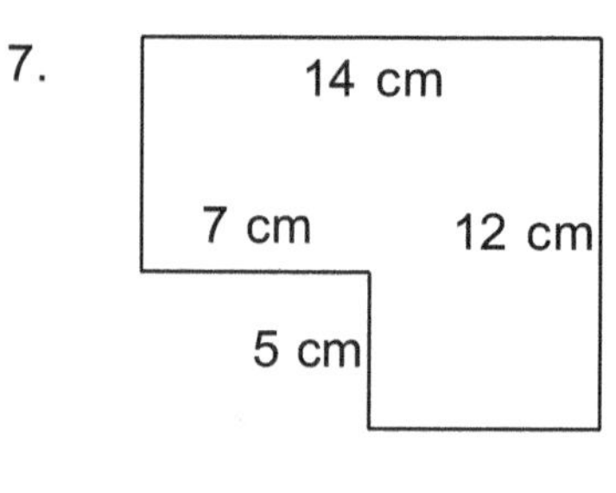

....

8. 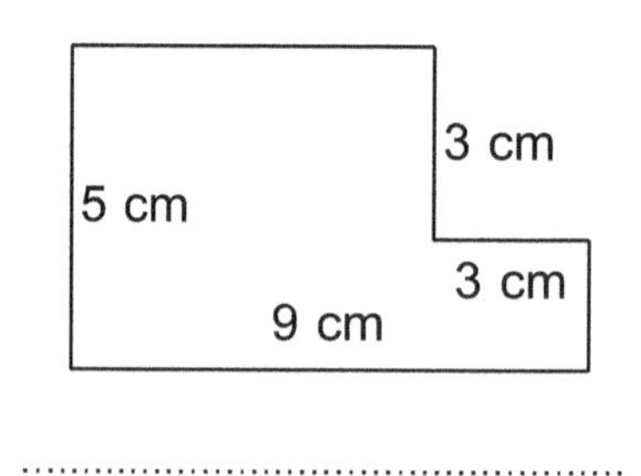

....

9. 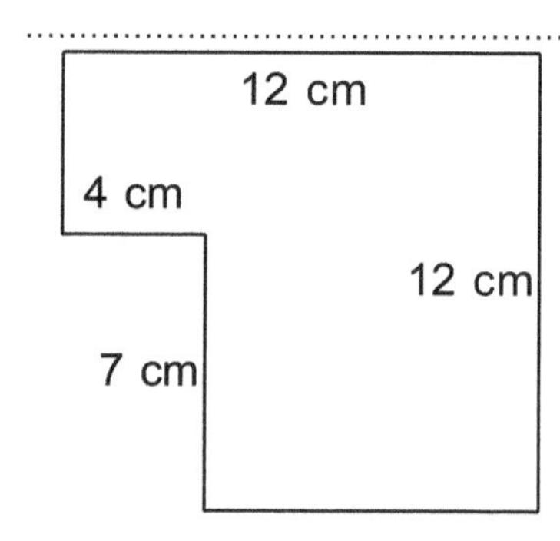

10. 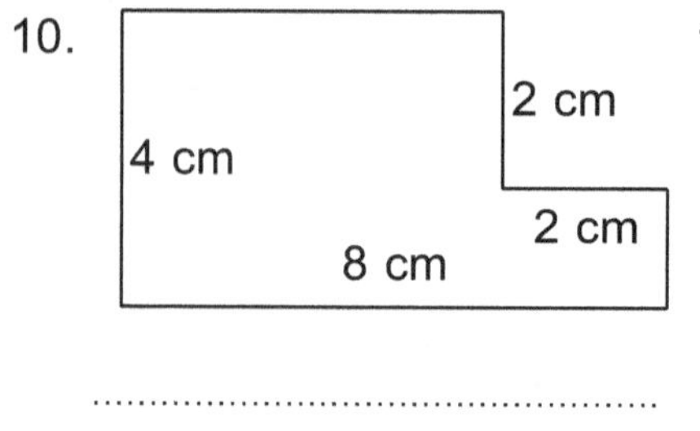

....

11. 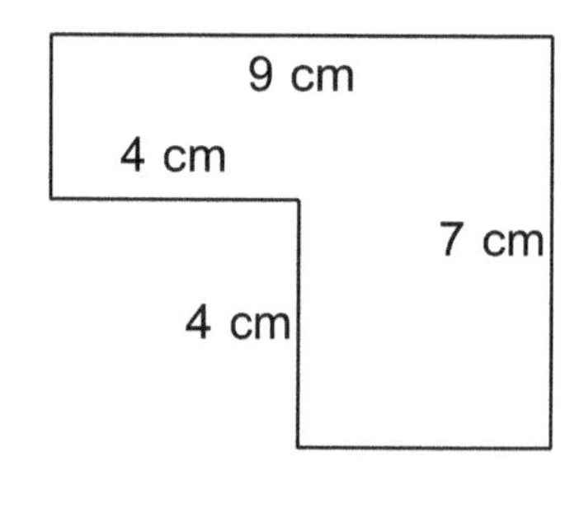

....

12. 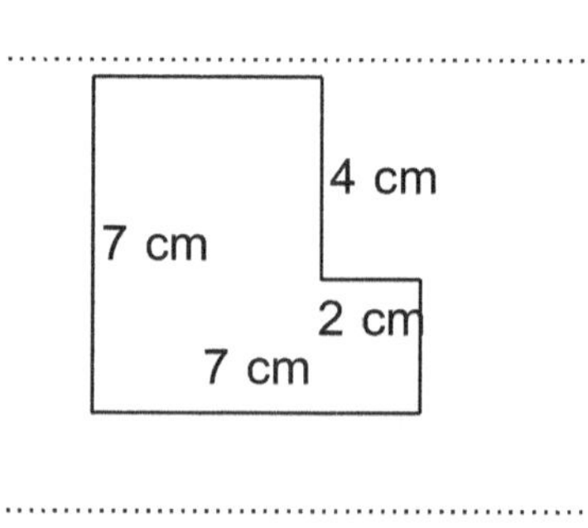

....

© KingSchool Edition

Calculer la surface

1. 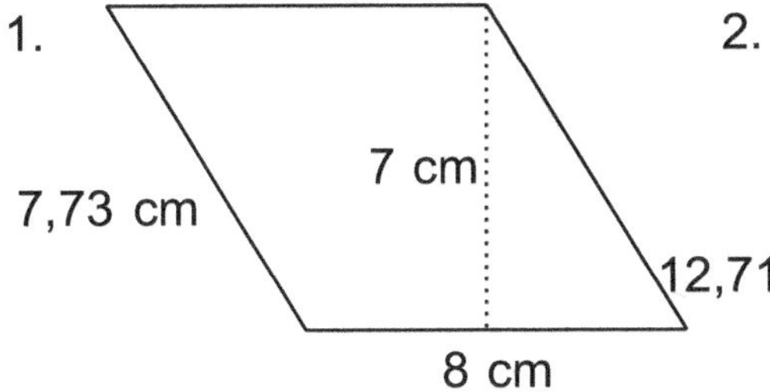
7,73 cm
7 cm
8 cm

....

2. 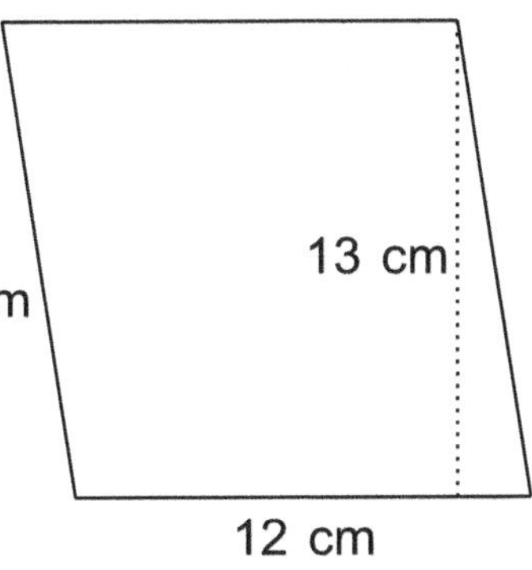
13 cm
12,71 cm
12 cm

3. 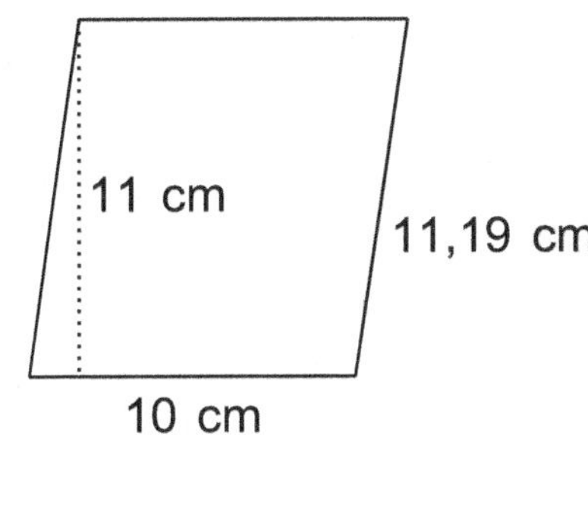
11 cm
11,19 cm
10 cm

....

4. 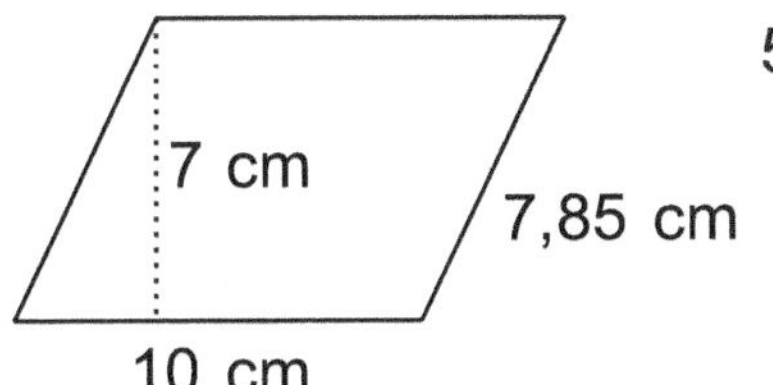
7 cm
7,85 cm
10 cm

....

5. 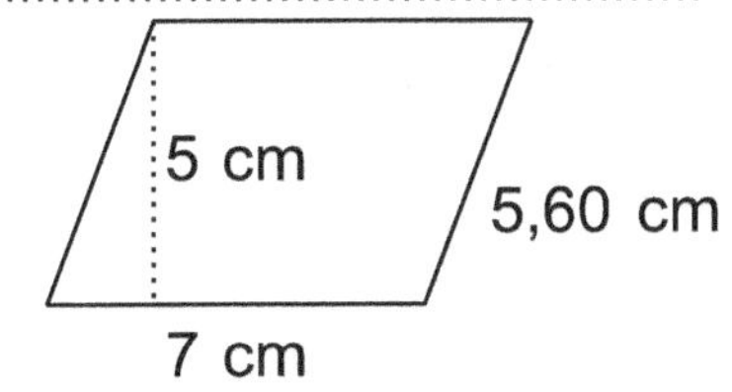
5 cm
5,60 cm
7 cm

....

6. 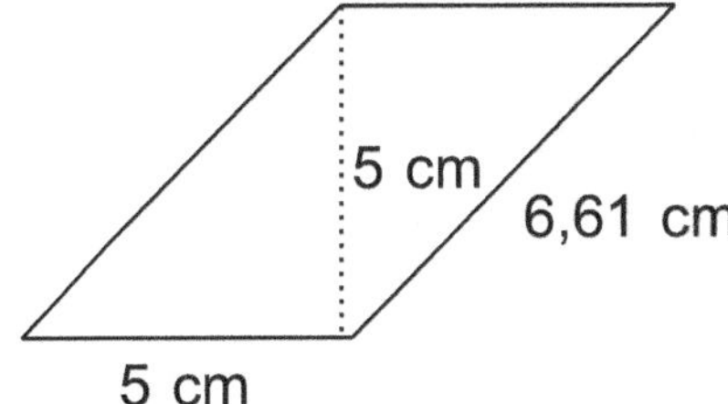
5 cm
6,61 cm
5 cm

7. 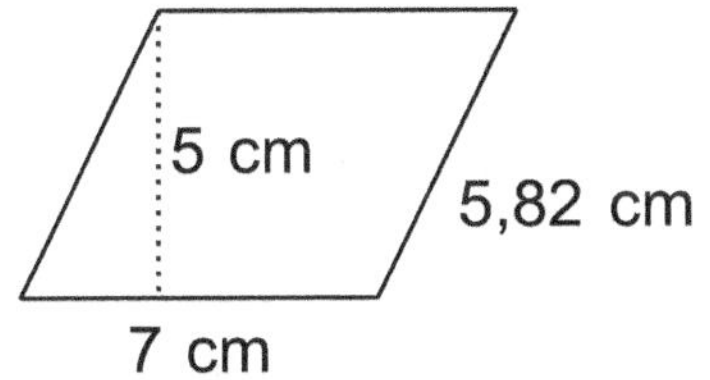
5 cm
5,82 cm
7 cm

....

8. 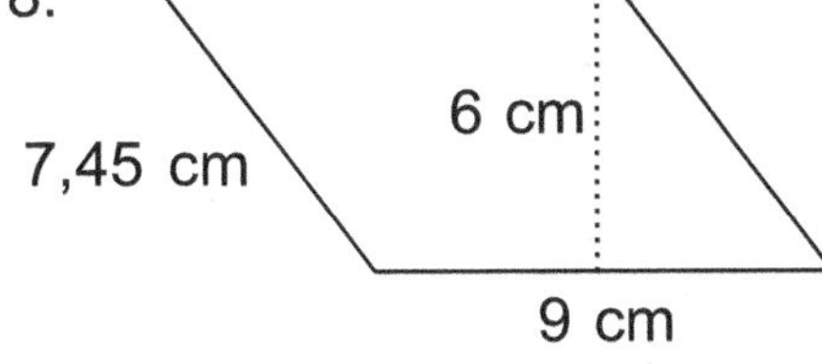
6 cm
7,45 cm
9 cm

....

9. 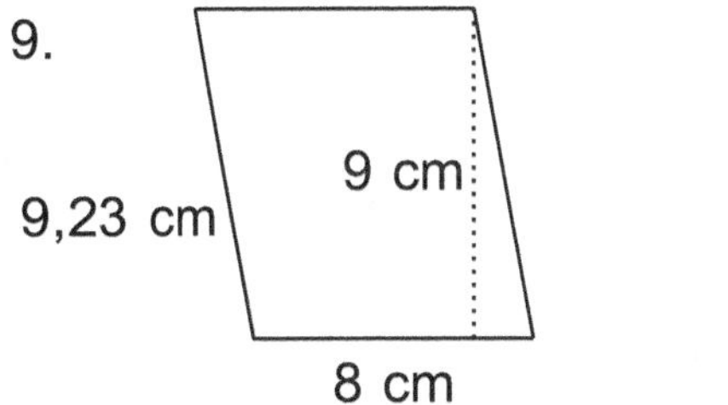
9 cm
9,23 cm
8 cm

10. 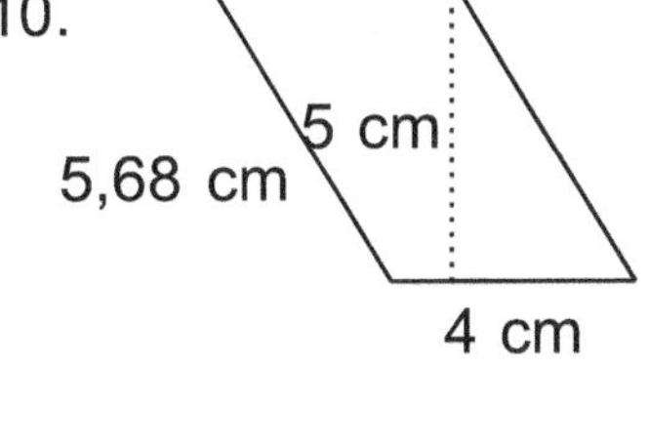
5 cm
5,68 cm
4 cm

....

11. 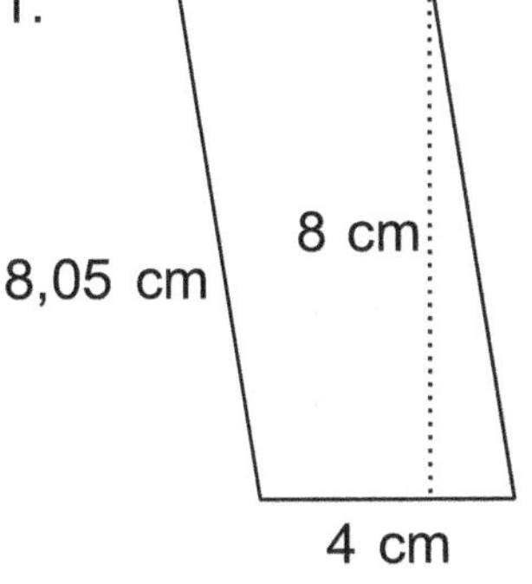
8 cm
8,05 cm
4 cm

....

12. 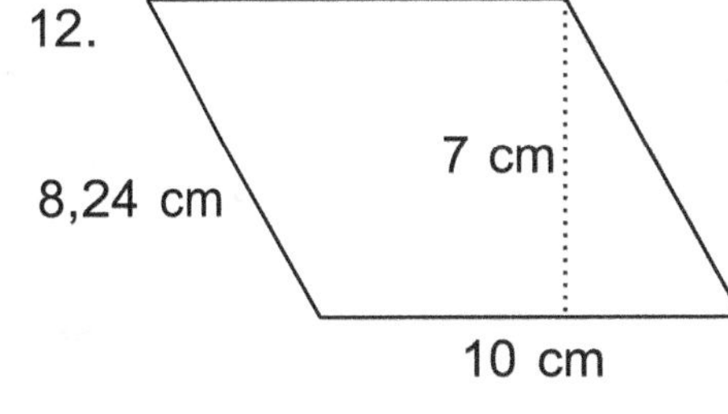
7 cm
8,24 cm
10 cm

....

© KingSchool Edition

Calculer le volume

1.

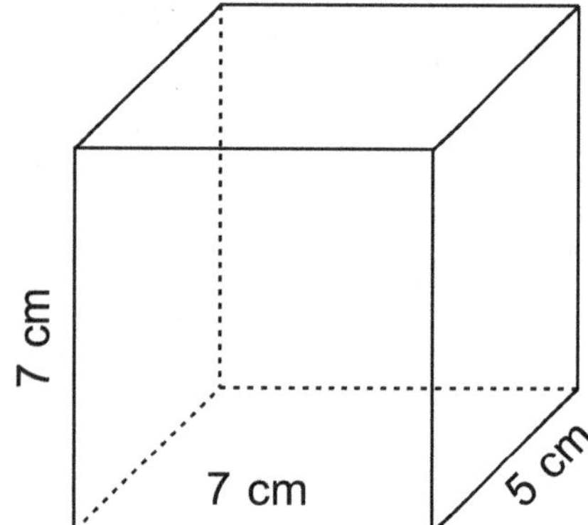

2.

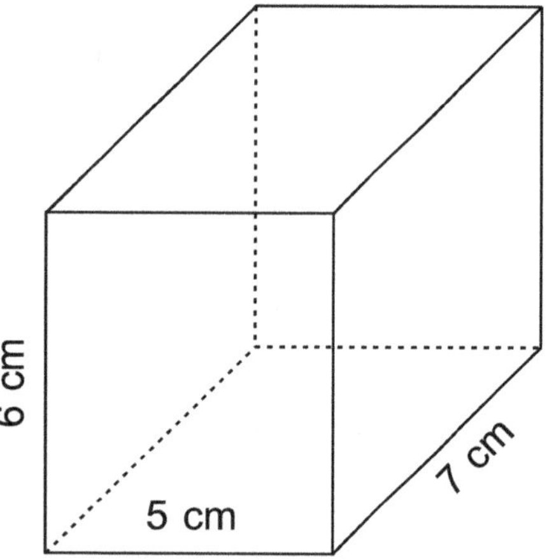

3.

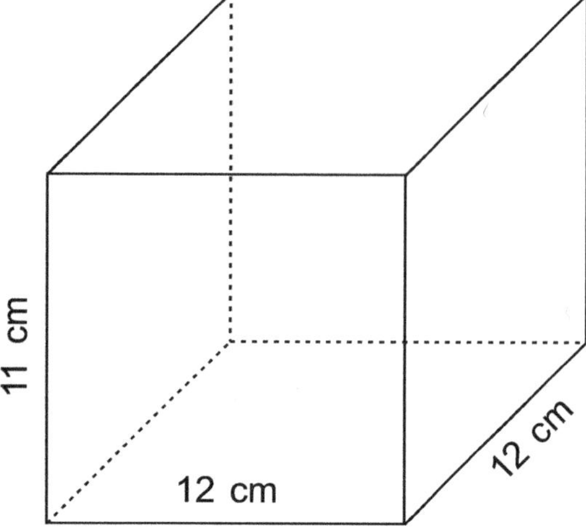

© KingSchool Edition

Calculer le volume

1.

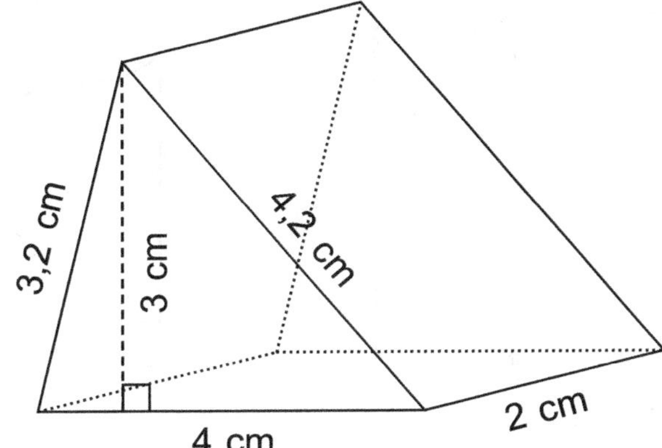

2.

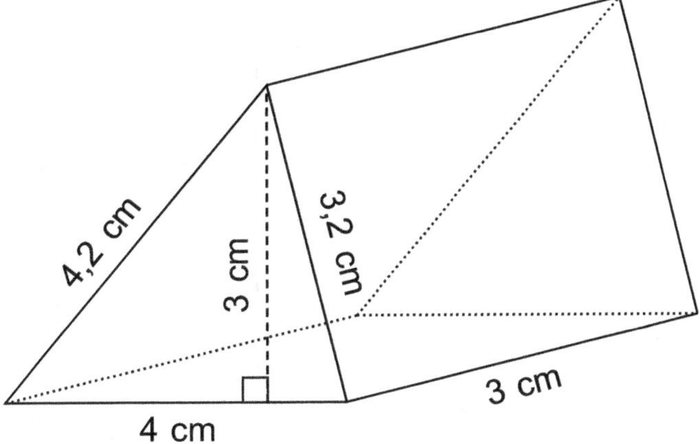

3.

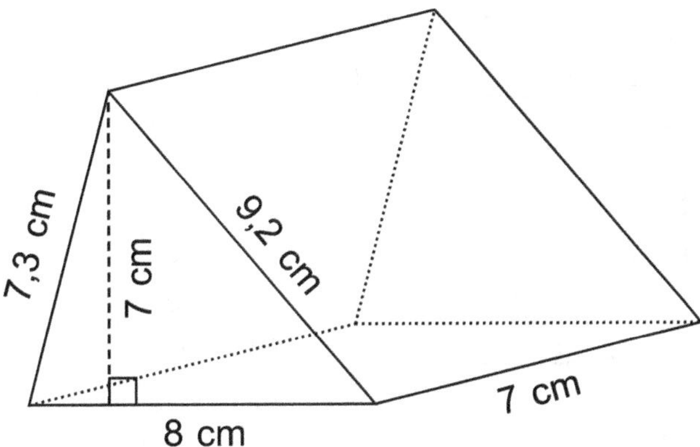

© KingSchool Edition

Calculer le volume

1. 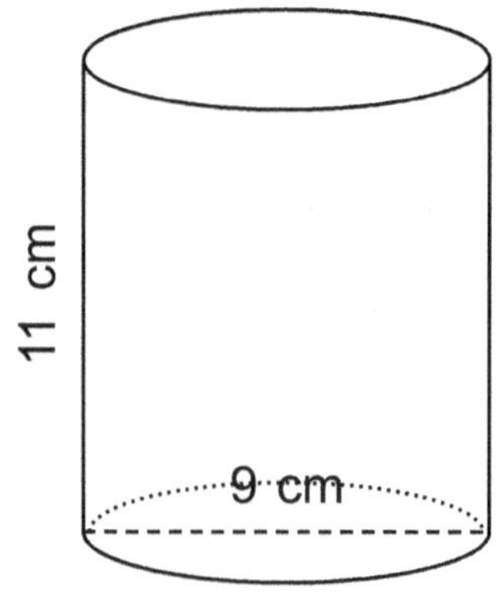

2. 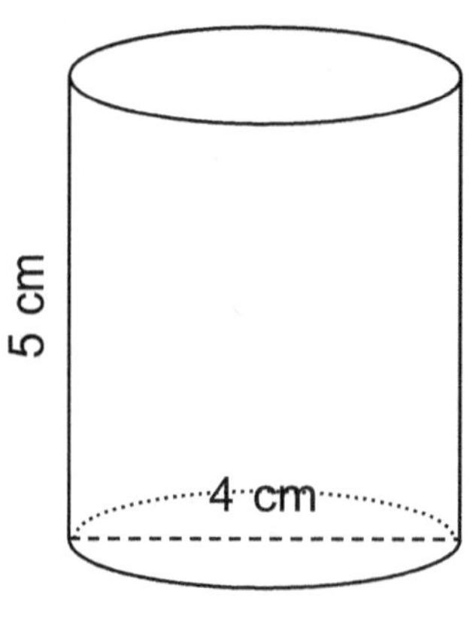

3. 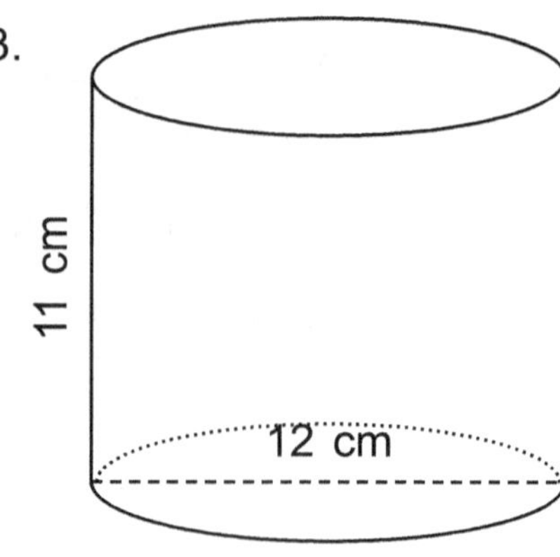

4. 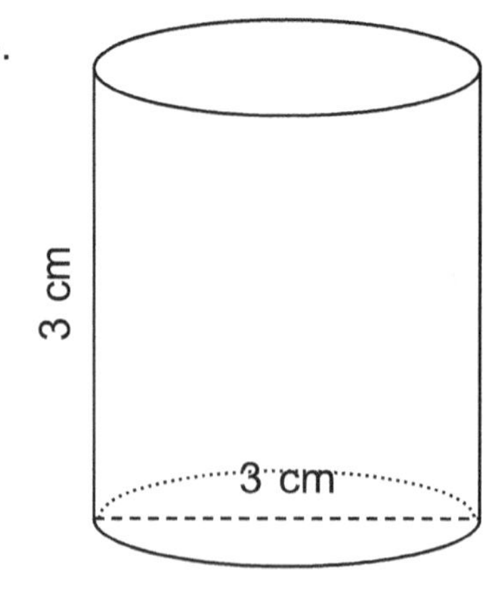

5. 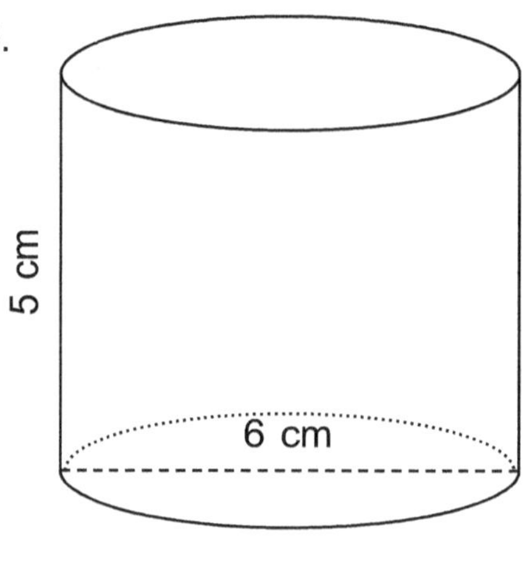

6. 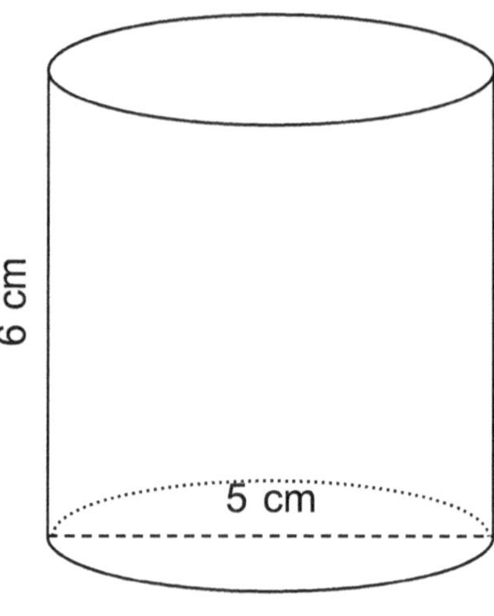

7. 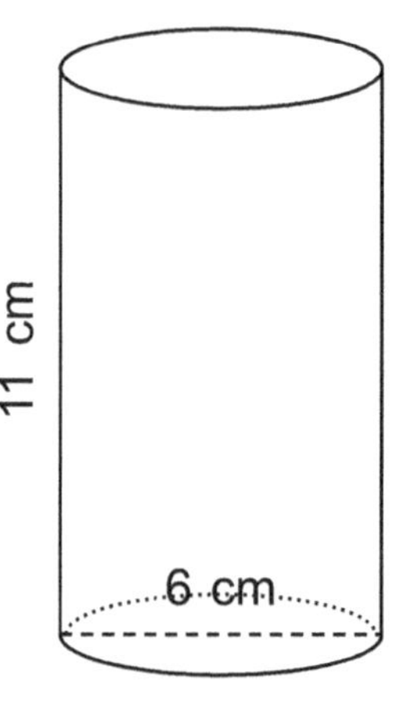

8. 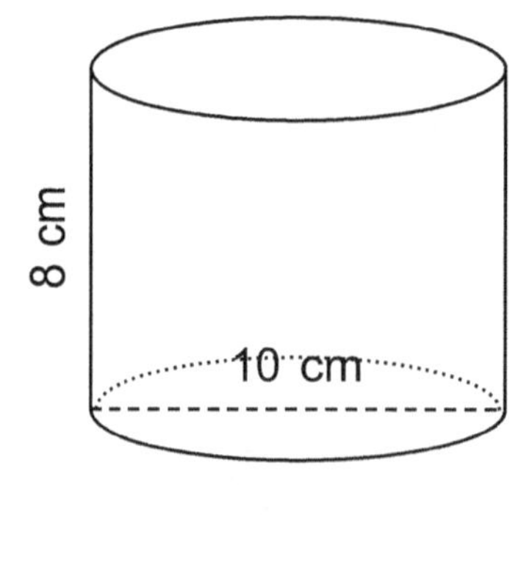

9. 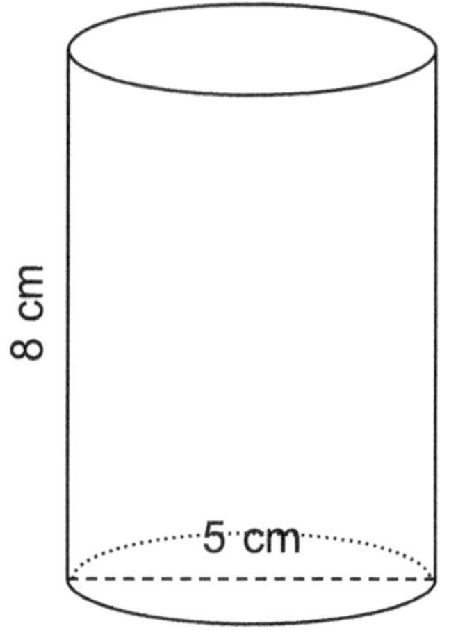

© KingSchool Edition

Calculer le volume

1.
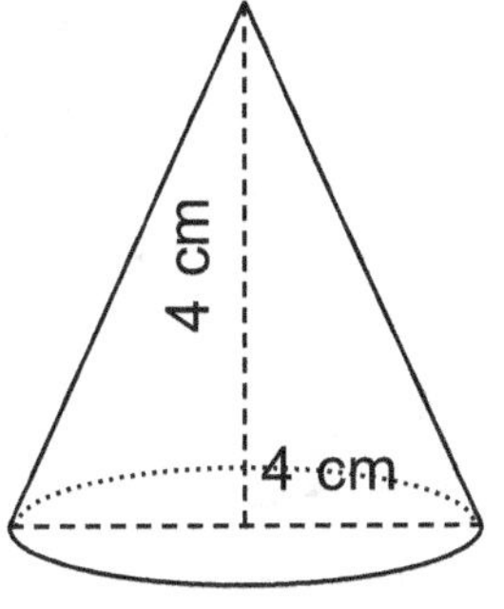

2.
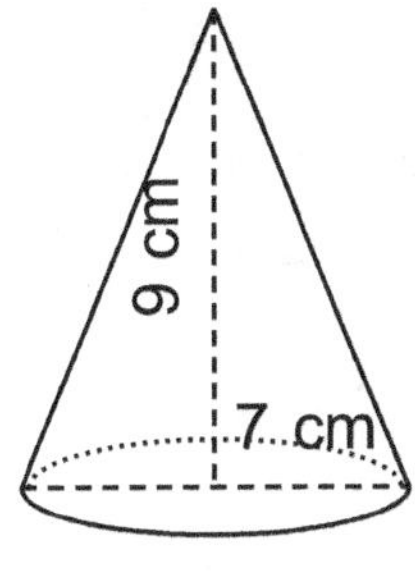

3.
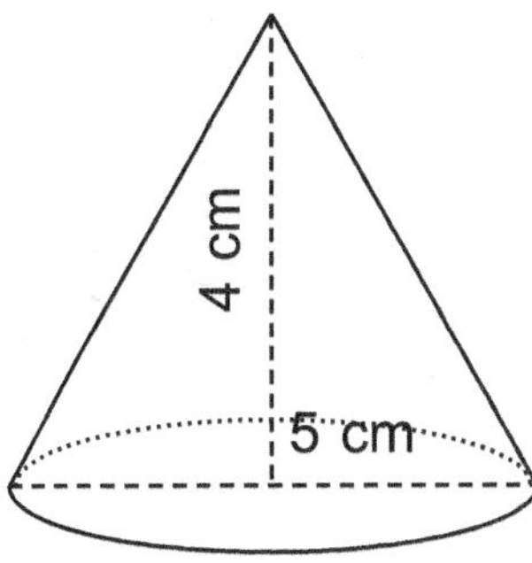

4.
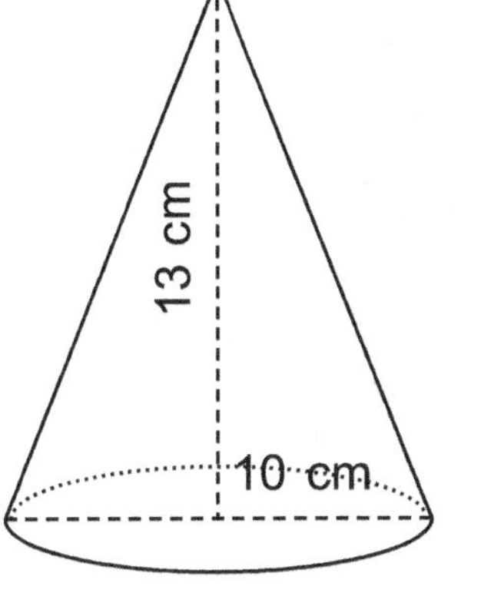

5.
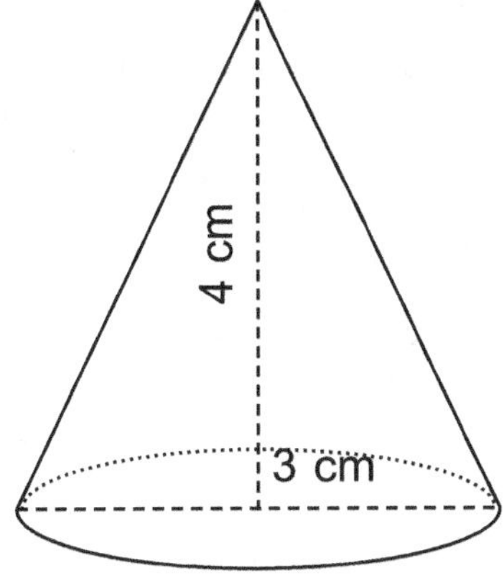

6.
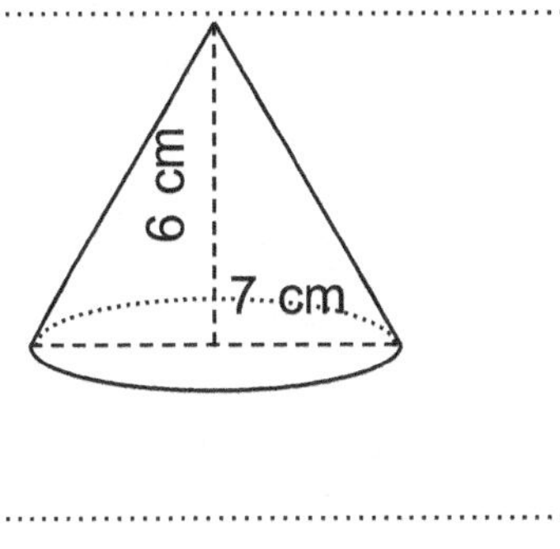

7.
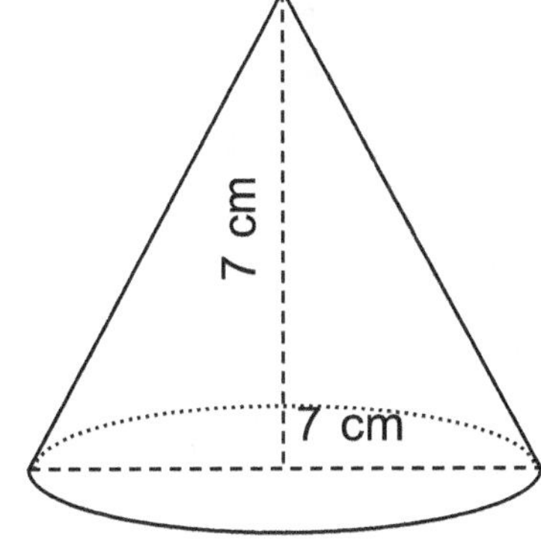

8.
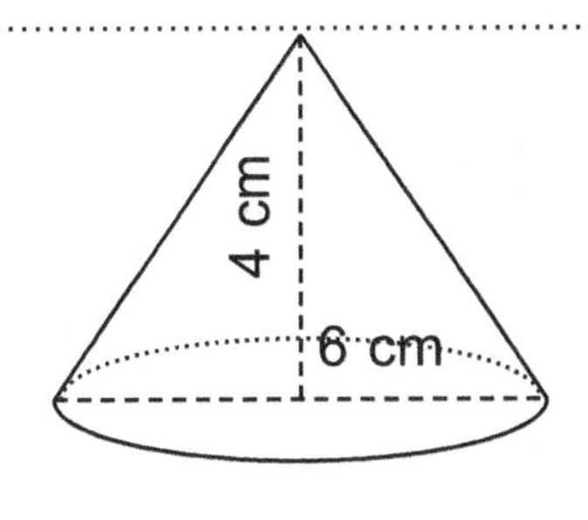

9.
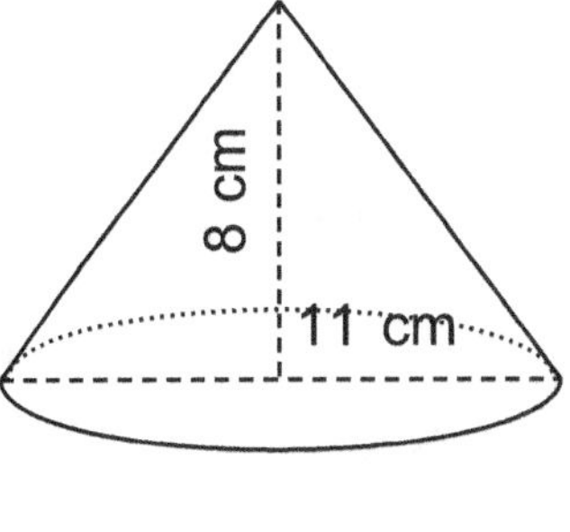

10.
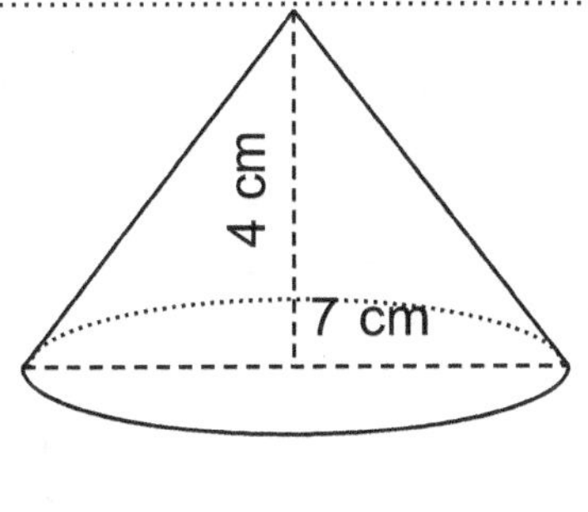

11.
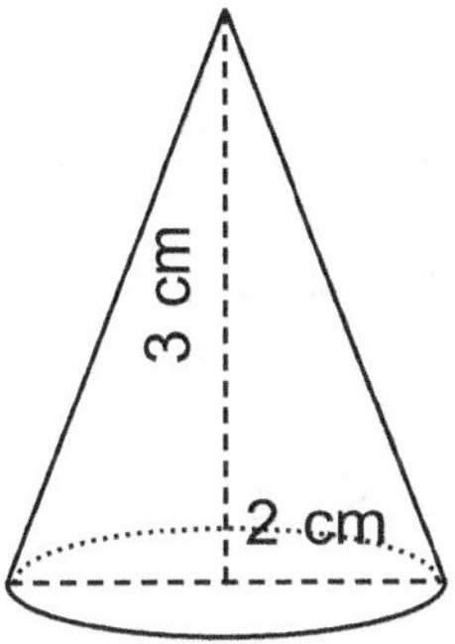

12.
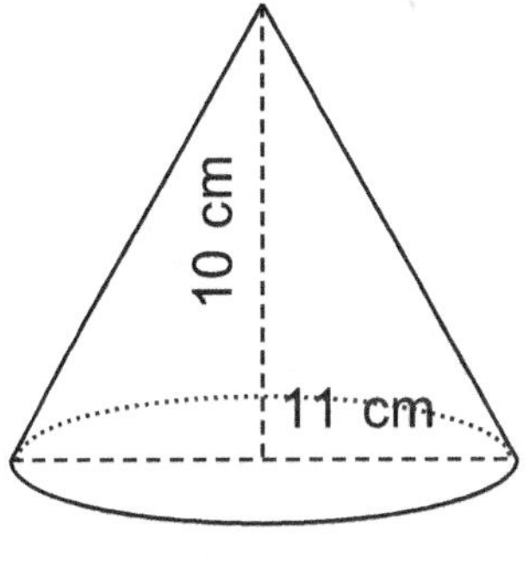

© KingSchool Edition

Calculer le volume

1. 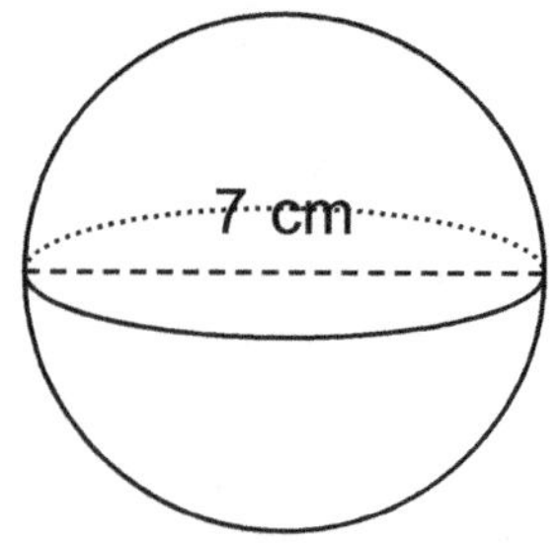

2. 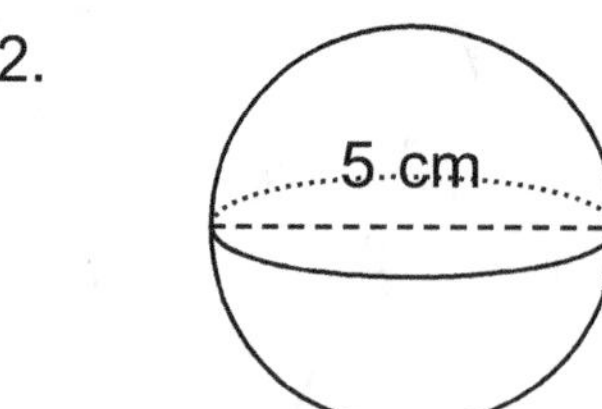

3. 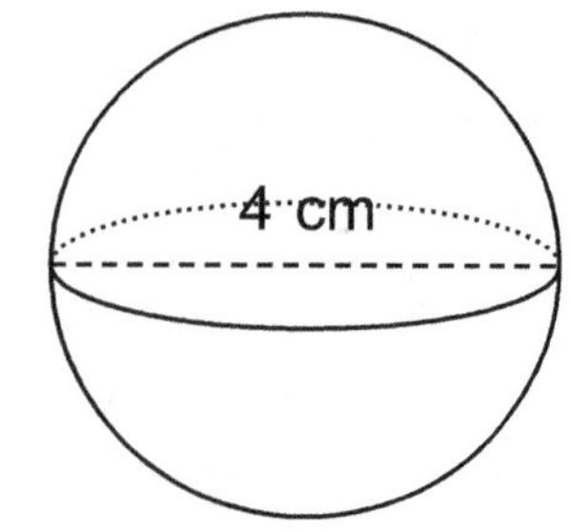

4. 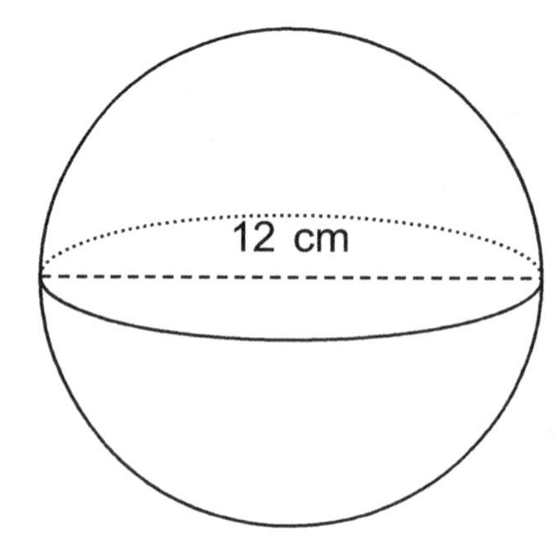

5. 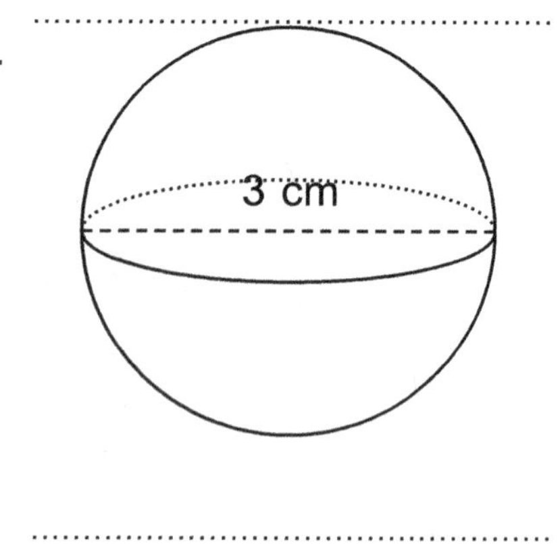

6. 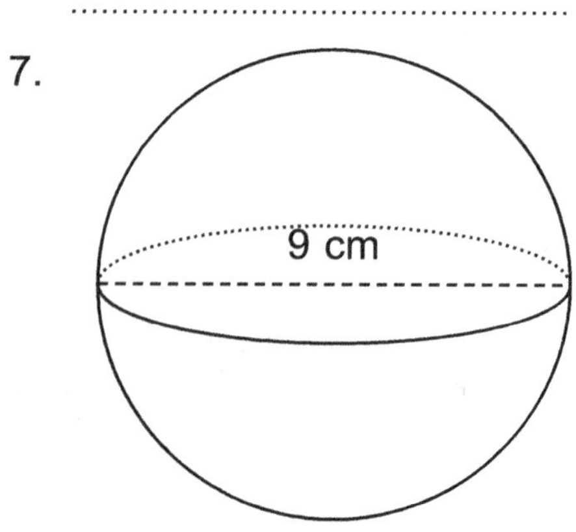

7. 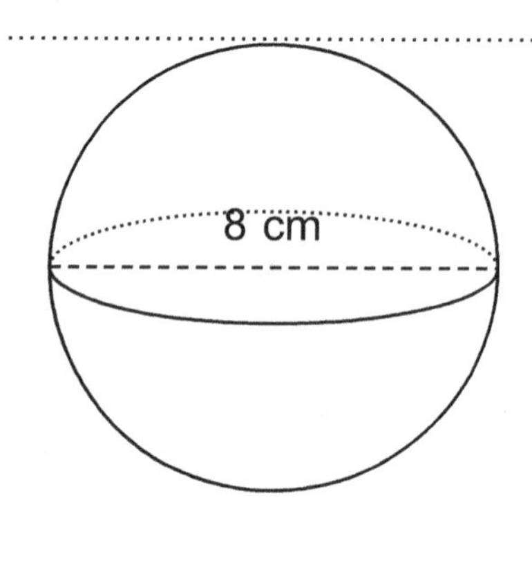

8. 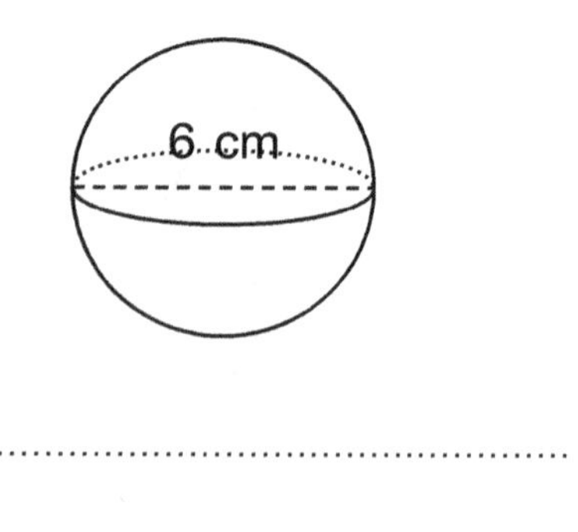

9. 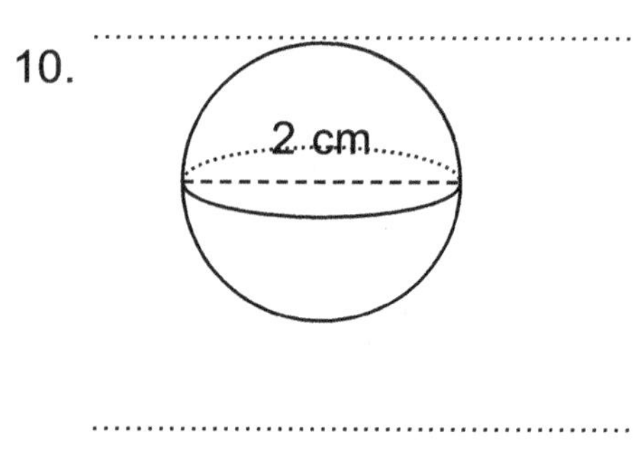

10. 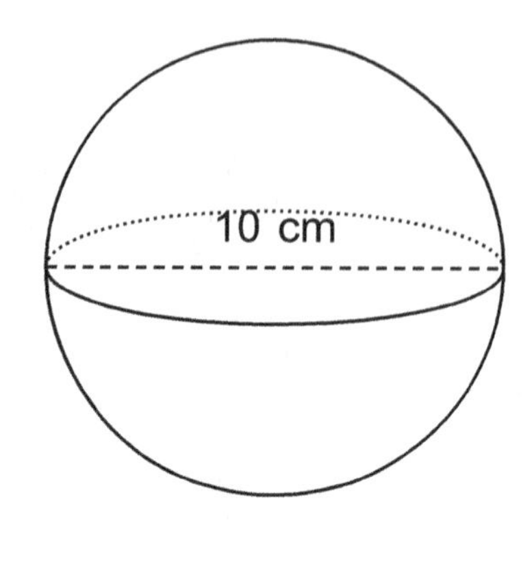

11. 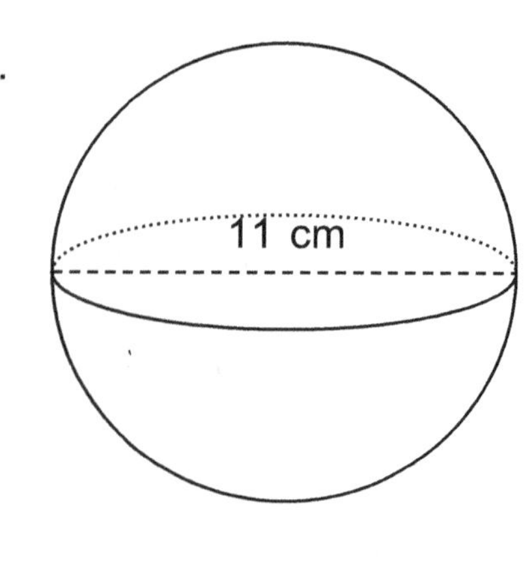

12.

Calculer le périmètre

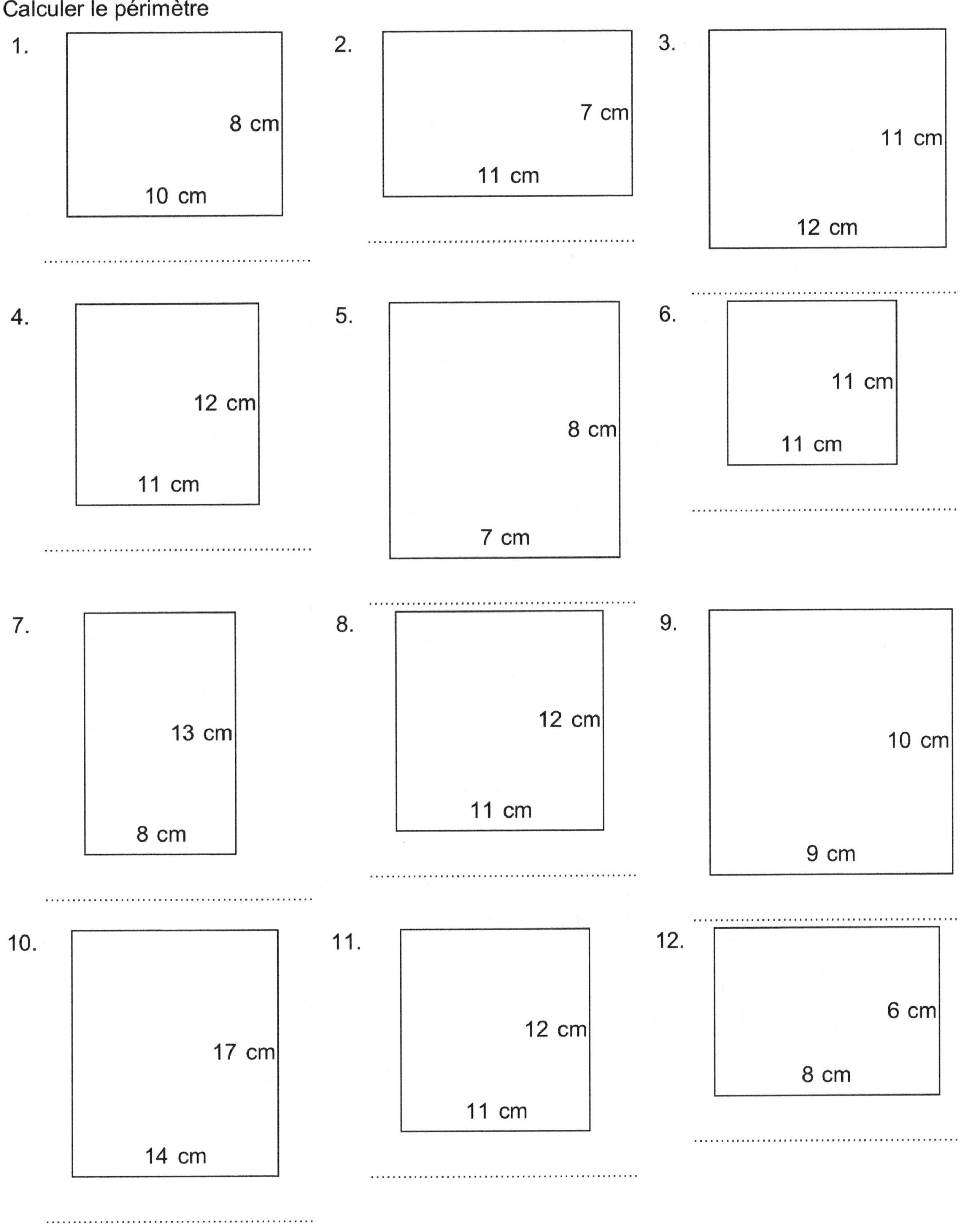

© KingSchool Edition

Calculer le périmètre

1. 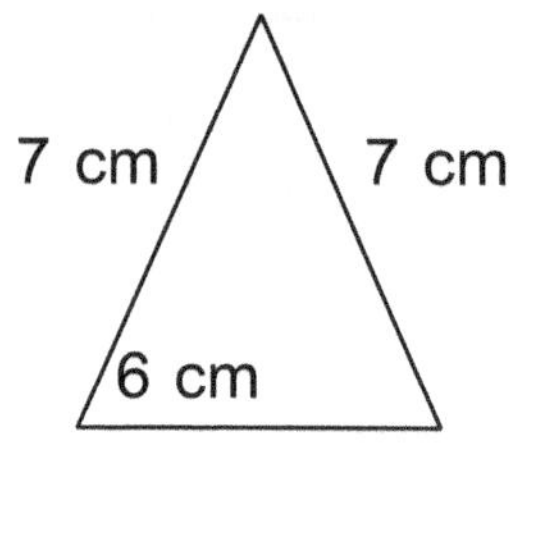

....

2. 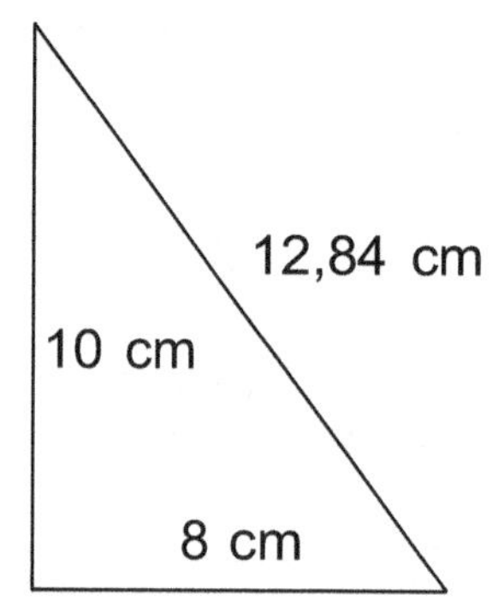

....

3. 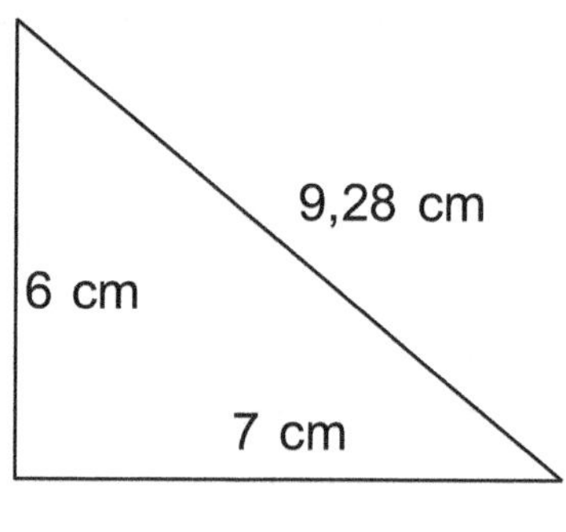

....

4. 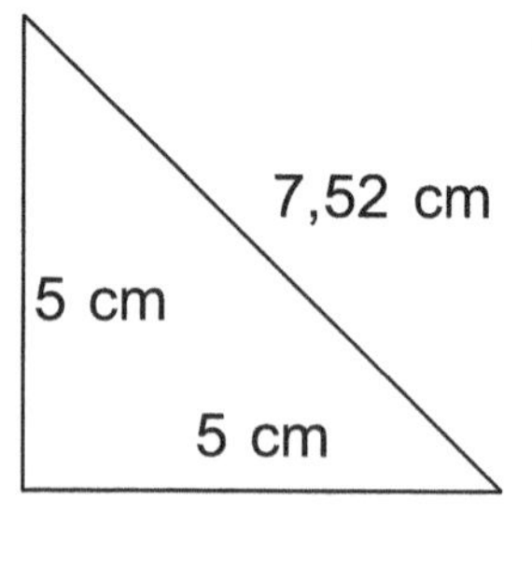

....

5. 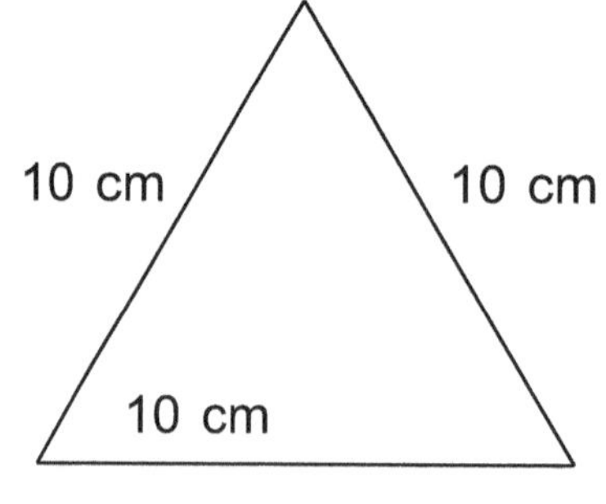

....

6. 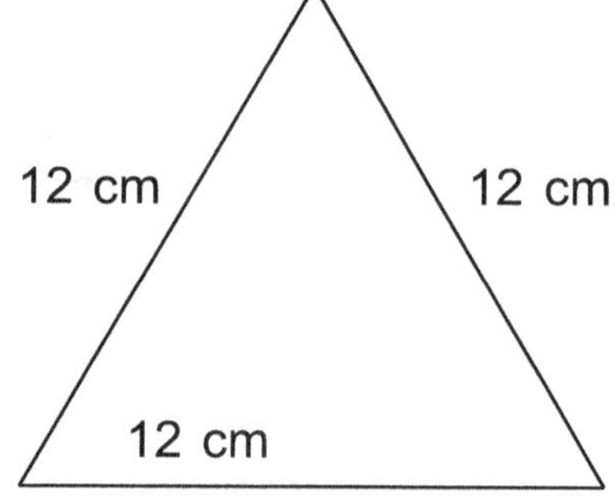

....

7. 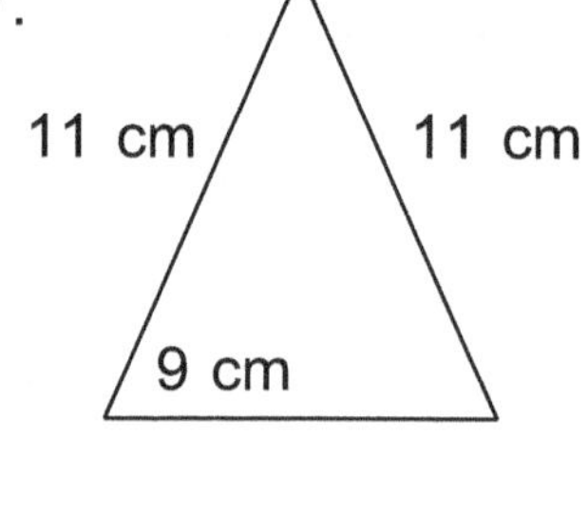

....

8. 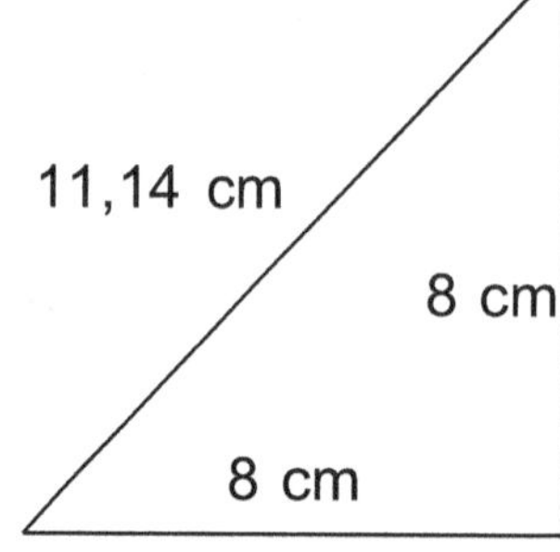

....

9. 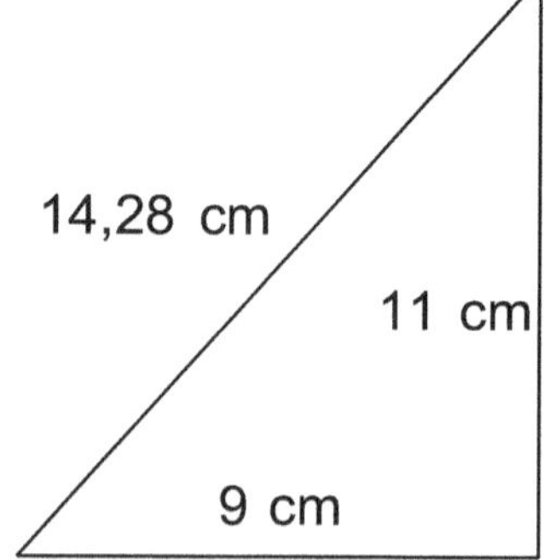

....

10. 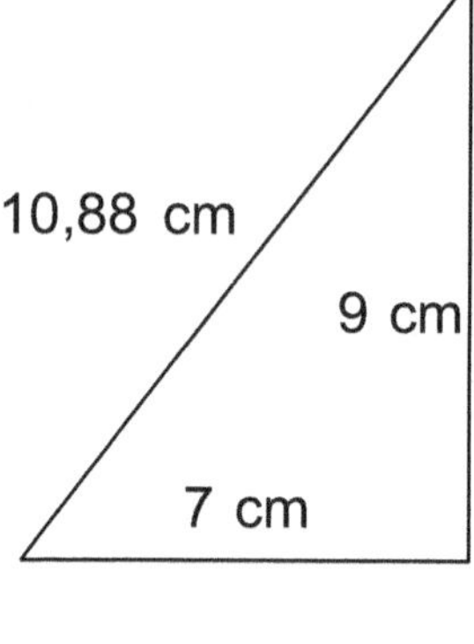

....

11. 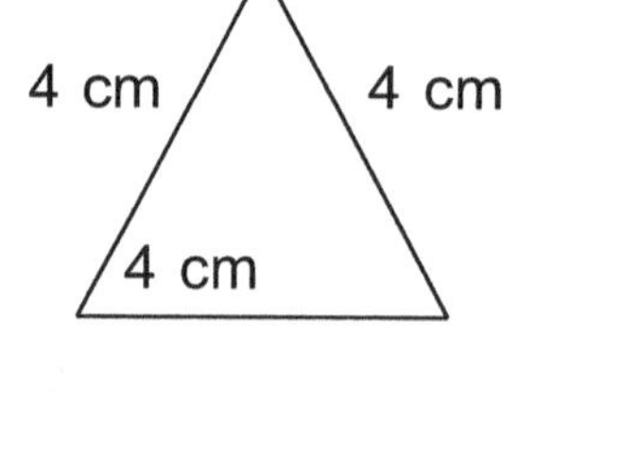

....

12. 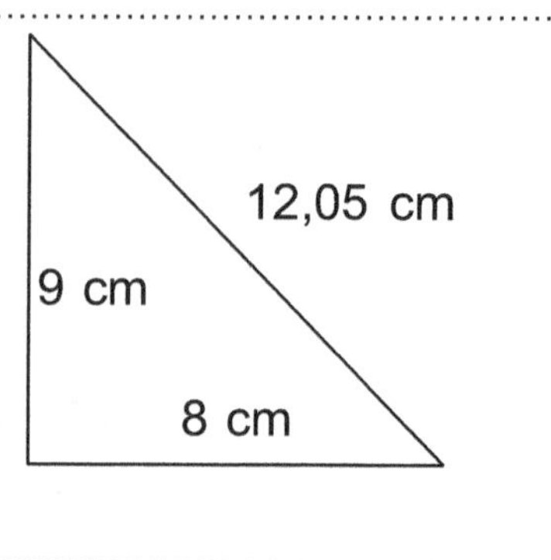

....

© KingSchool Edition

Calculer le périmètre

1. 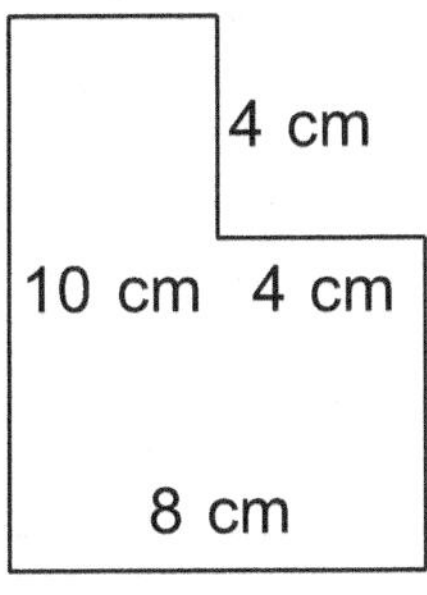

2. 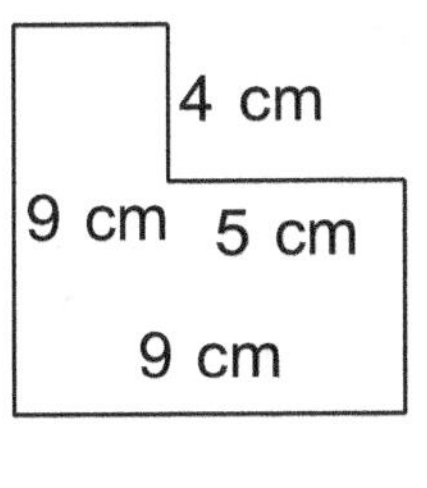

....

3. 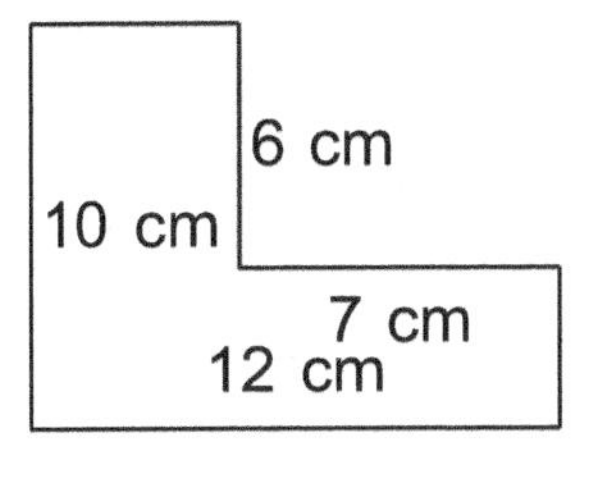

....

....

4. 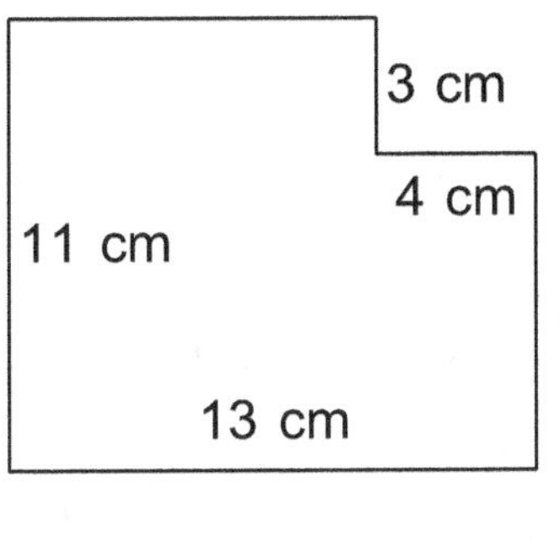

....

5. 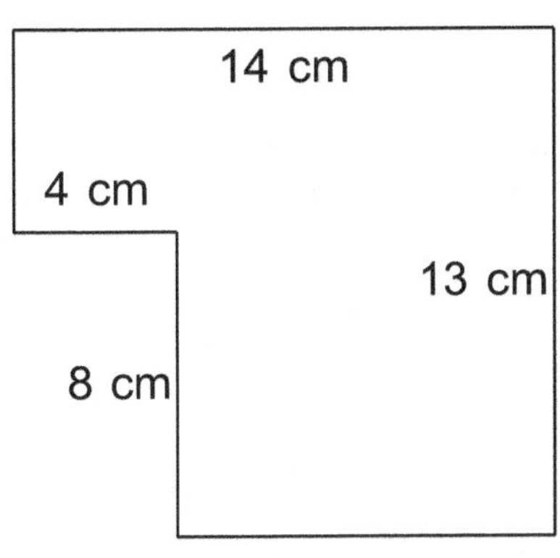

6. 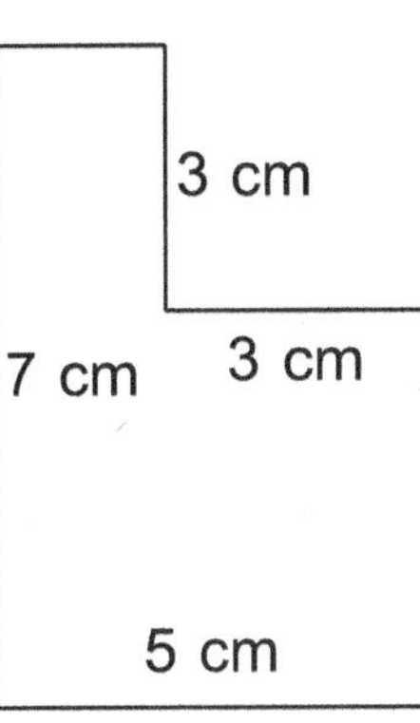

7. 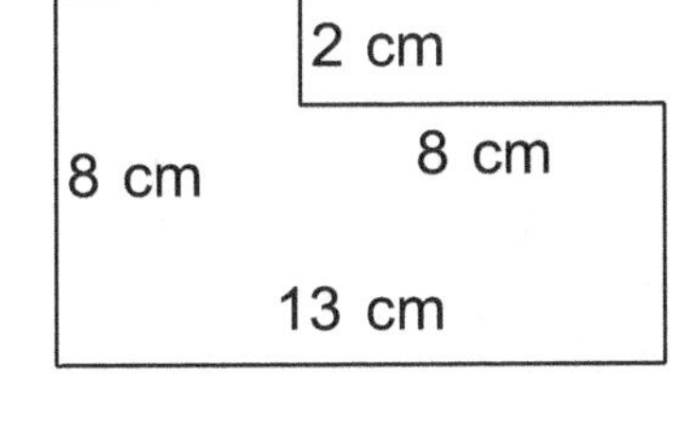

....

8. 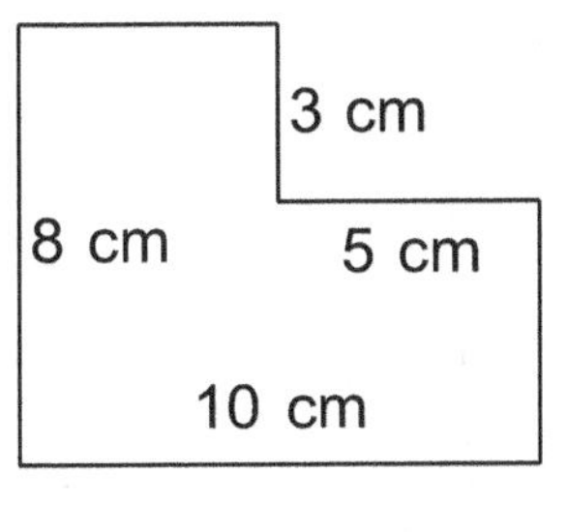

....

9. 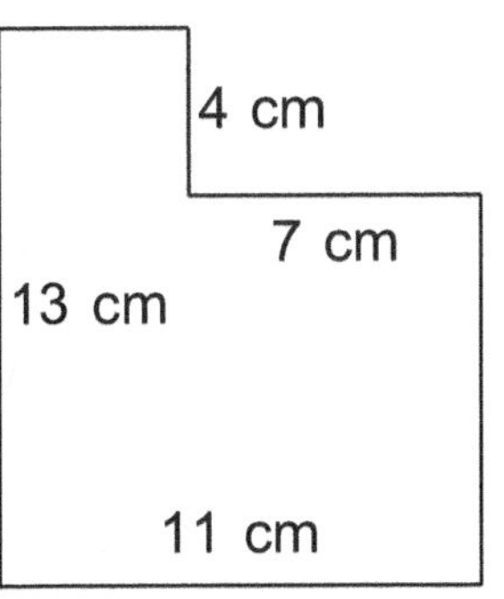

....

10. 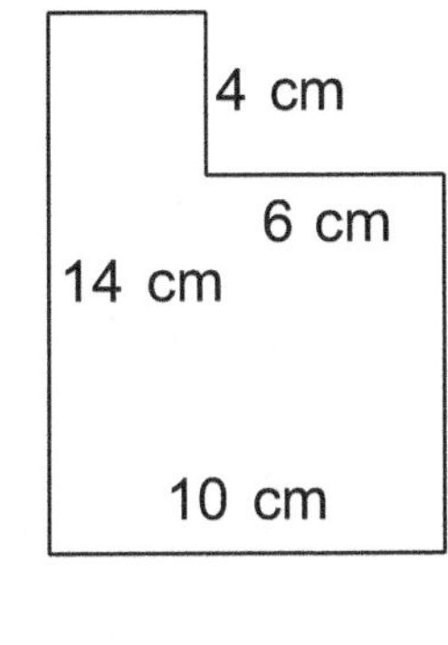

....

11. 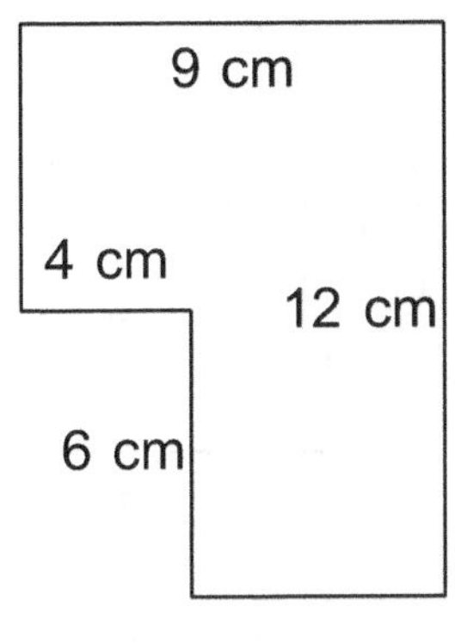

....

12. 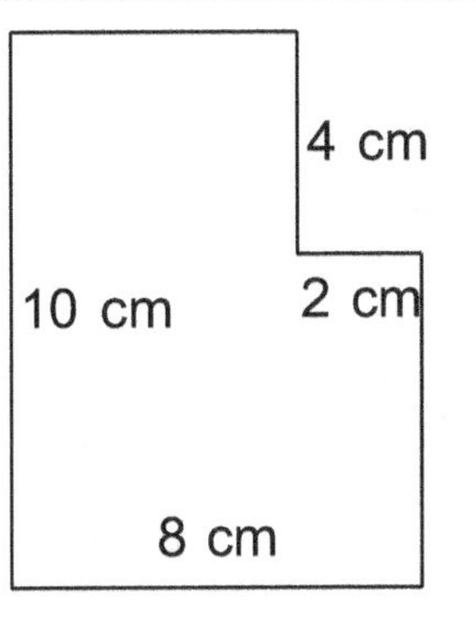

....

© KingSchool Edition

Calculer le périmètre

1. 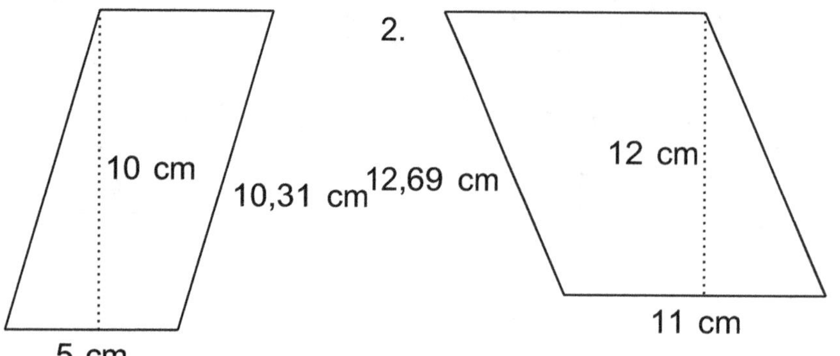

2.

3. 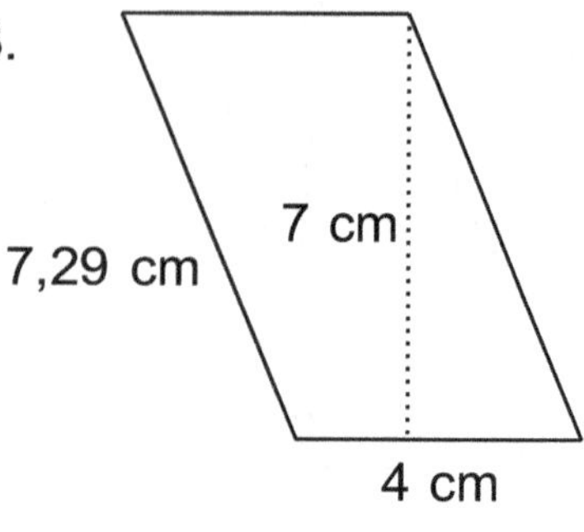

4. 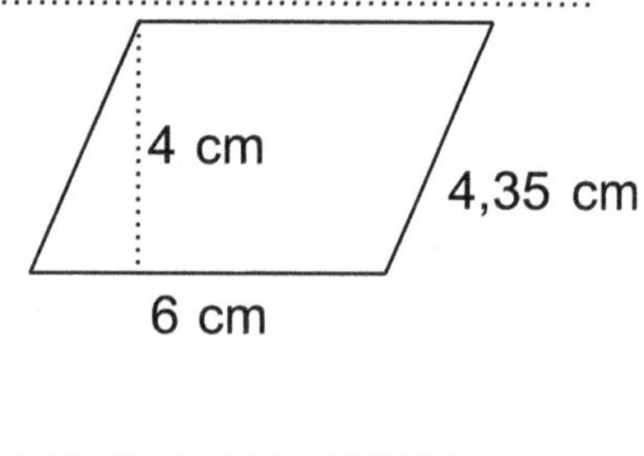

5. 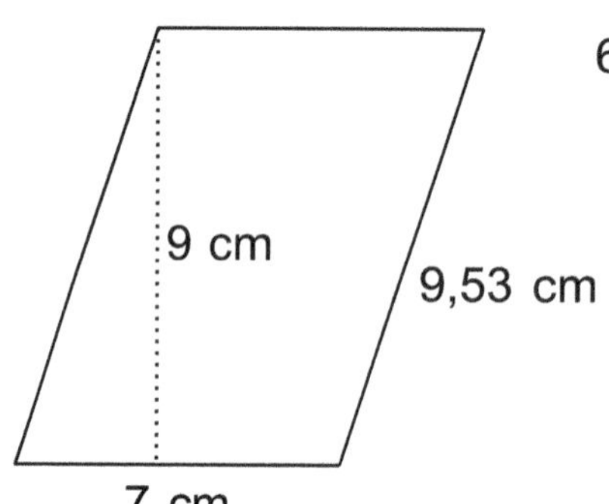

6. 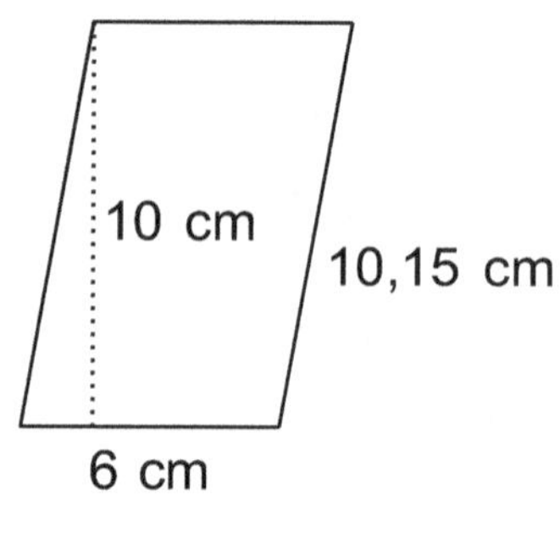

7. 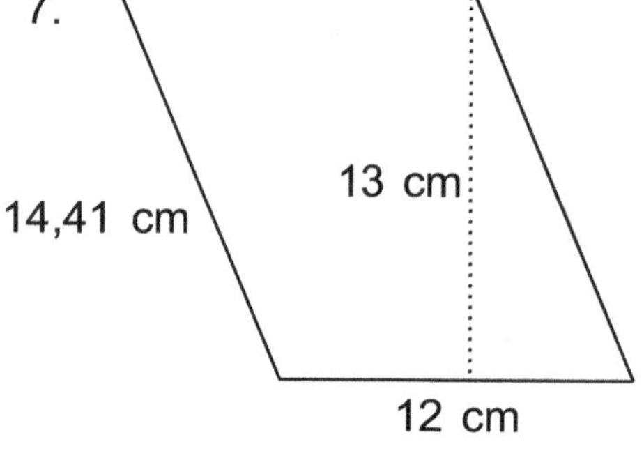

8. 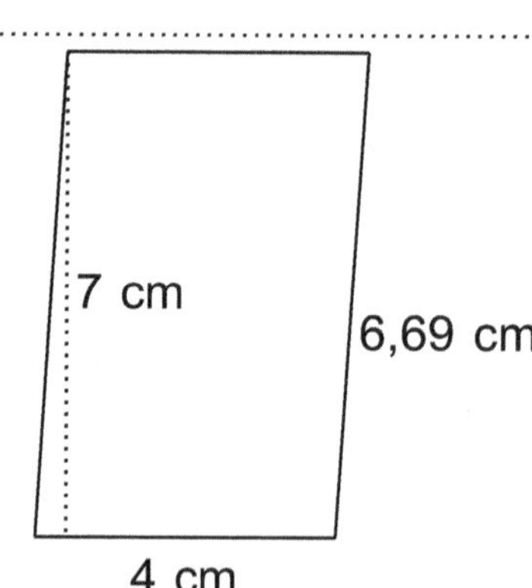

9. 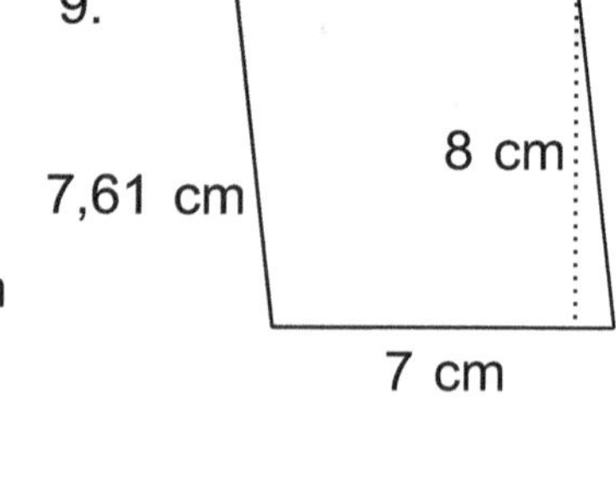

10. 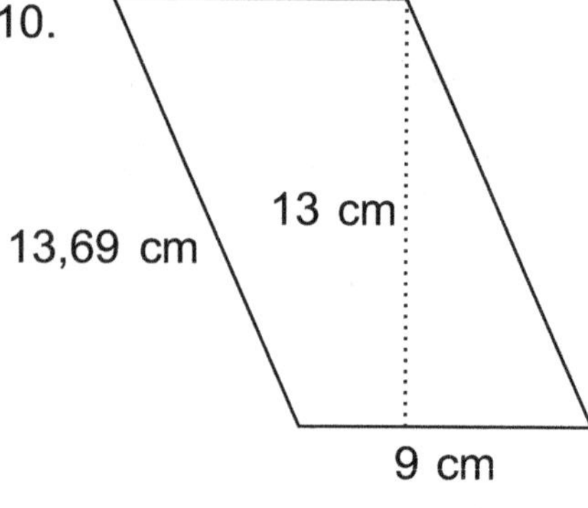

11. 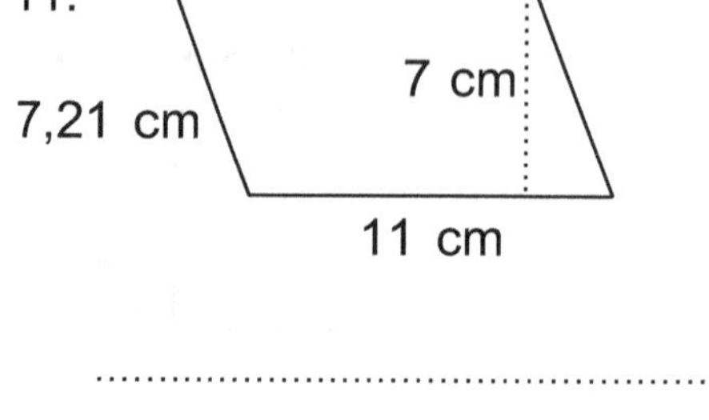

12. 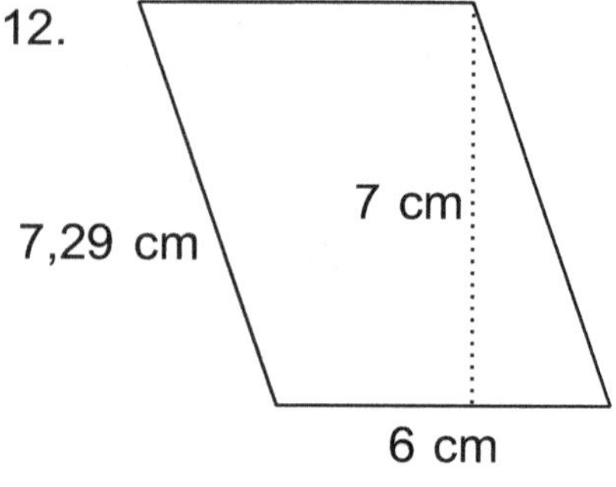

© KingSchool Edition

Calculer la surface

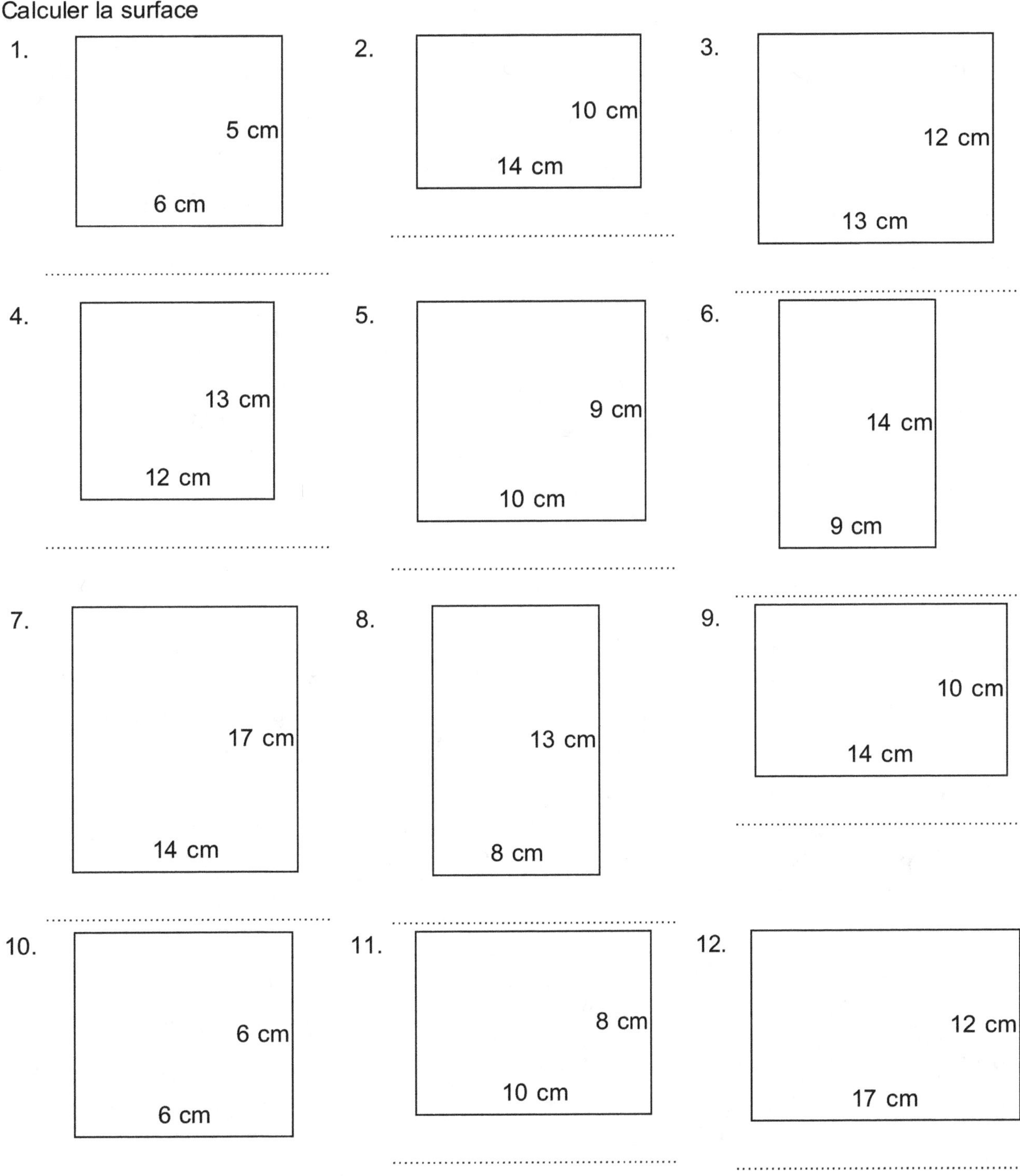

© KingSchool Edition

Calculer la surface

1.
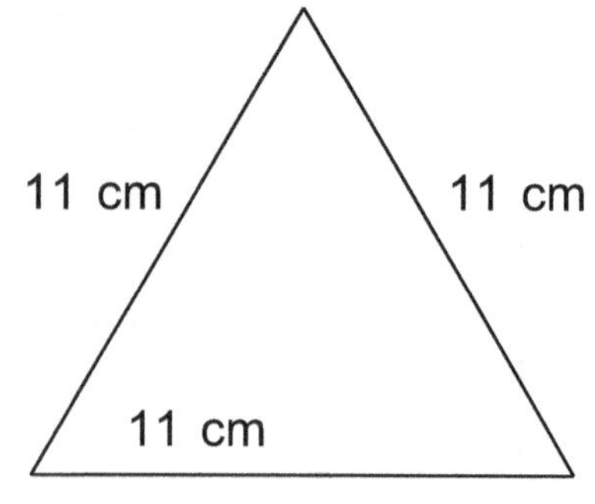
11 cm   11 cm

11 cm

....

2.
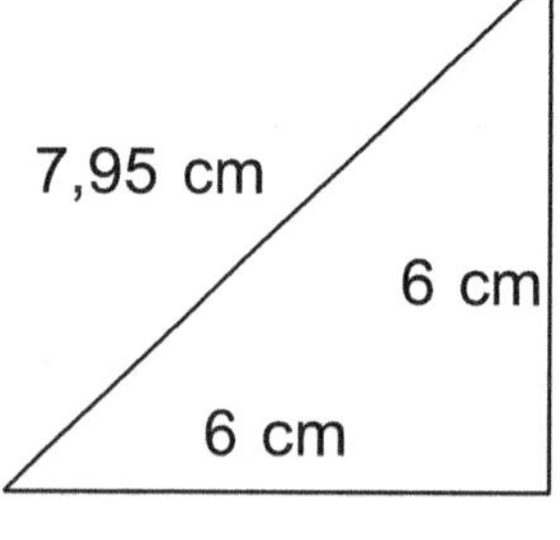
7,95 cm

6 cm

6 cm

....

3.
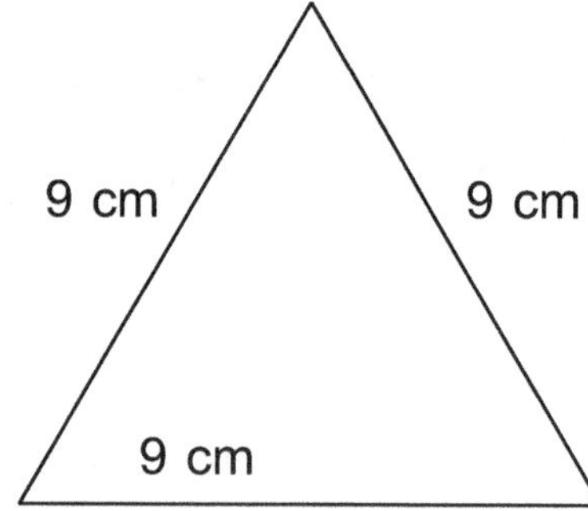
9 cm   9 cm

9 cm

....

4.
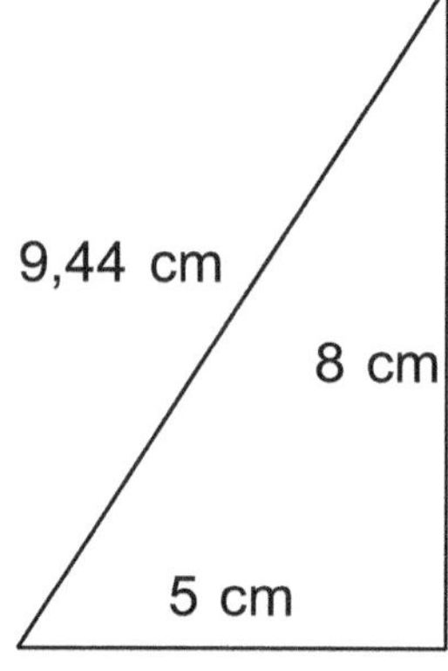
9,44 cm

8 cm

5 cm

....

5.
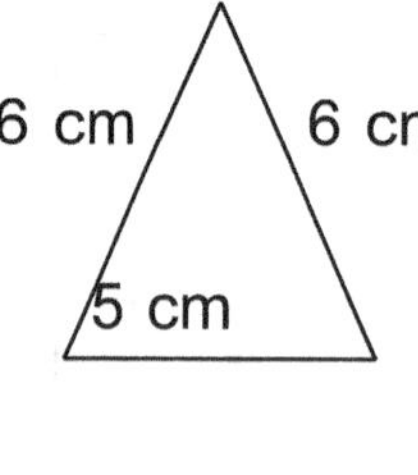
6 cm   6 cm

5 cm

....

6.
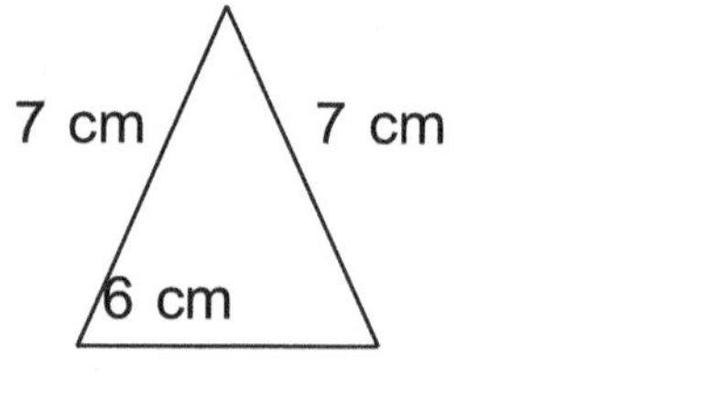
7 cm   7 cm

6 cm

....

7.
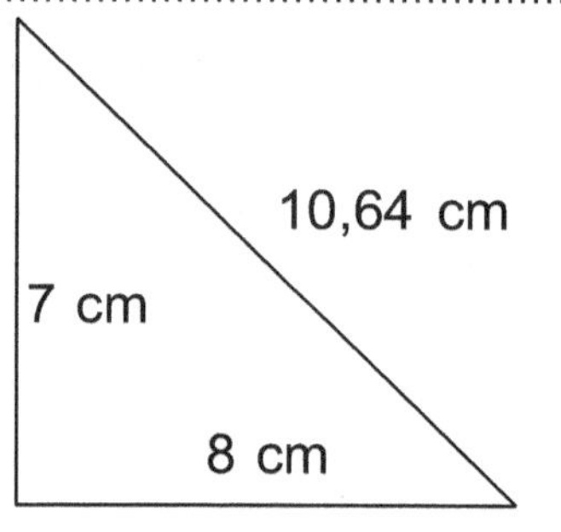
10,64 cm

7 cm

8 cm

....

8.
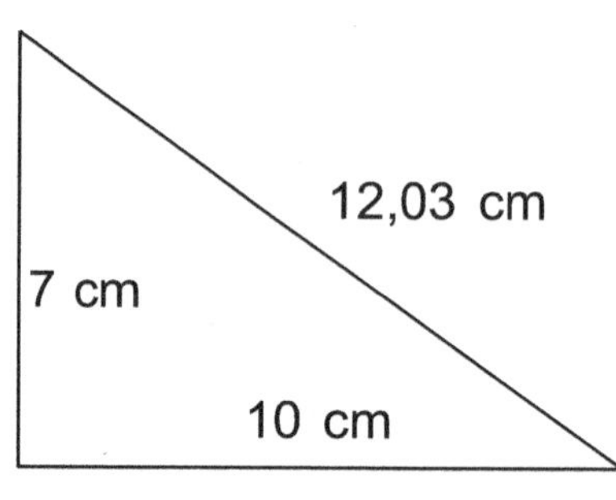
12,03 cm

7 cm

10 cm

....

9.
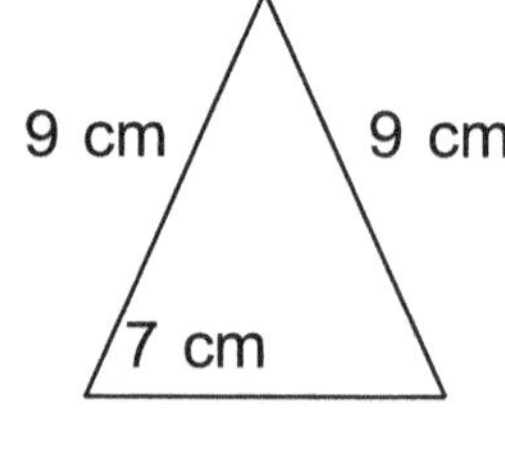
9 cm   9 cm

7 cm

....

10.
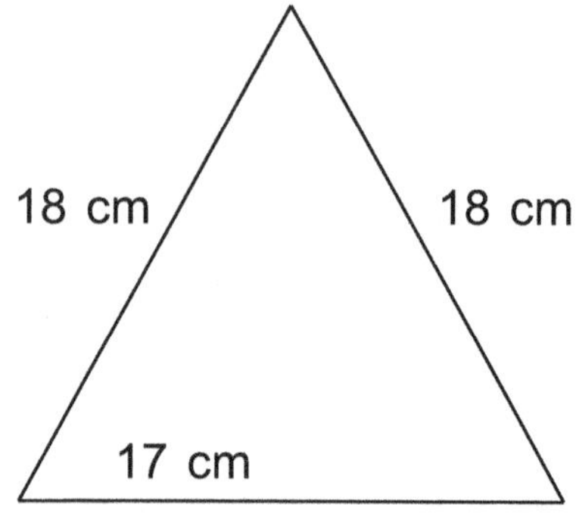
18 cm   18 cm

17 cm

....

11.
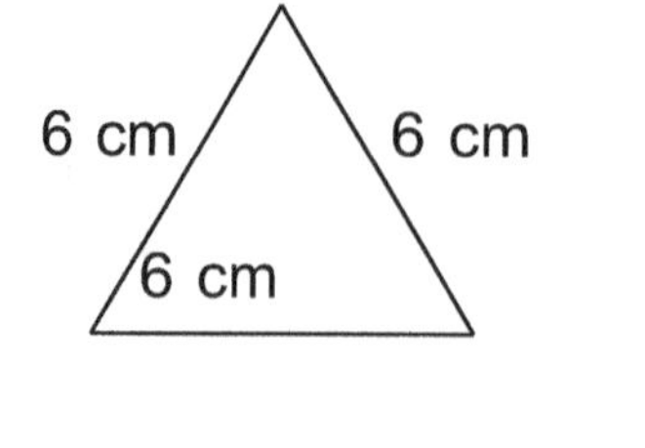
6 cm   6 cm

6 cm

....

12.
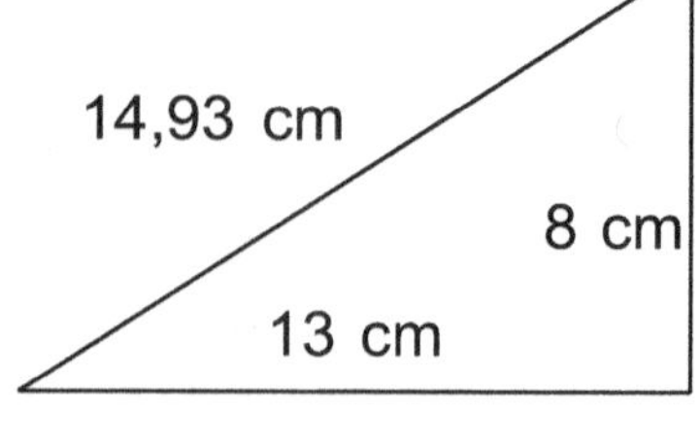
14,93 cm

8 cm

13 cm

....

© KingSchool Edition

Calculer la surface

1. 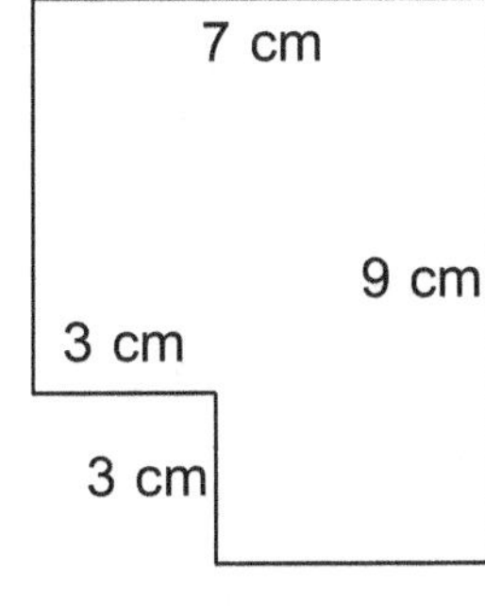

2. 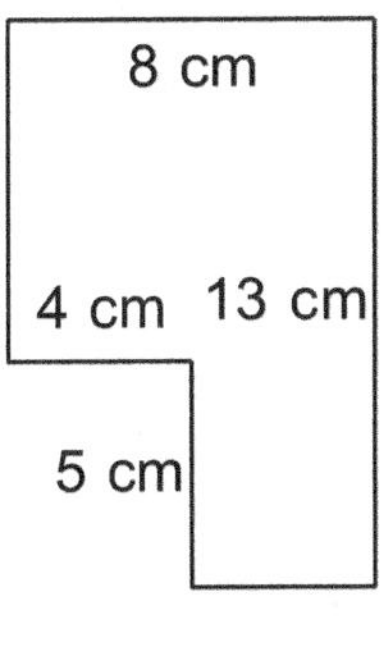

3. 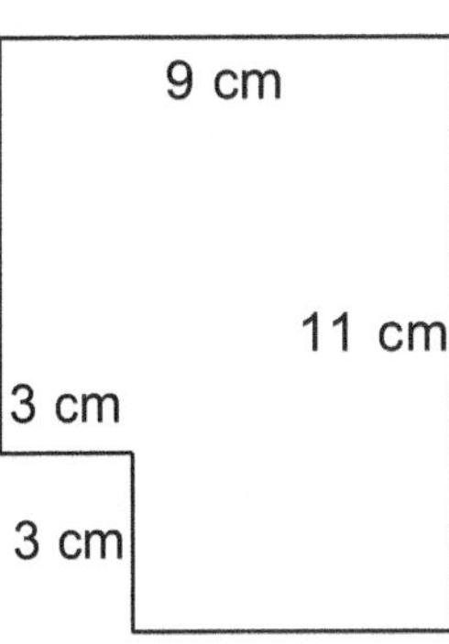

4. 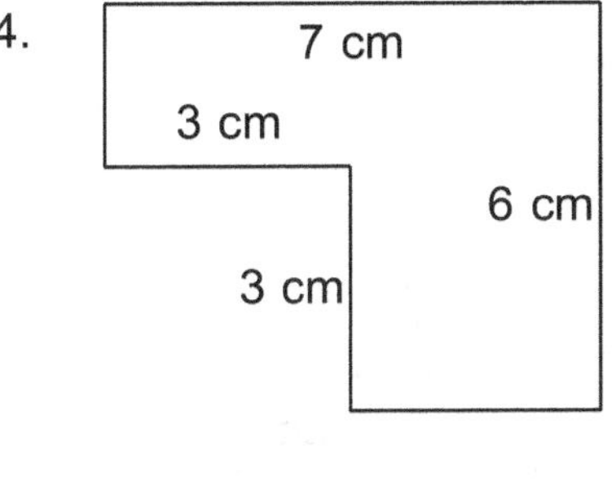

5. 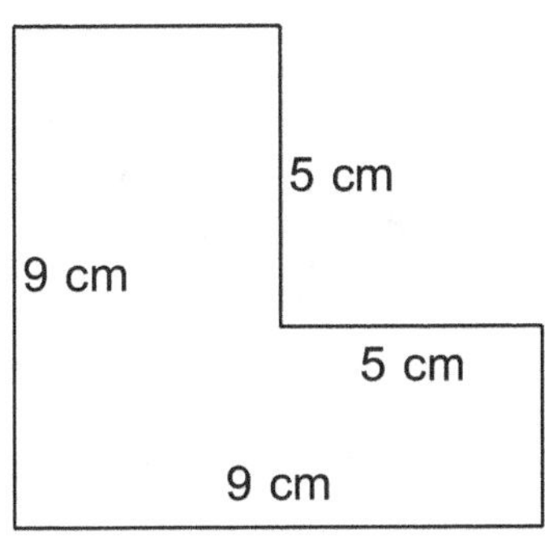

6. 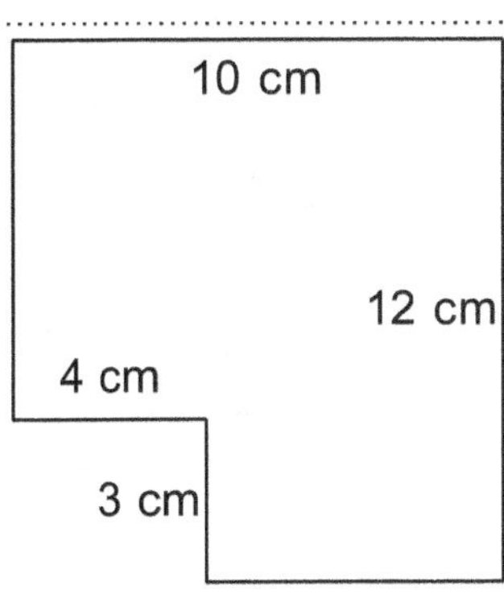

7. 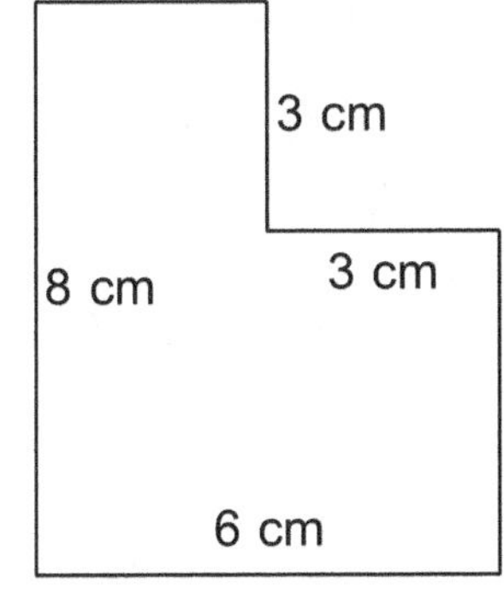

8. 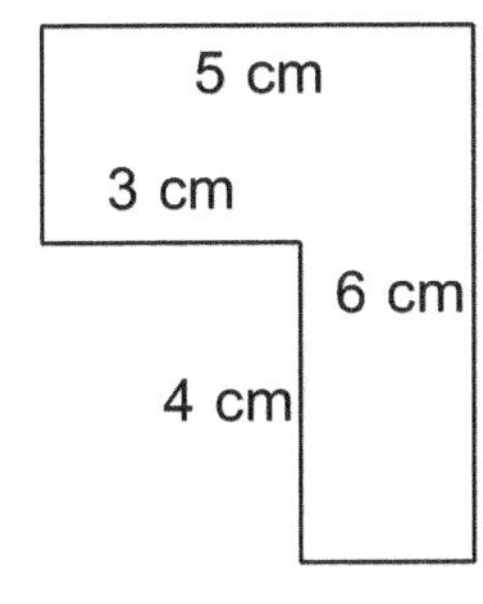

9. 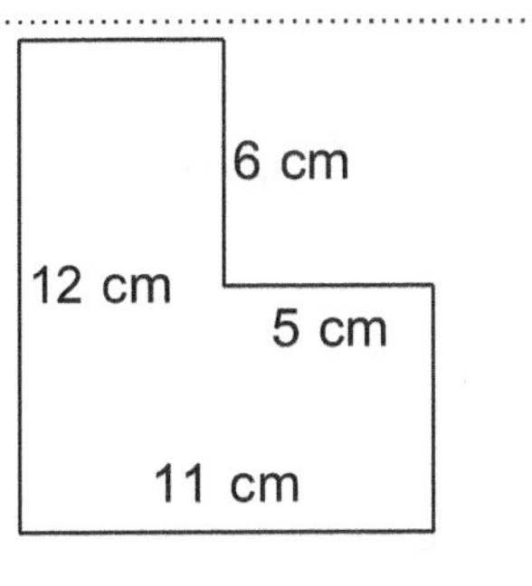

10. 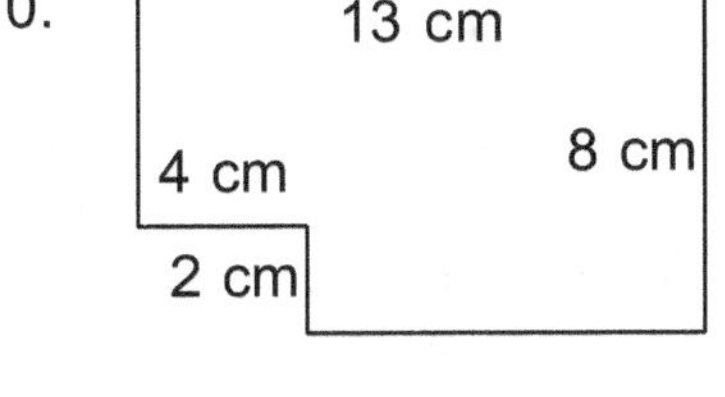

11. 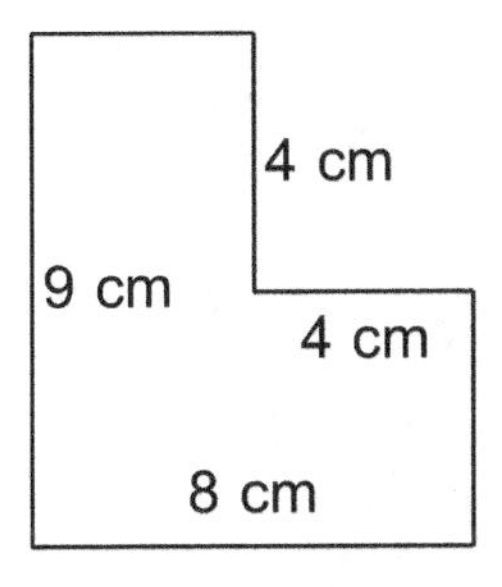

12. 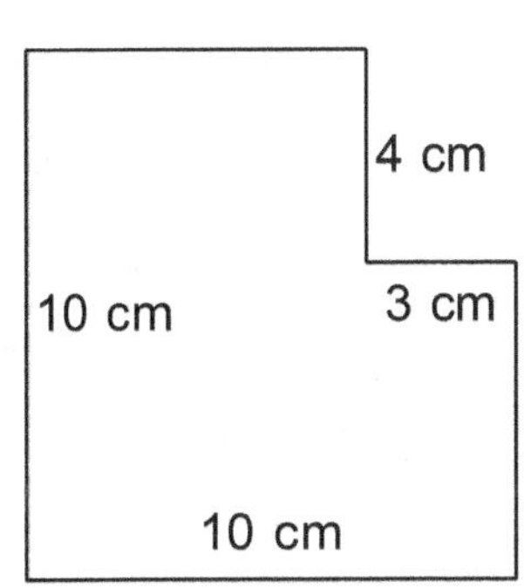

© KingSchool Edition

1. 

2. 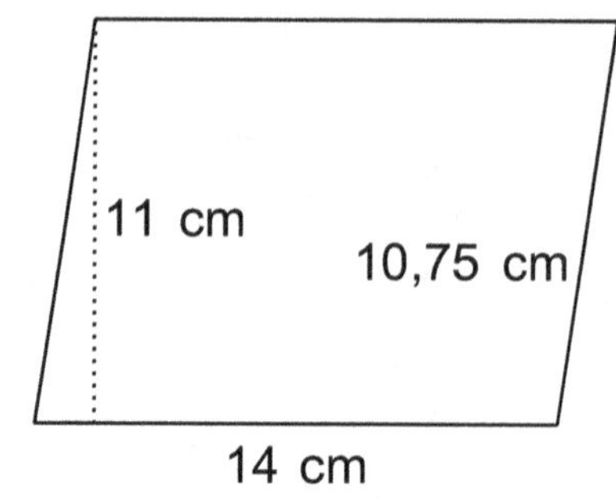

3. 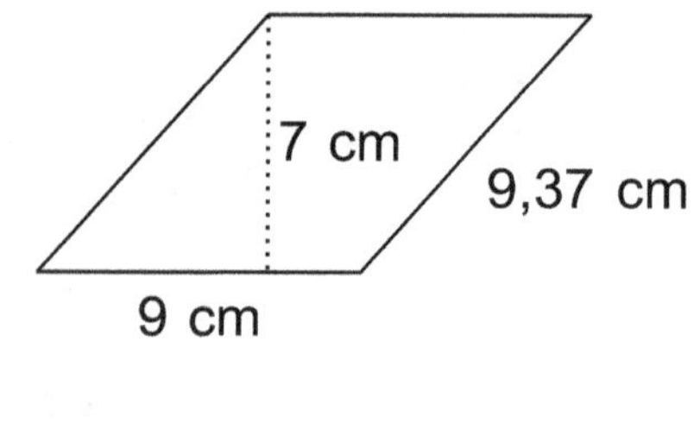

4. 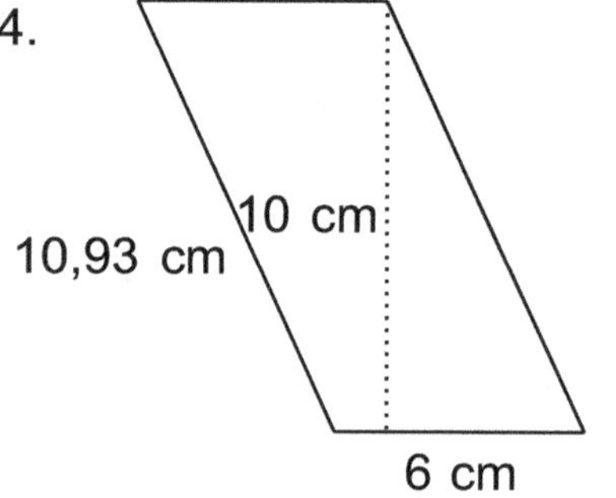

5. 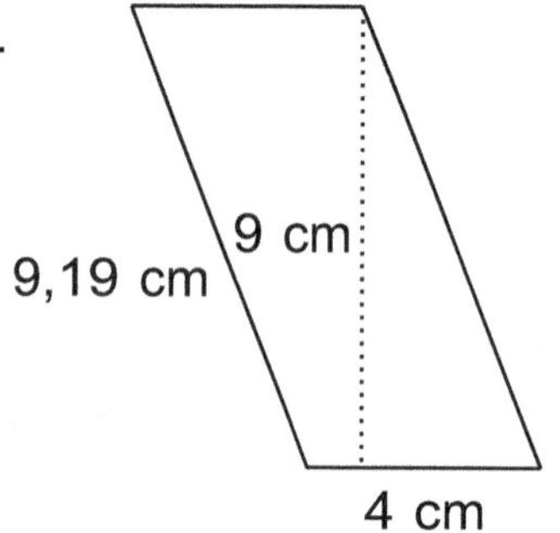

6. 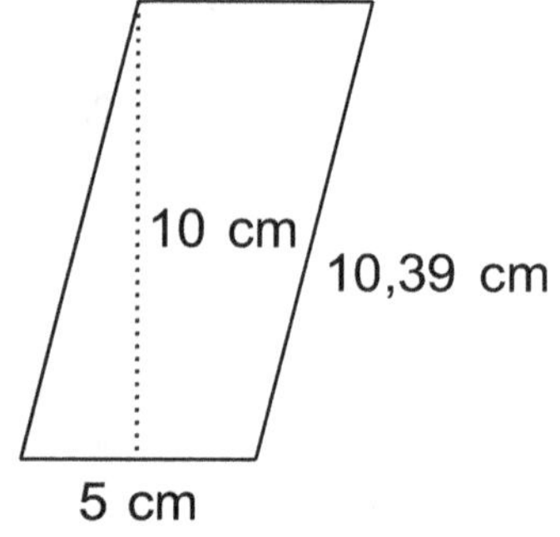

7. 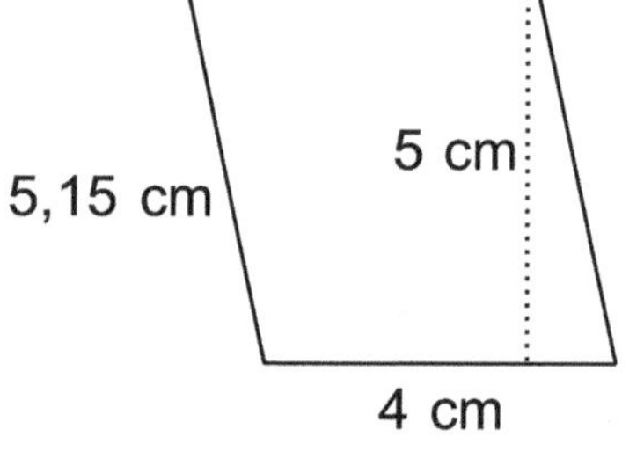

8. 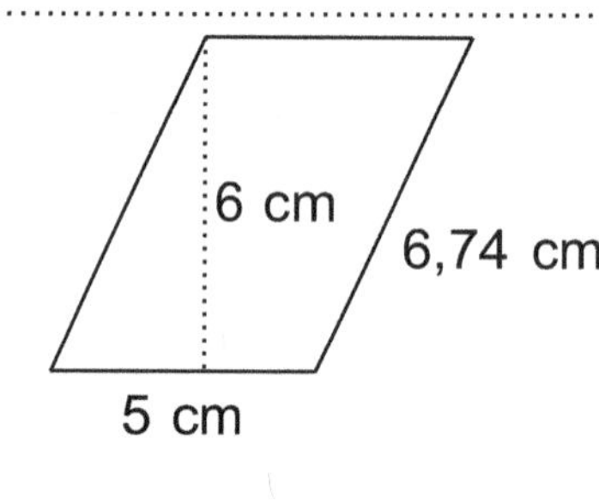

9. 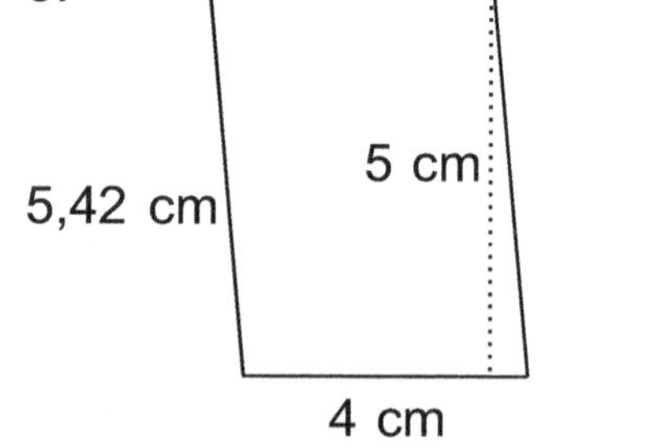

10. 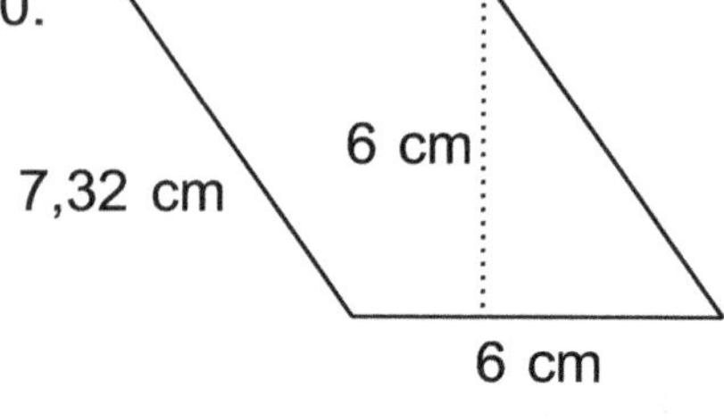

11. 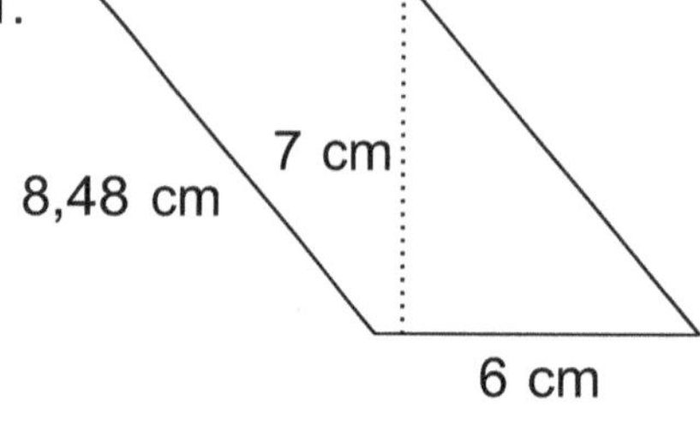

12. 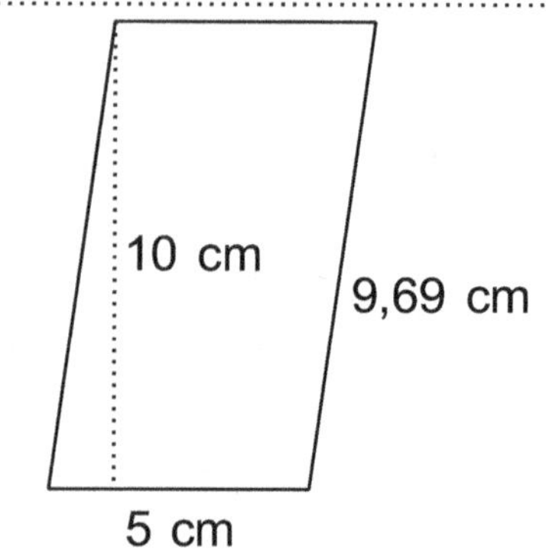

© KingSchool Edition

Calculer le volume

1.

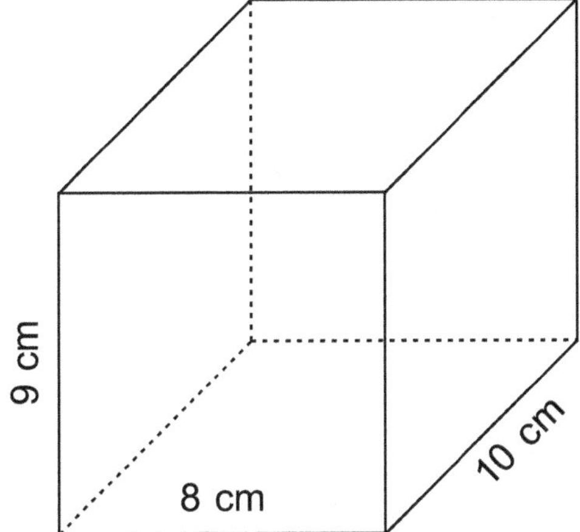

2.

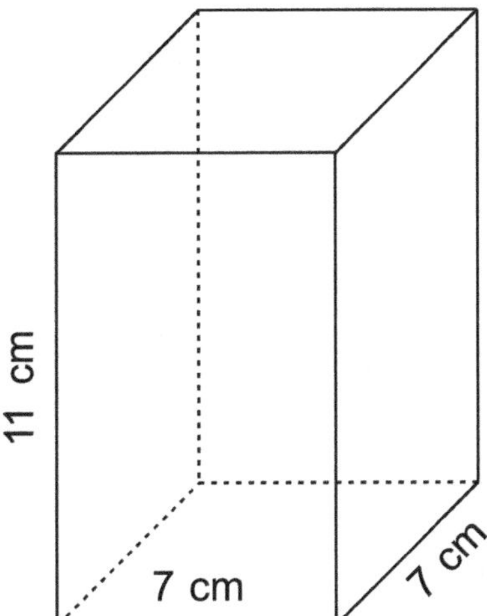

3.

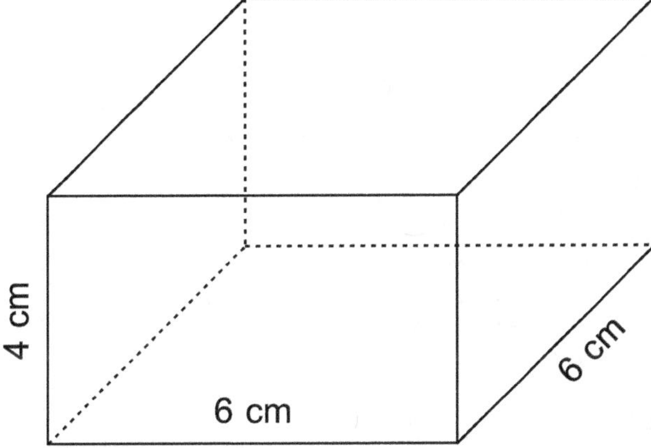

© KingSchool Edition

Calculer le volume

1.

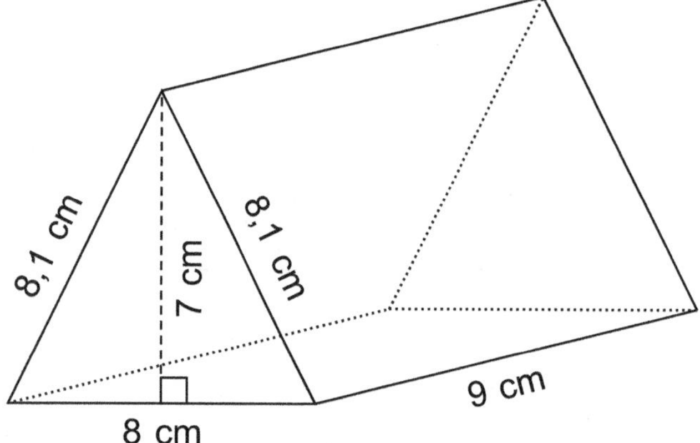

2.

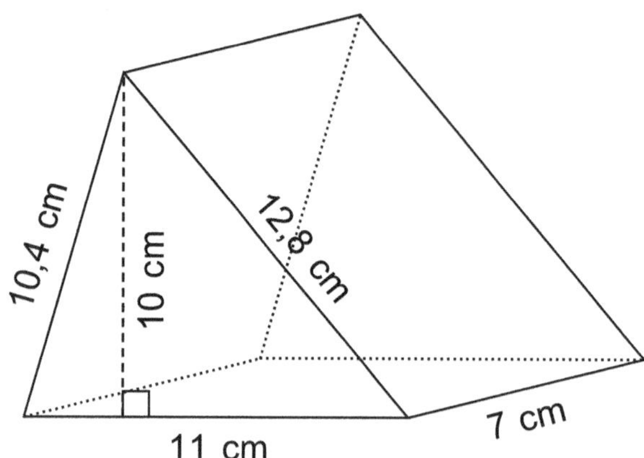

3.

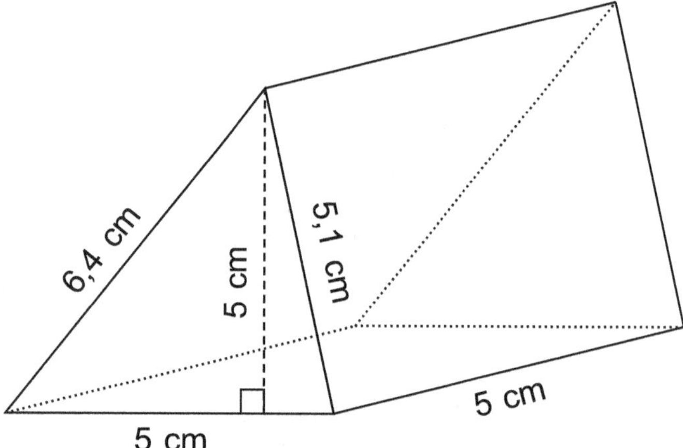

© KingSchool Edition

Calculer le volume

1.
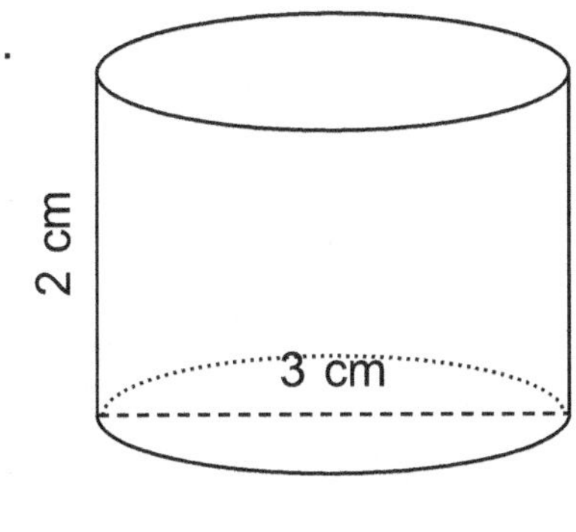

....

2.
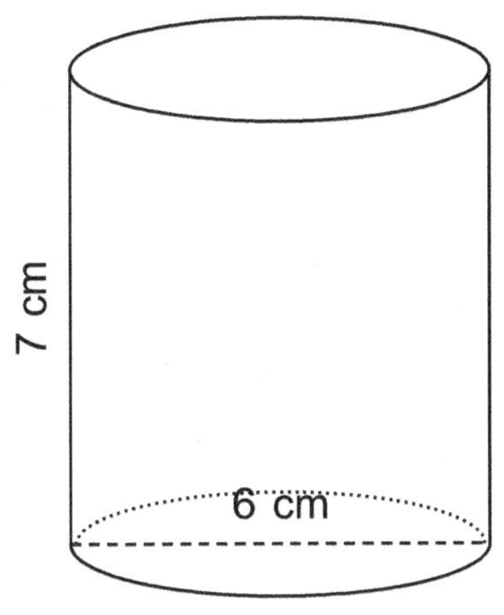

....

3.
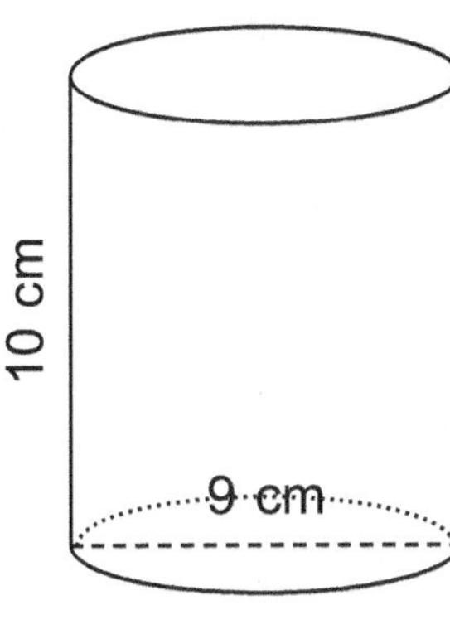

....

4.
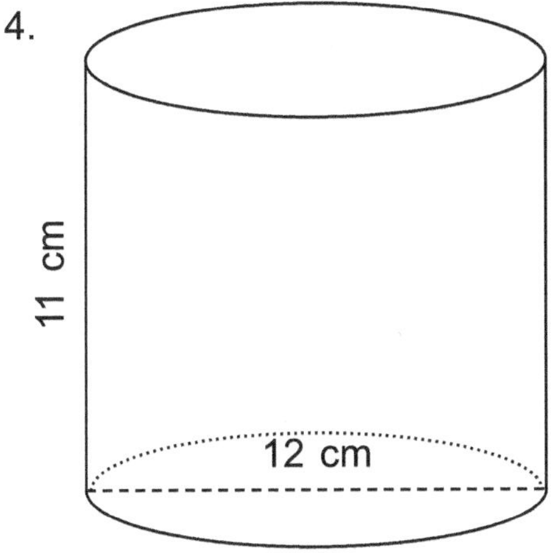

....

5.
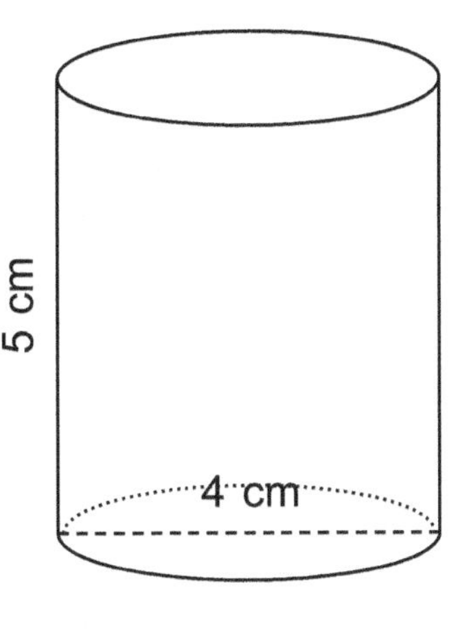

....

6.
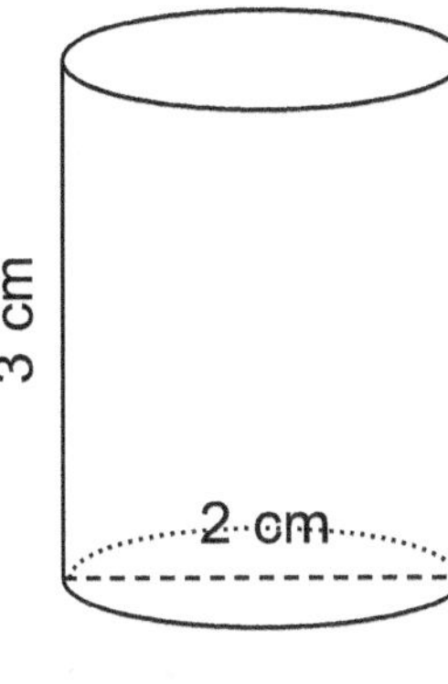

....

7.
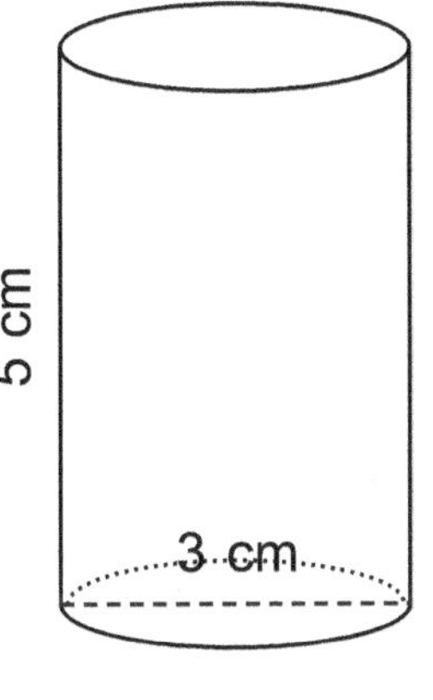

....

8.
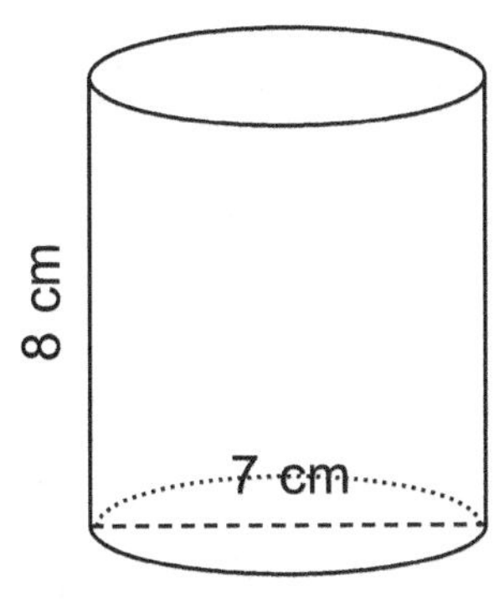

....

9.
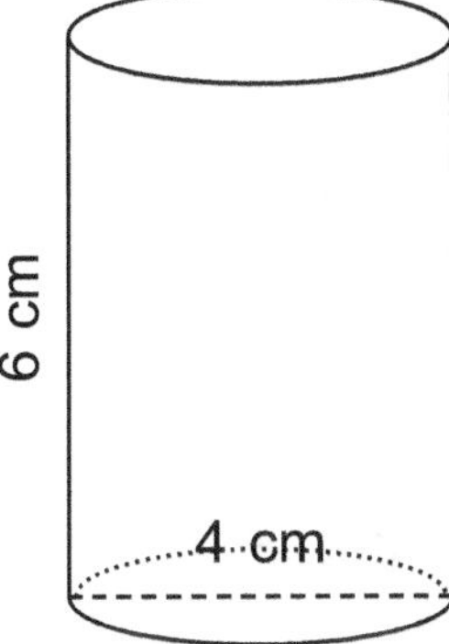

....

Calculer le volume

1. 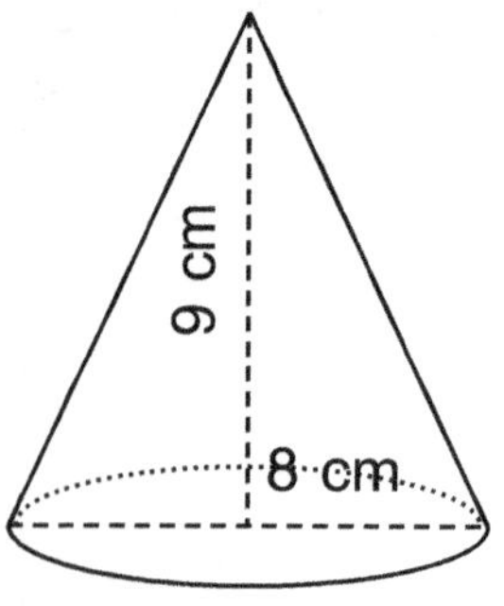

2. 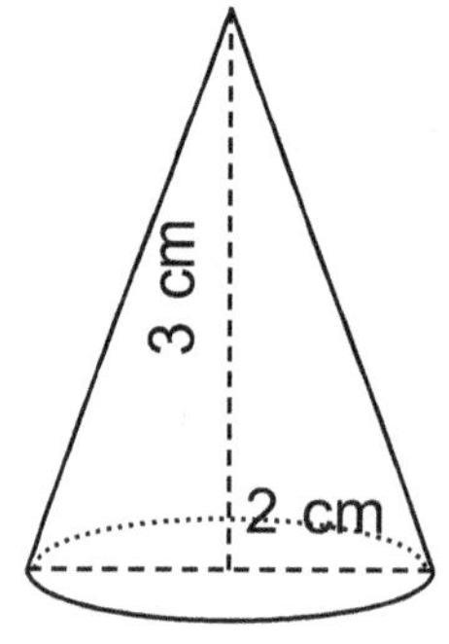

3. 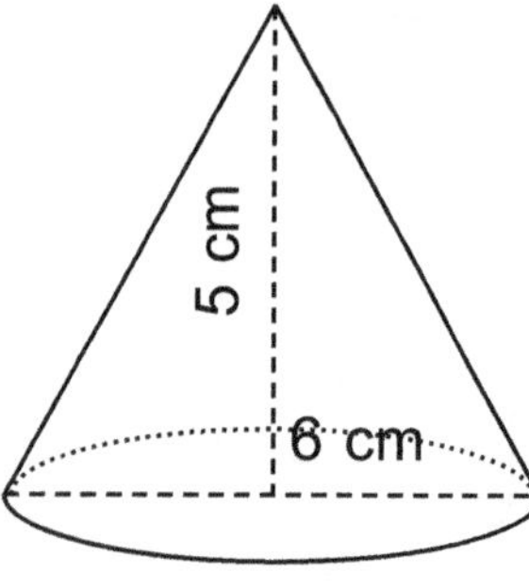

4. 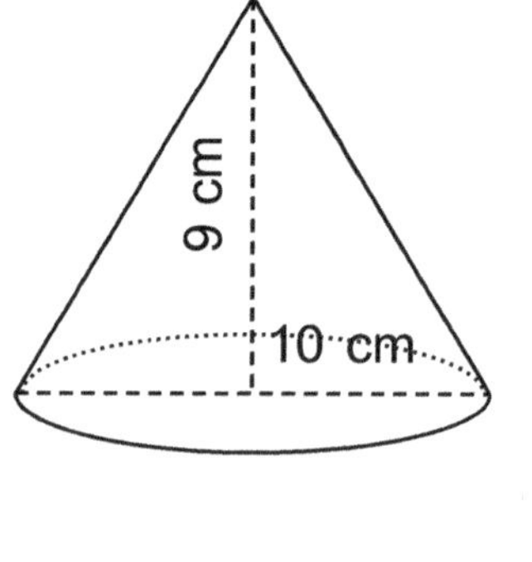

5. 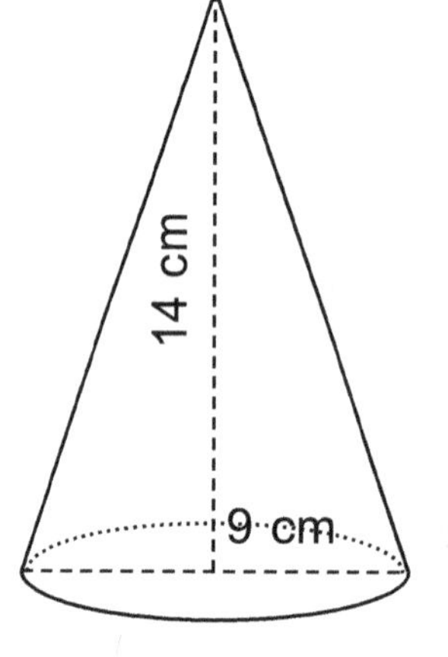

6. 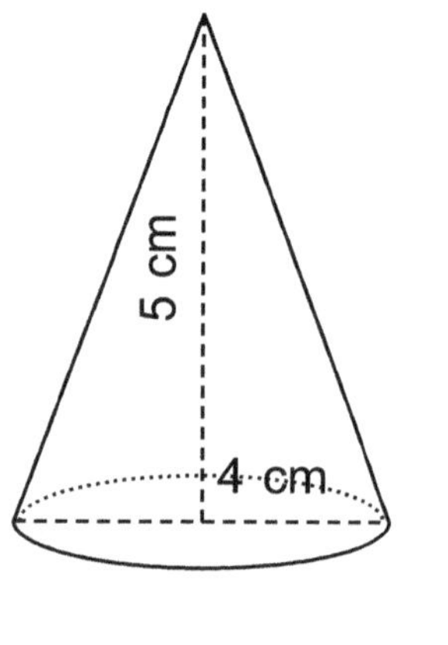

7. 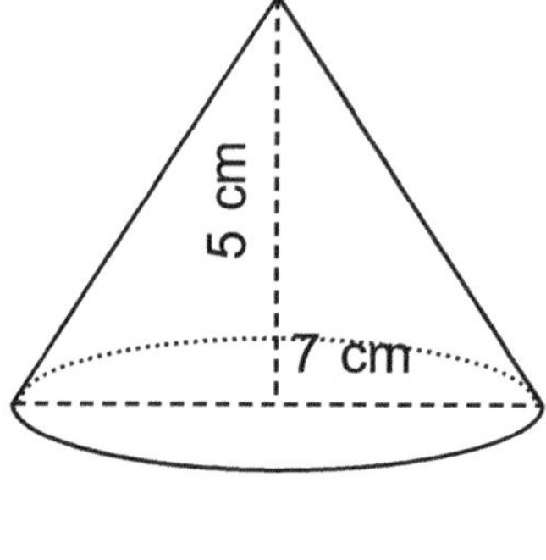

8. 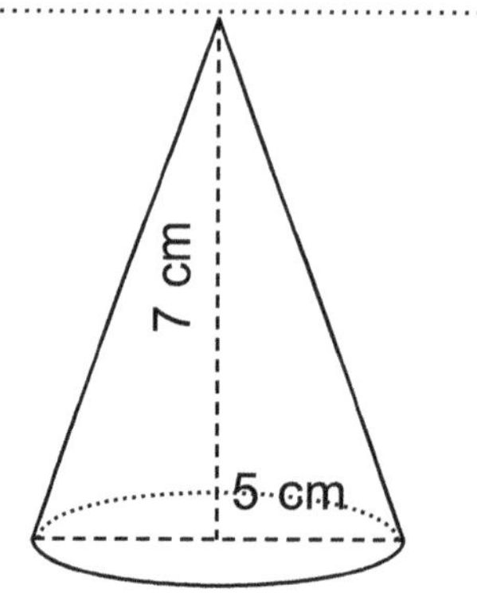

9. 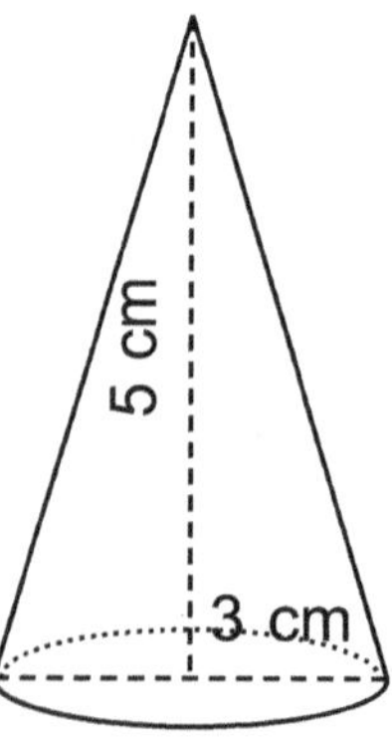

10. 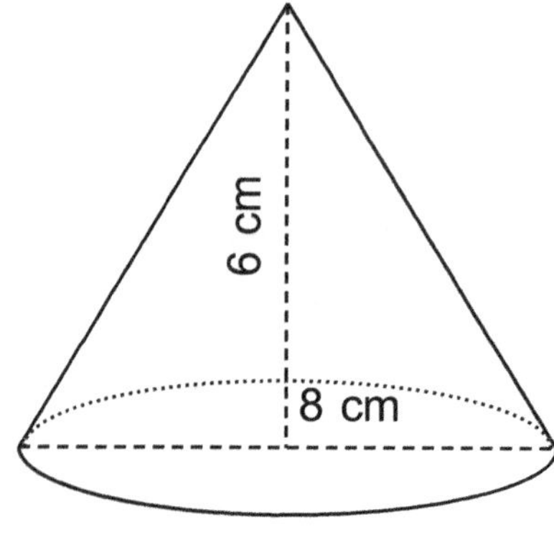

11. 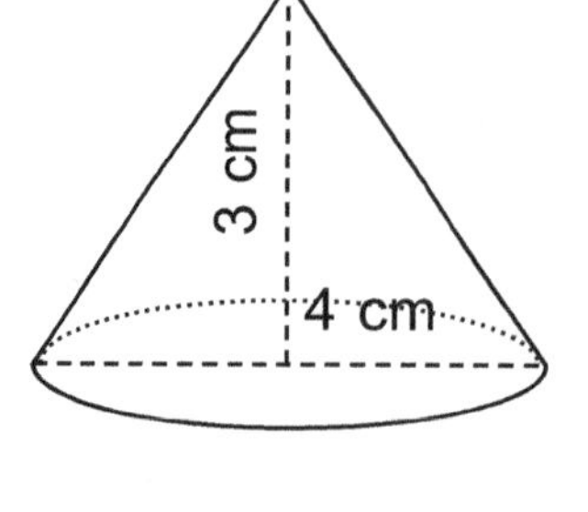

12. 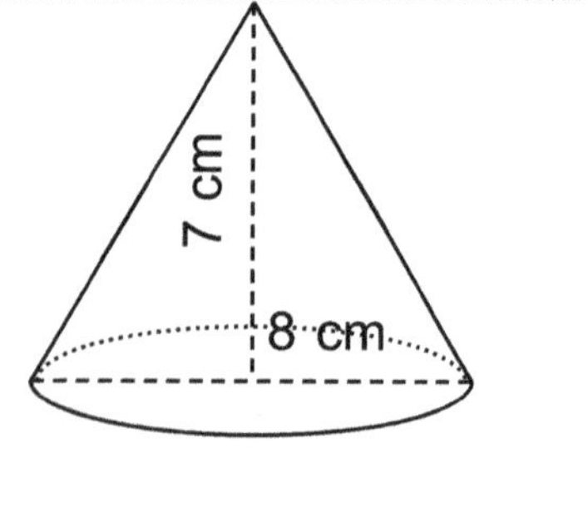

© KingSchool Edition

Calculer le volume

1. 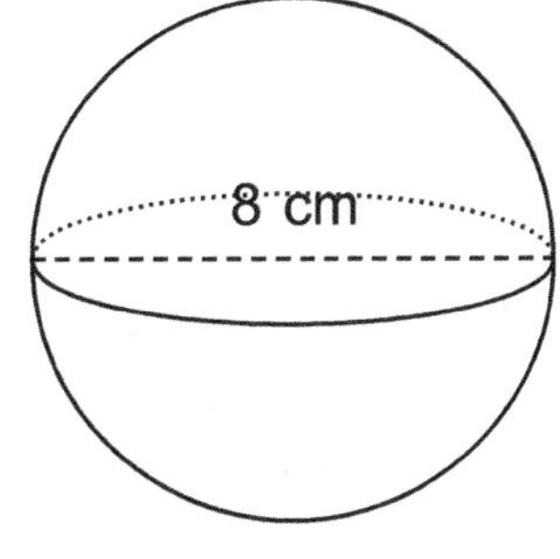

2. 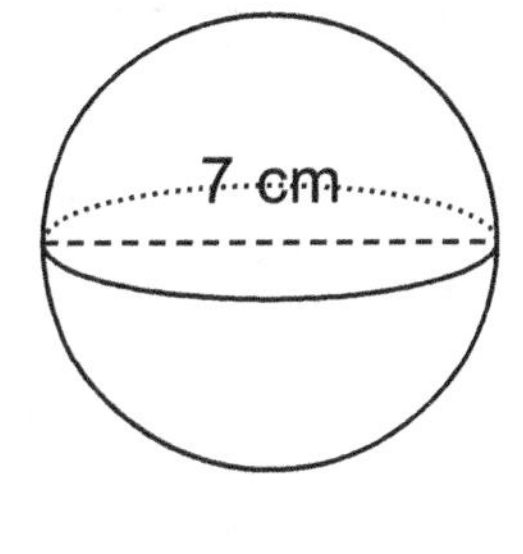

3. 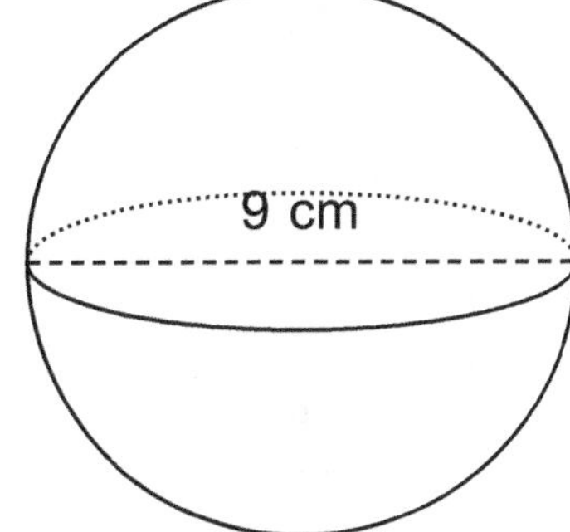

4. 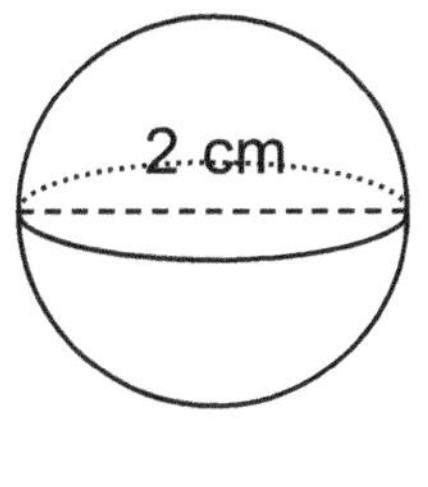

5. 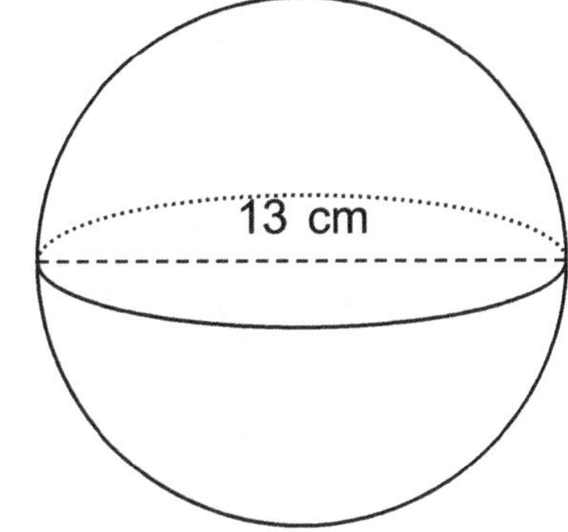

6. 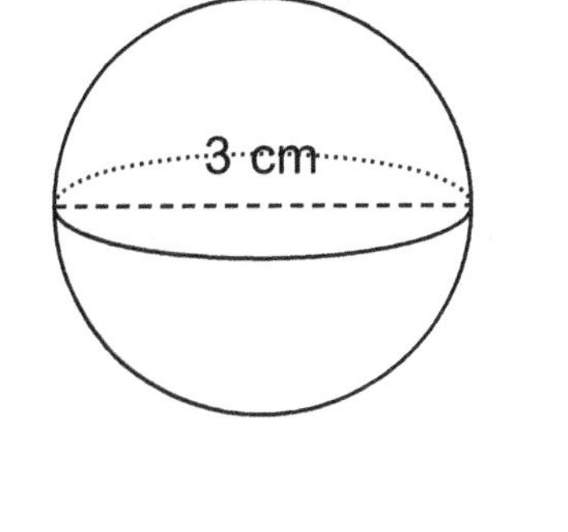

7. 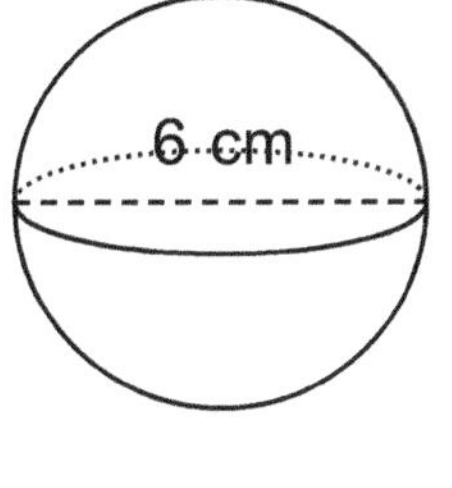

8. 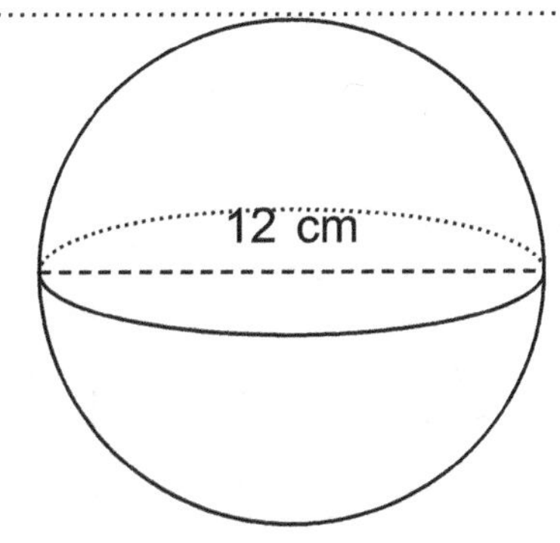

9. 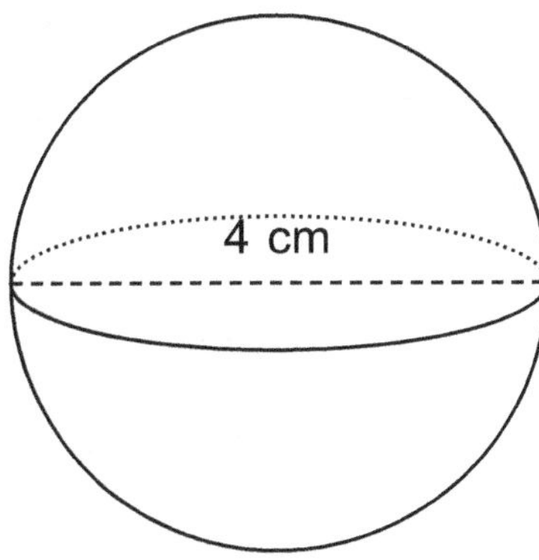

10. 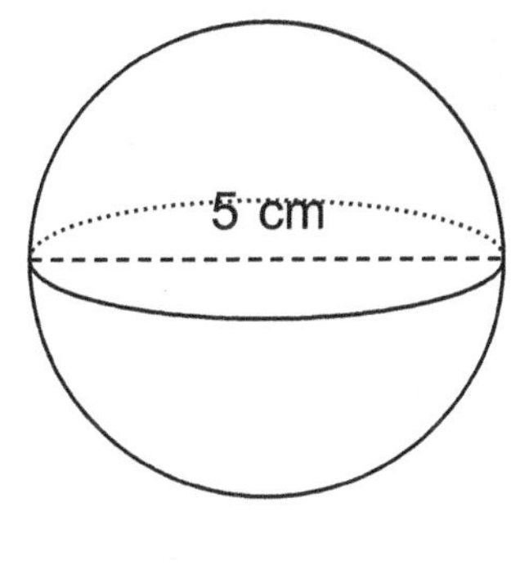

11. 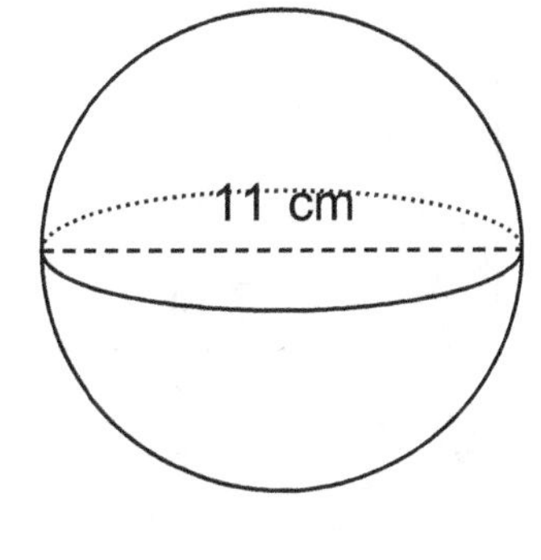

12. 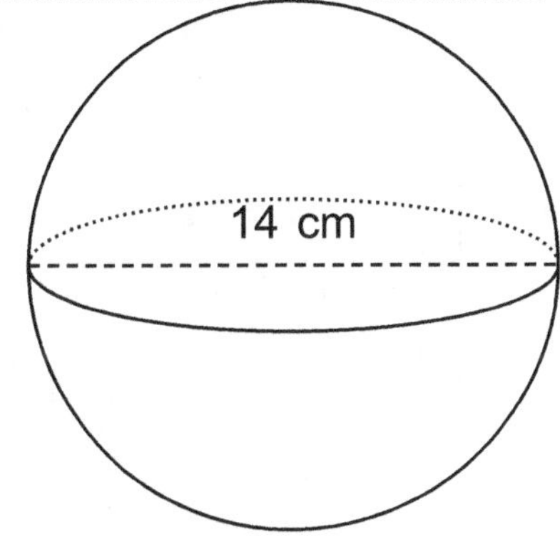

© KingSchool Edition

Calculer le périmètre

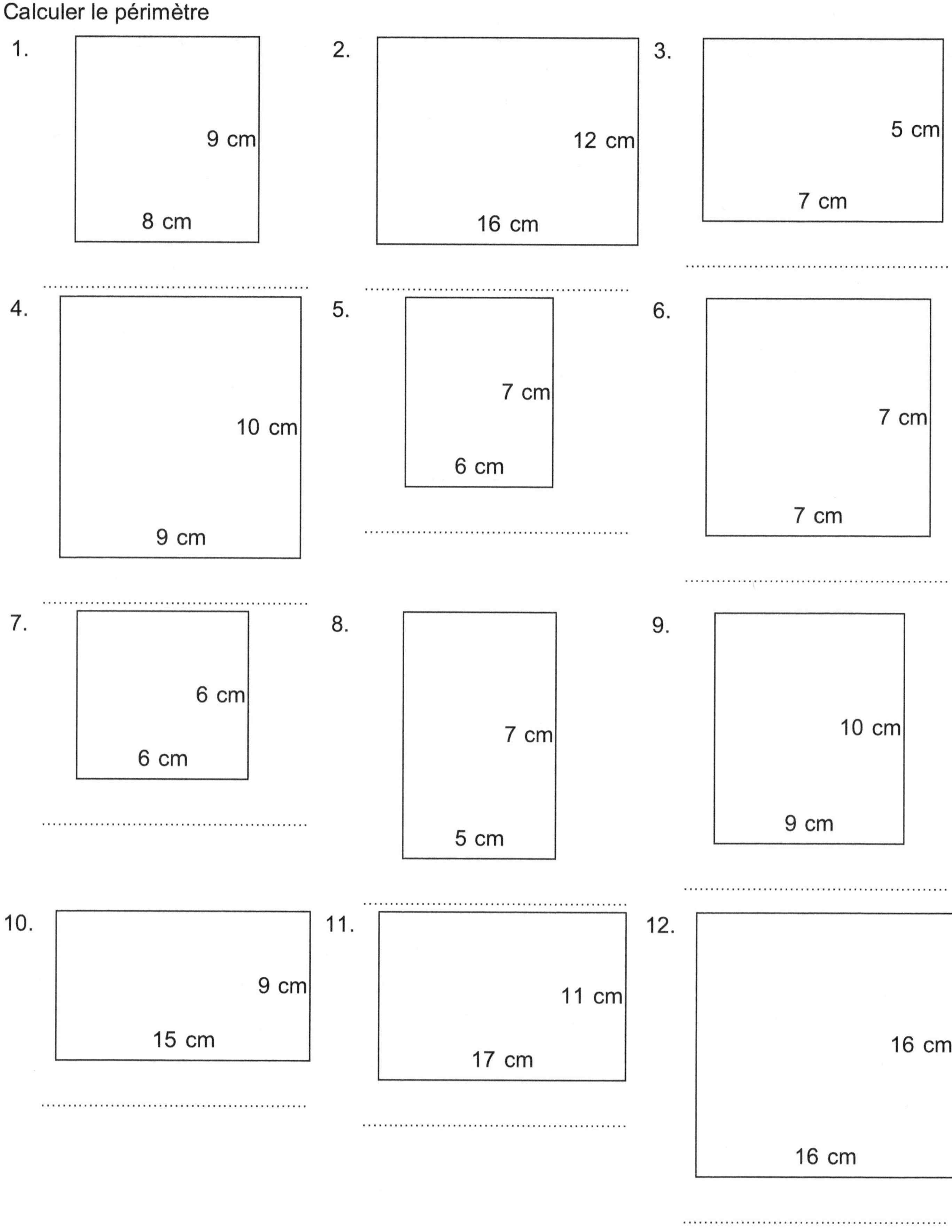

© KingSchool Edition

Calculer le périmètre

1.
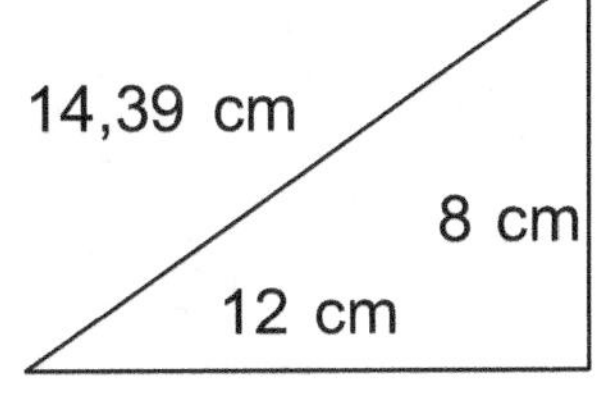

....

2.
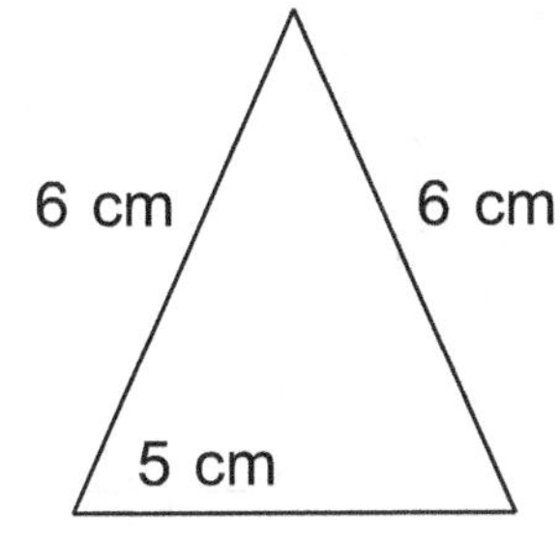

....

3.
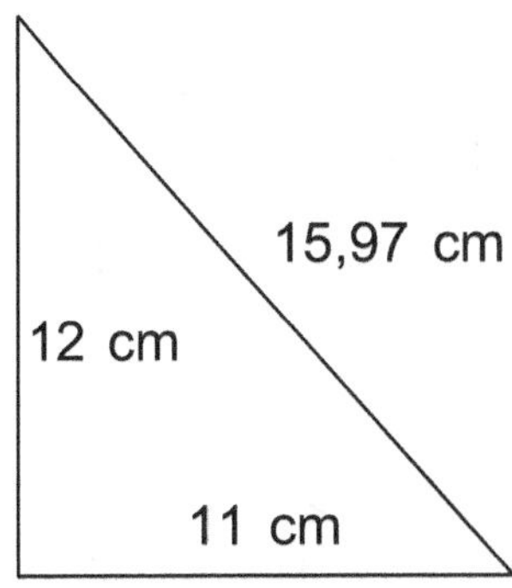

....

4.
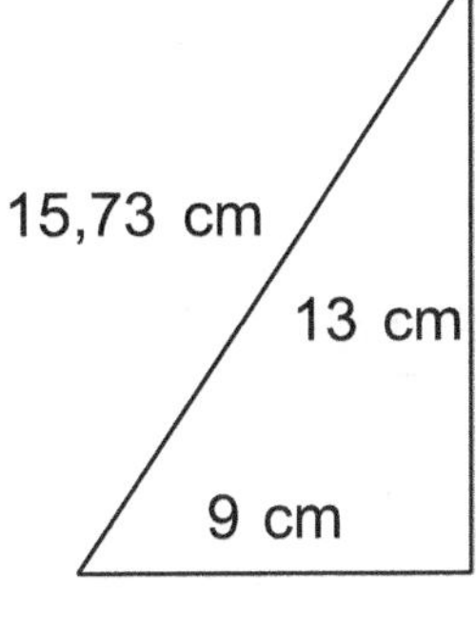

....

5.
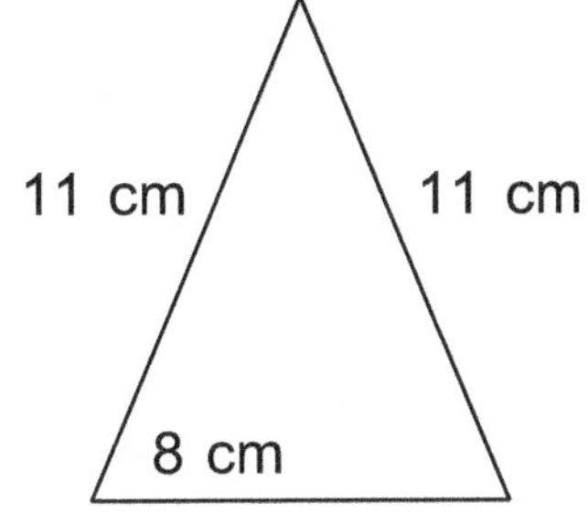

....

6.
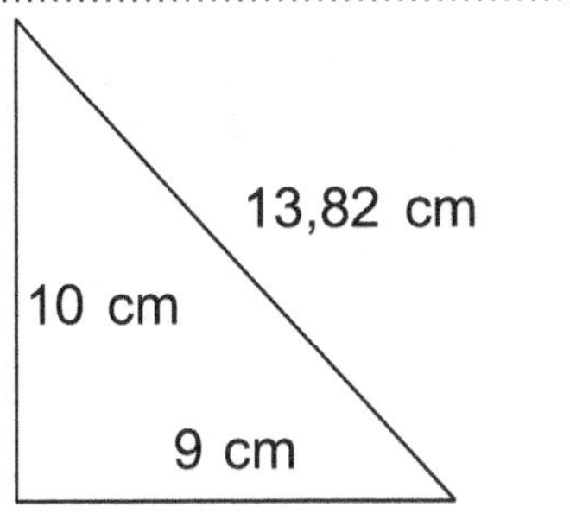

....

7.
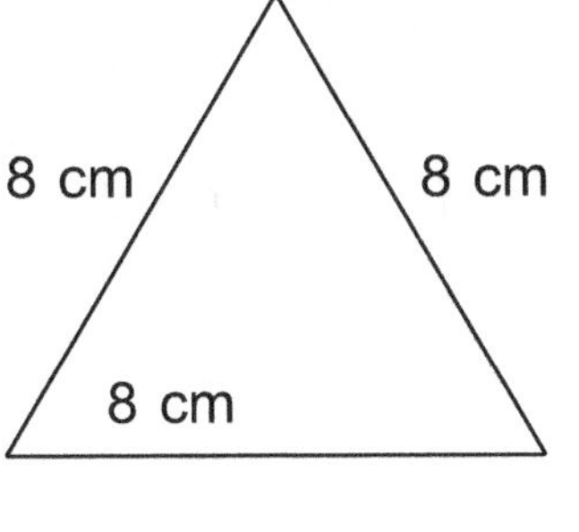

....

8.
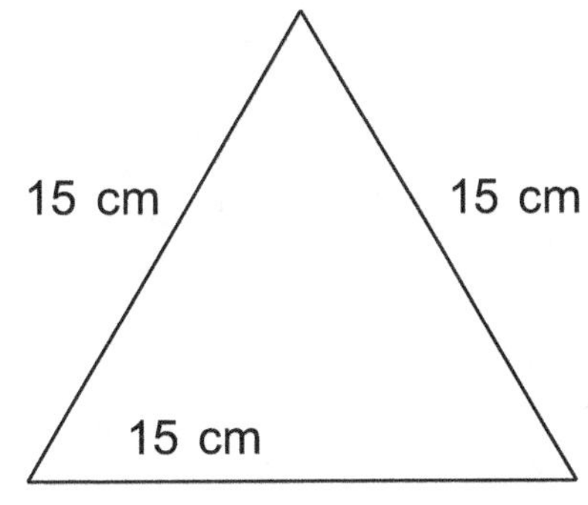

....

9.
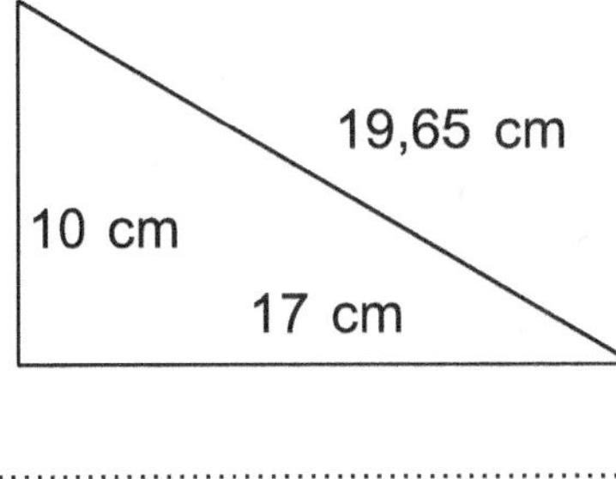

....

10.
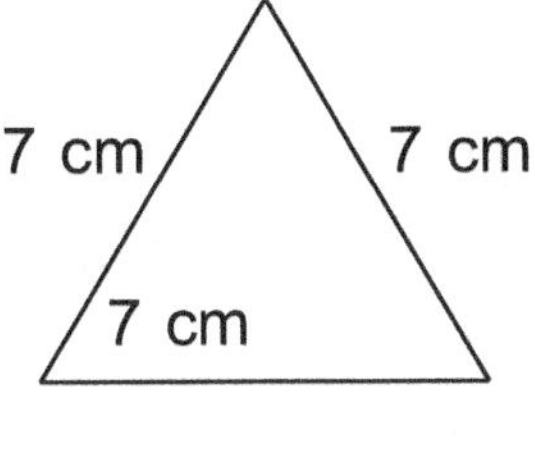

....

11.
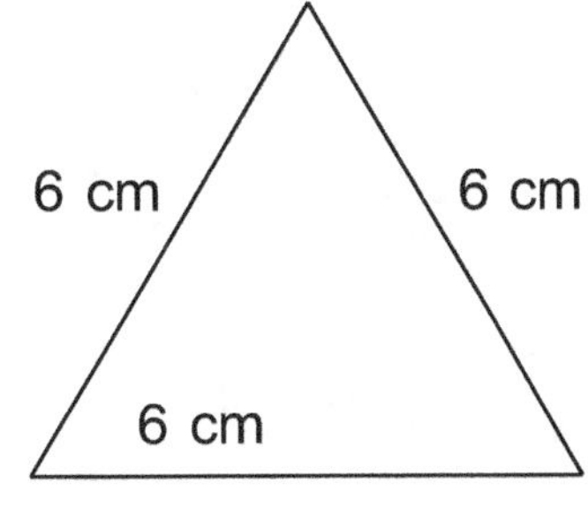

....

12.
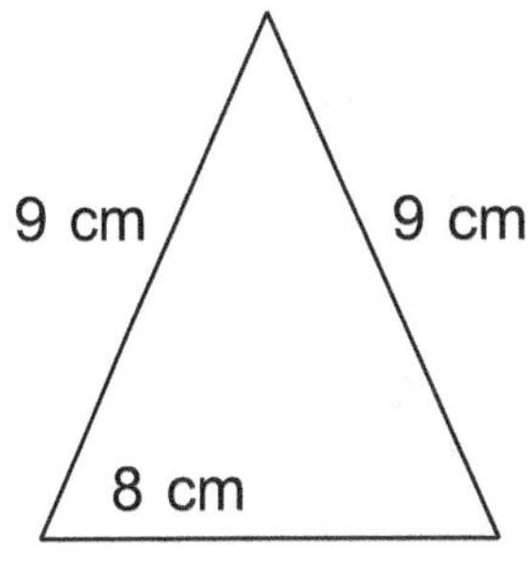

....

© KingSchool Edition

Calculer le périmètre

1.
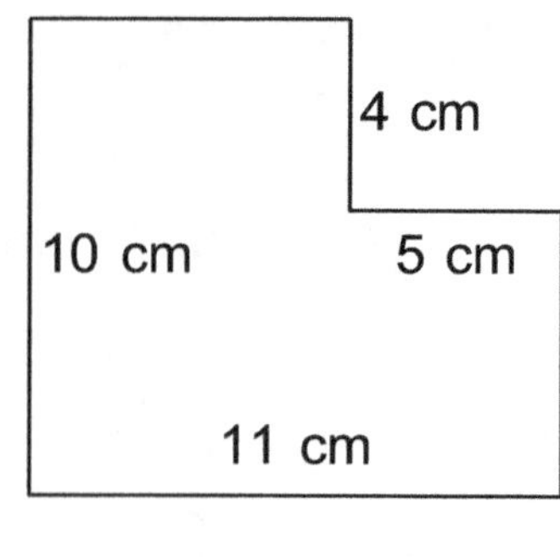

....

2.
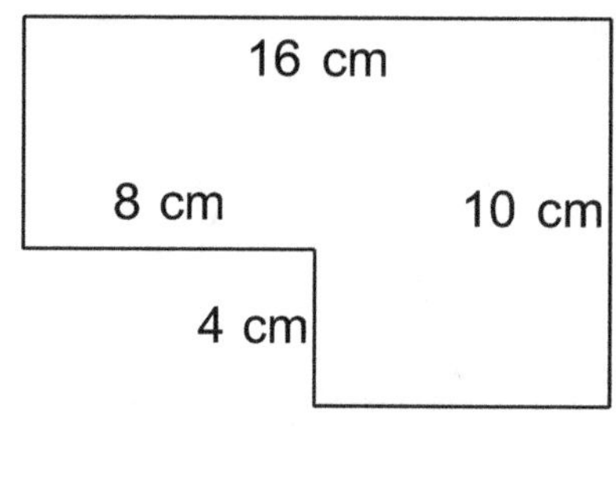

....

3.
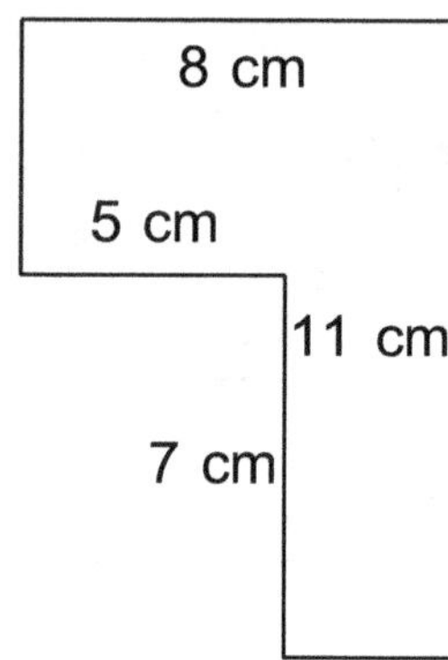

....

4.
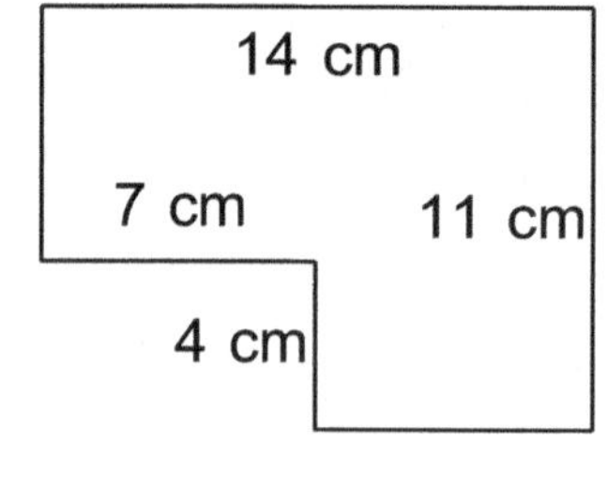

....

5.
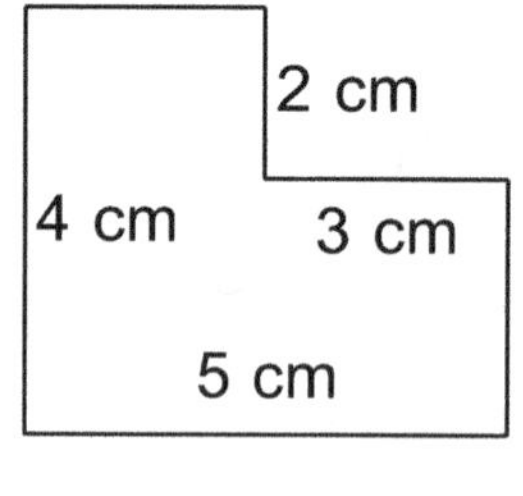

....

6.
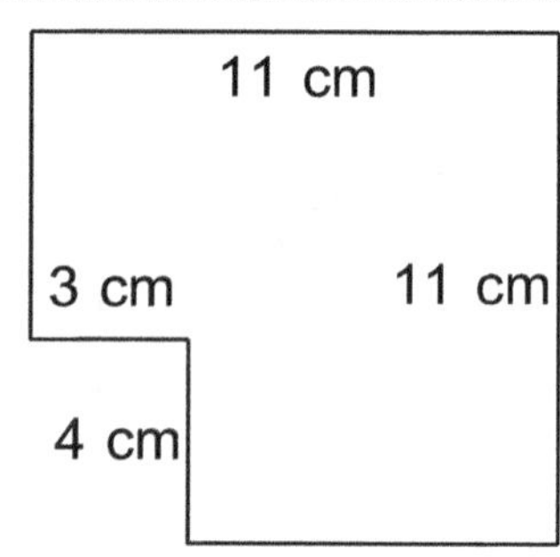

....

7.
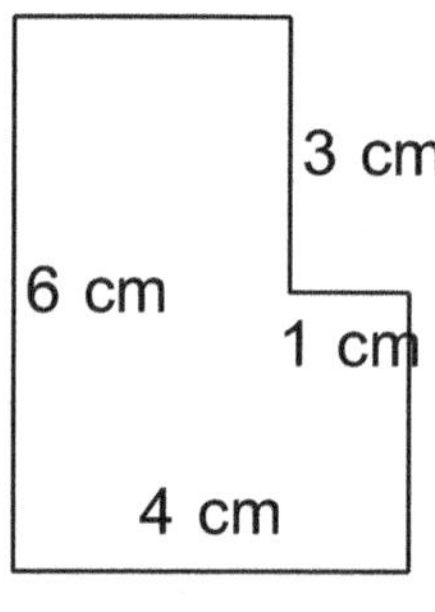

....

8.
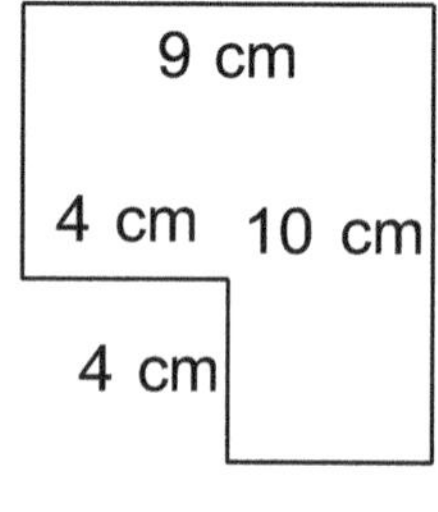

....

9.
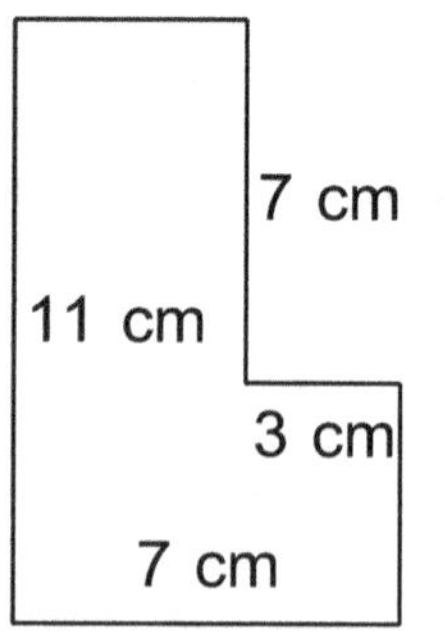

....

10.
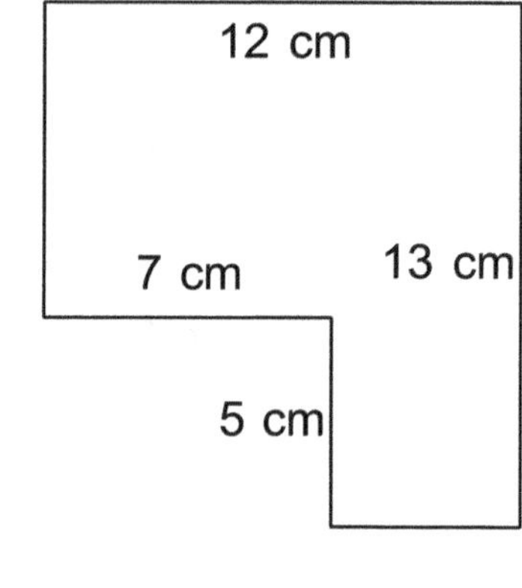

....

11.
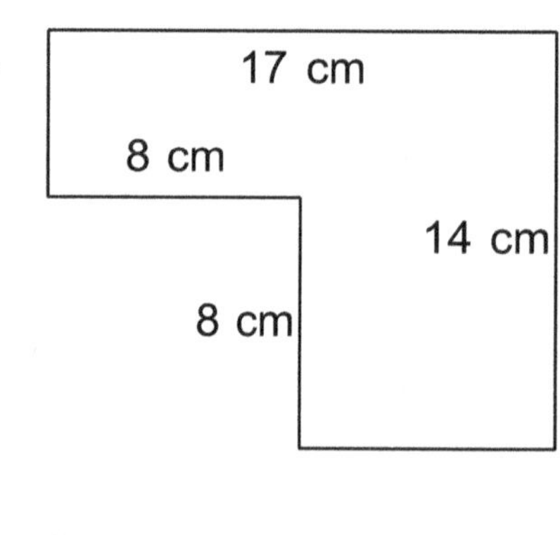

....

12.
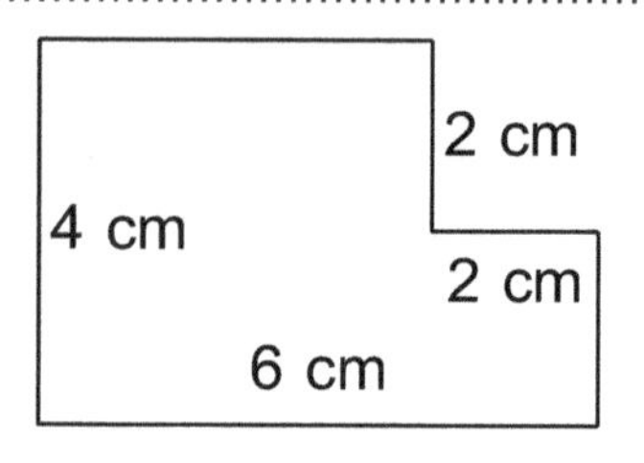

....

© KingSchool Edition

Calculer le périmètre

1. 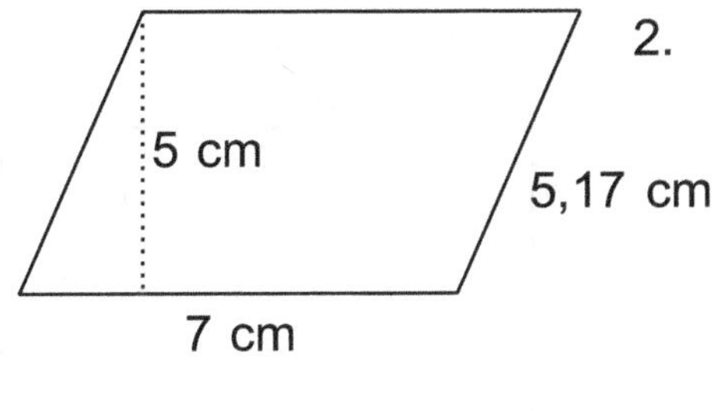
5 cm
5,17 cm
7 cm

....

2. 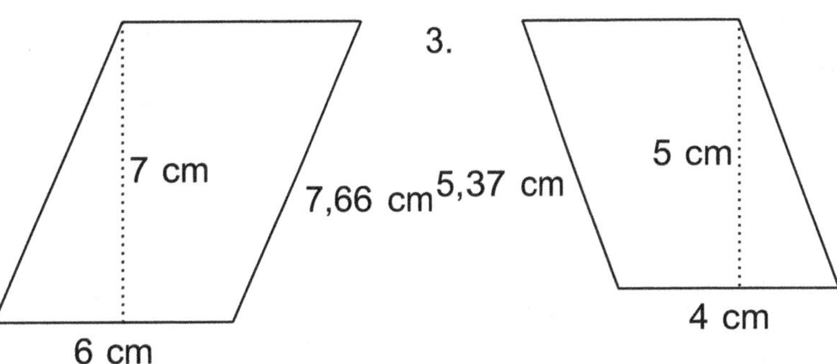
7 cm
7,66 cm
6 cm

3. 5,37 cm
5 cm
4 cm

....

4. 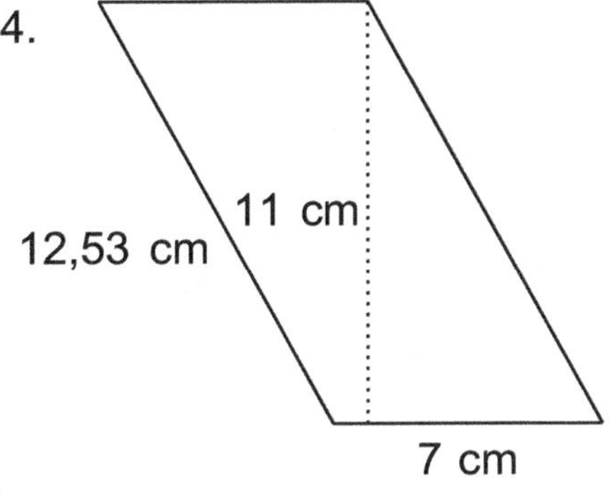
11 cm
12,53 cm
7 cm

5. 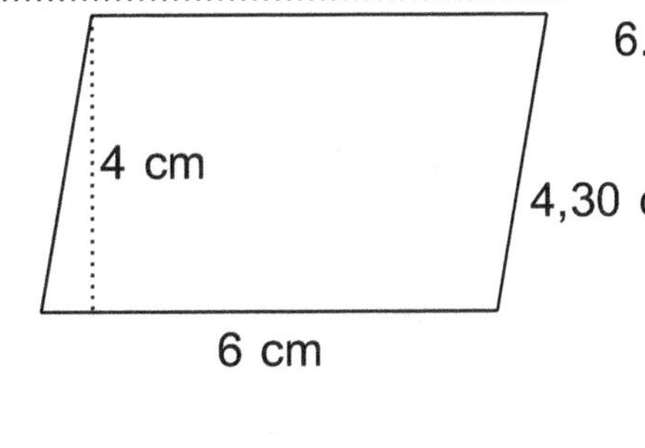
4 cm
4,30 cm
6 cm

....

6. 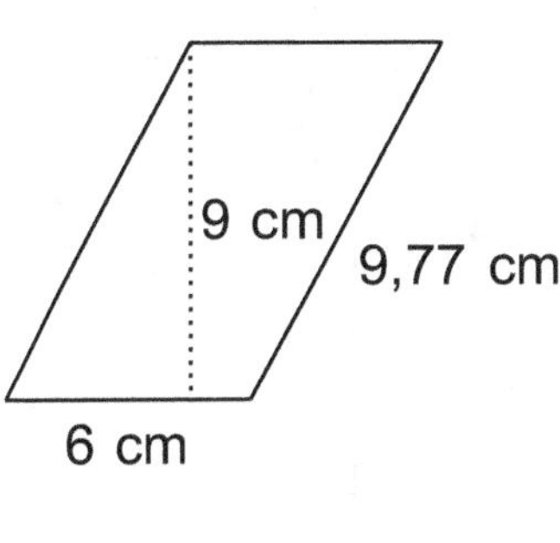
9 cm
9,77 cm
6 cm

....

7. 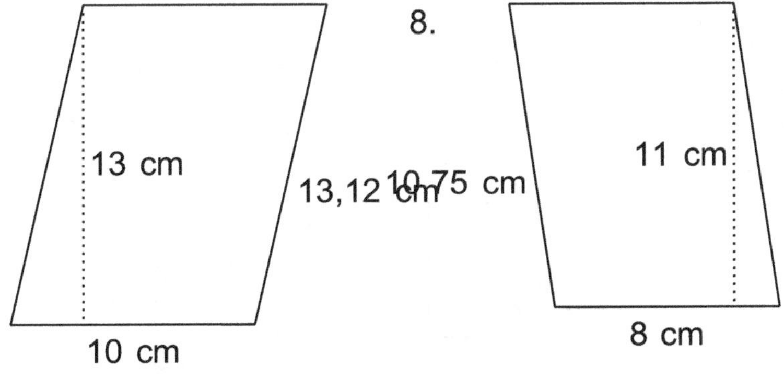
13 cm
13,12 cm
10 cm

8. 10,75 cm
11 cm
8 cm

9. 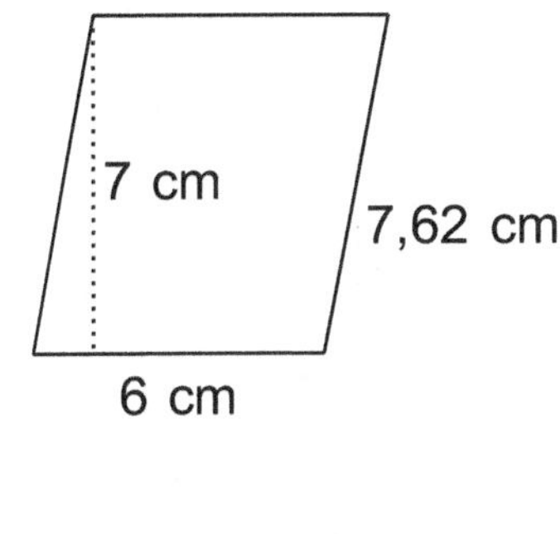
7 cm
7,62 cm
6 cm

....

10. 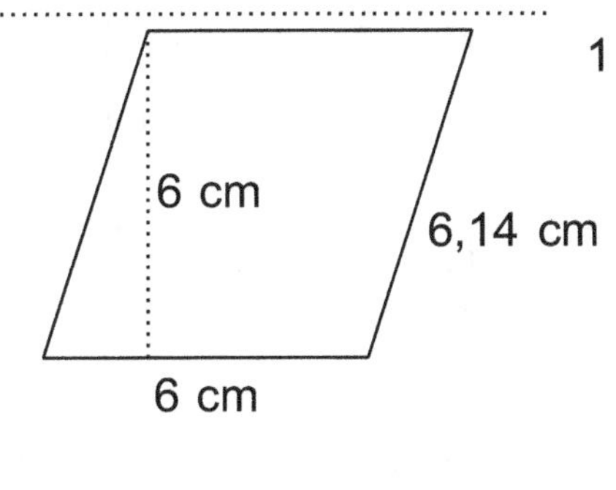
6 cm
6,14 cm
6 cm

....

11. 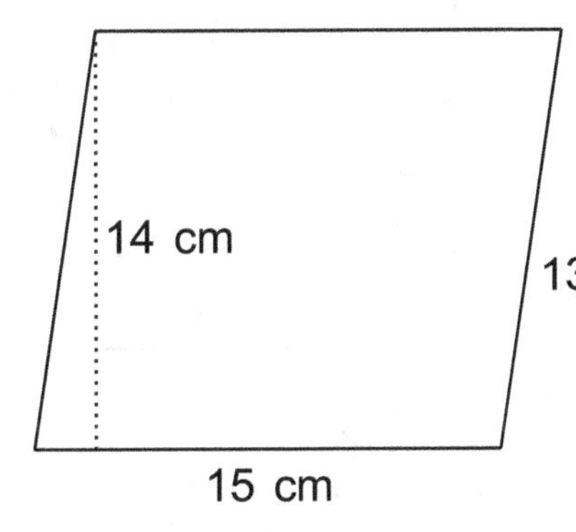
14 cm
15 cm

....

12. 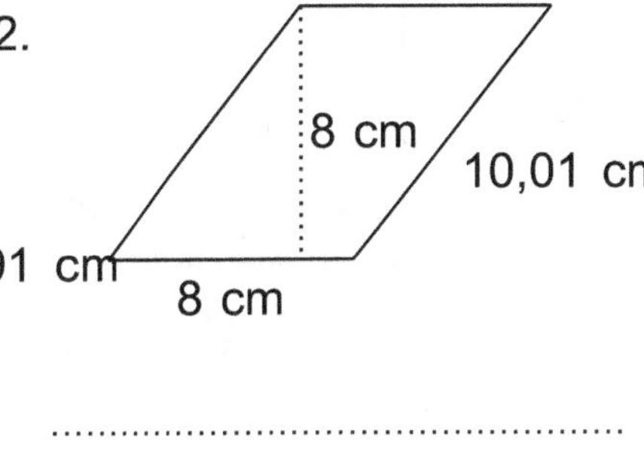
8 cm
10,01 cm
13,91 cm
8 cm

....

© KingSchool Edition

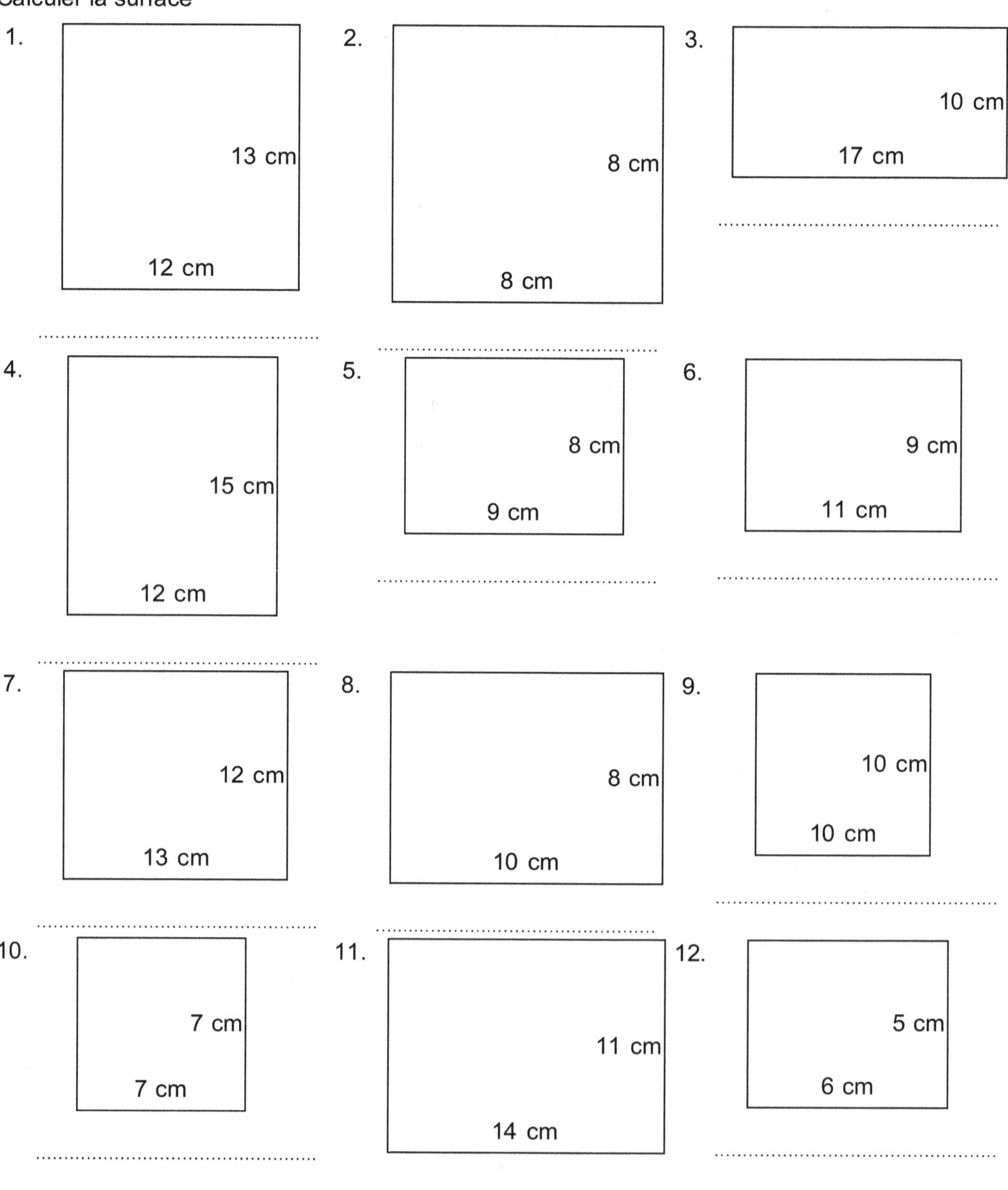

© KingSchool Edition

Calculer la surface

1.
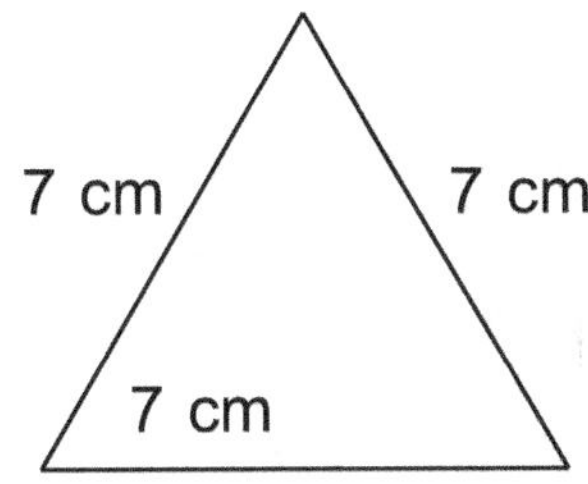

2.
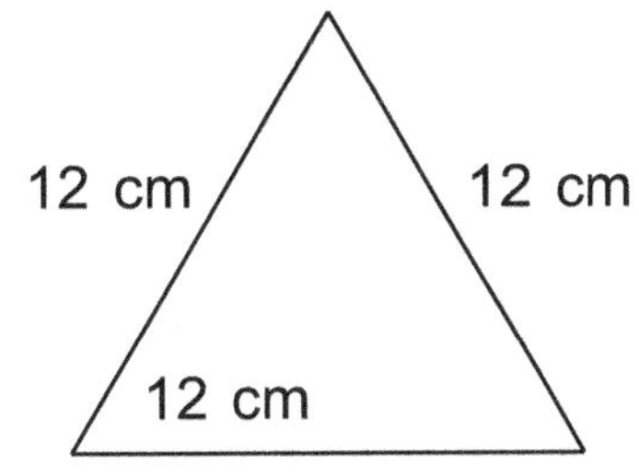

3.
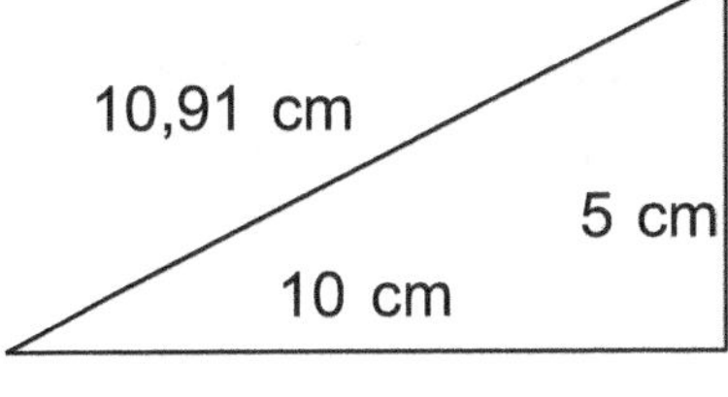

4.
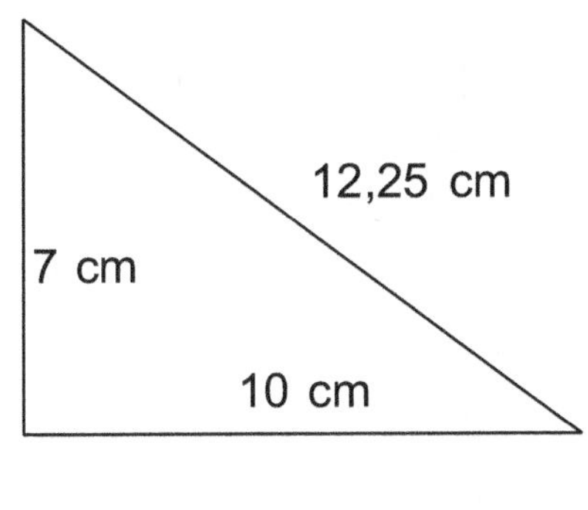

5.
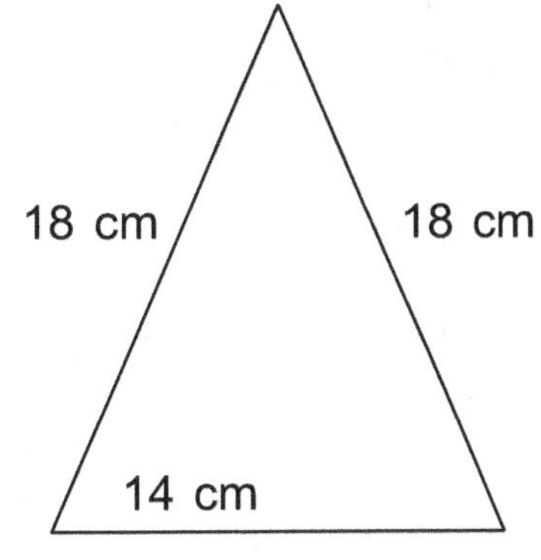

6.
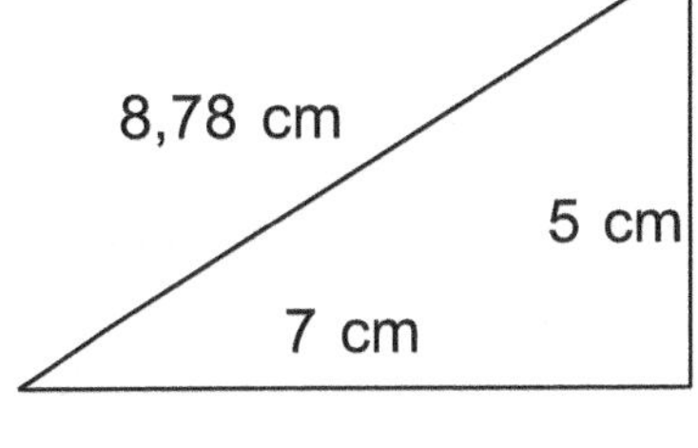

7.
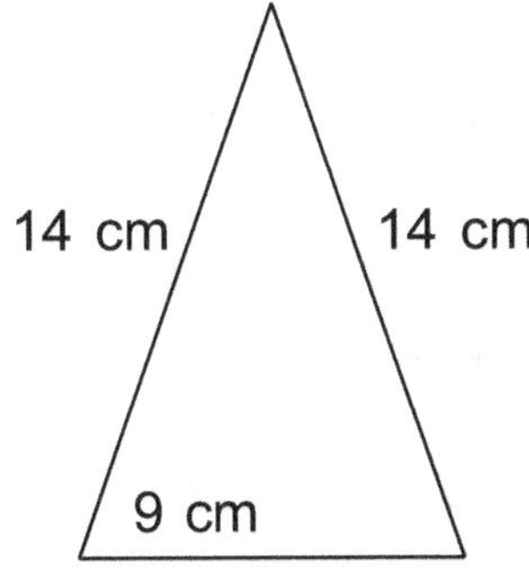

8.
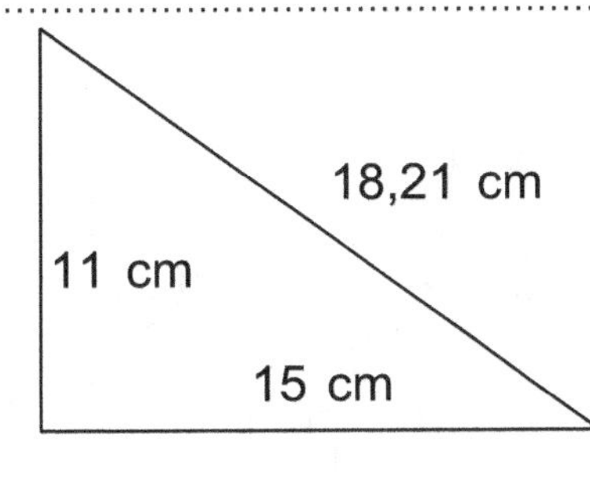

9.
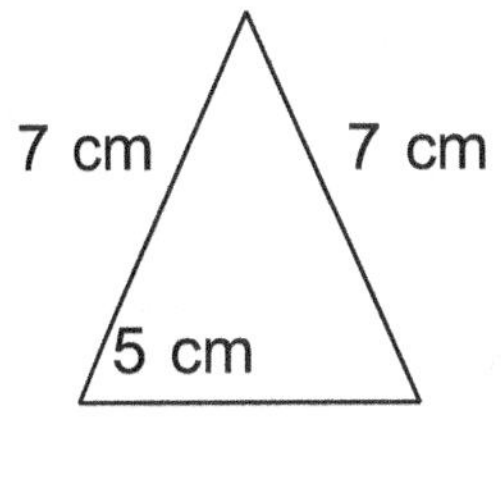

10.
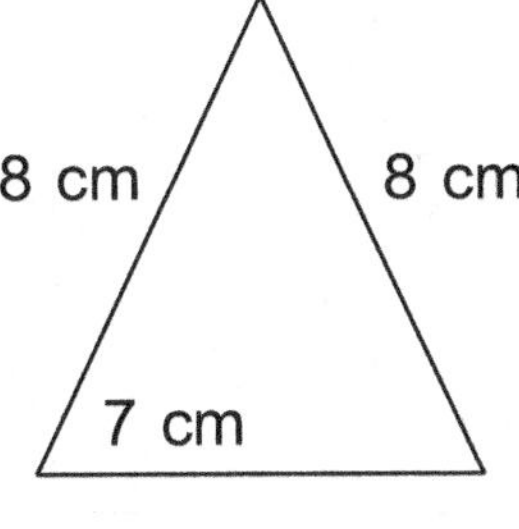

11.
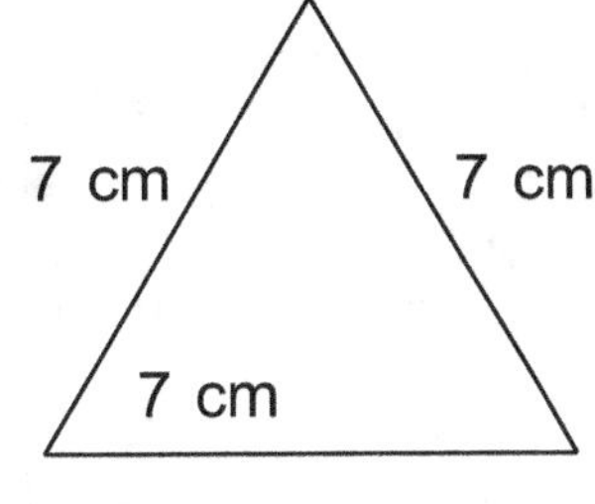

12.
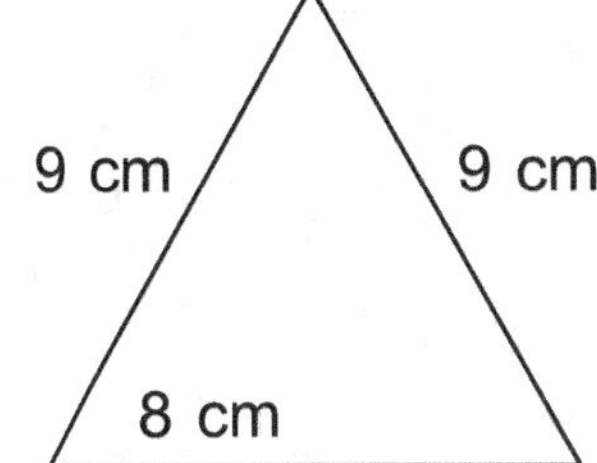

© KingSchool Edition

Calculer la surface

1. 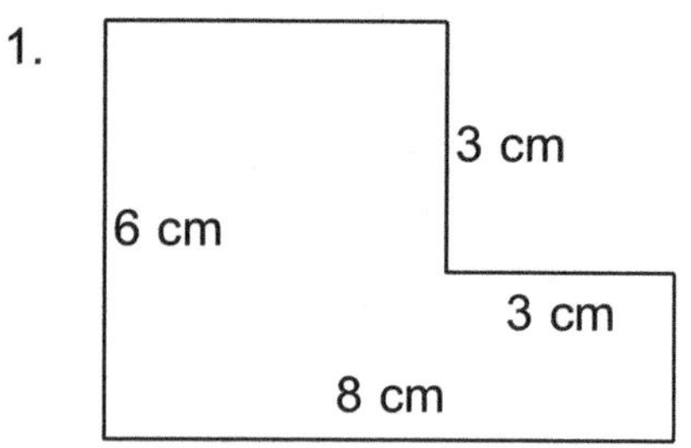

2. 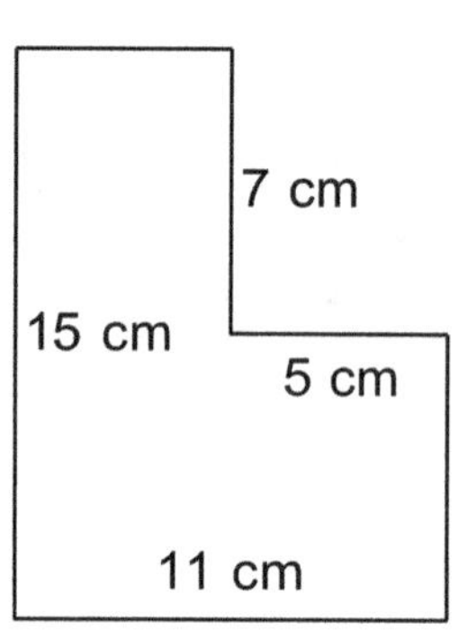

3. 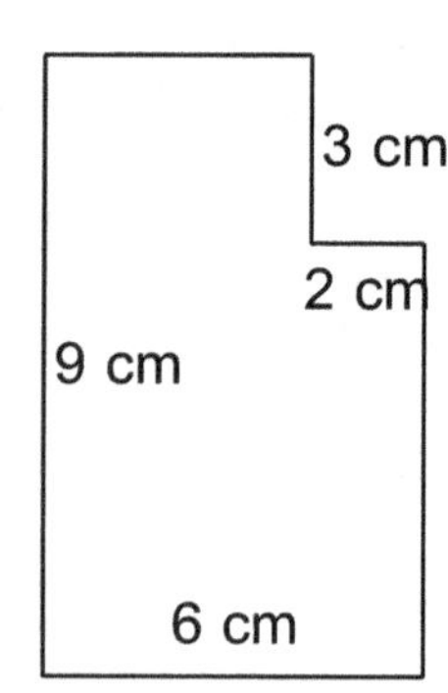

4. 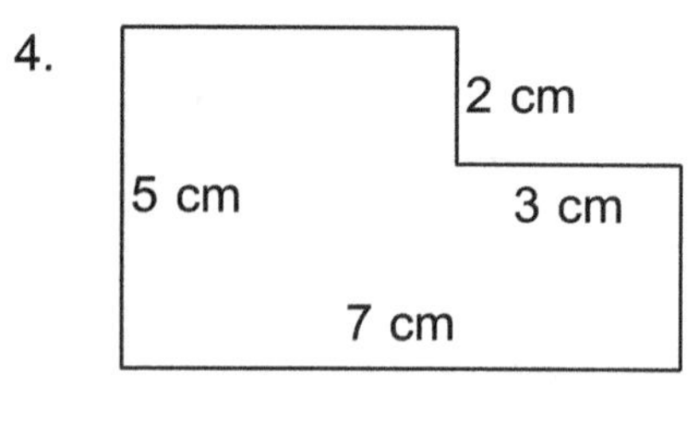

5. 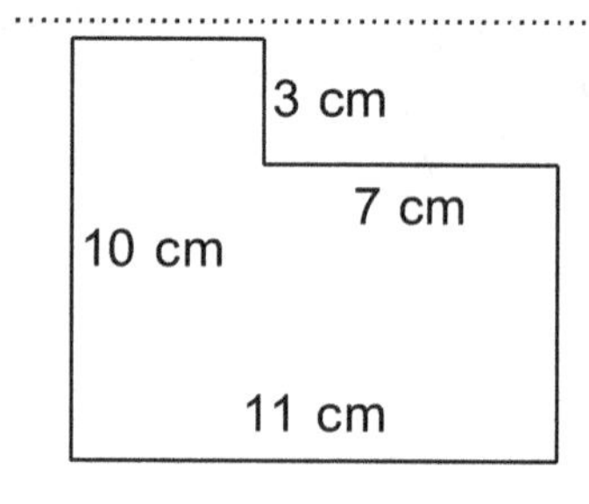

6. 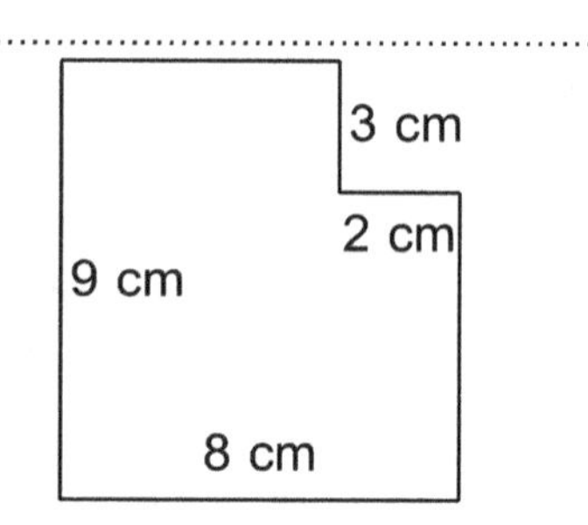

7. 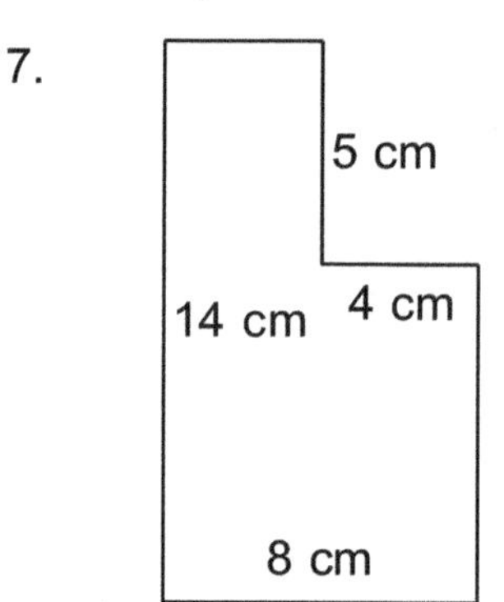

8. 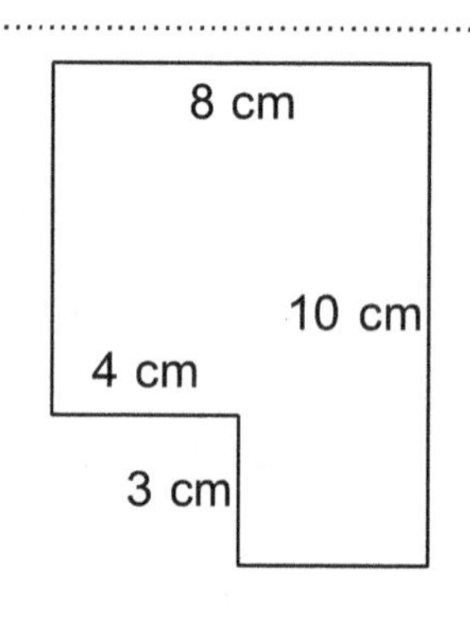

9. 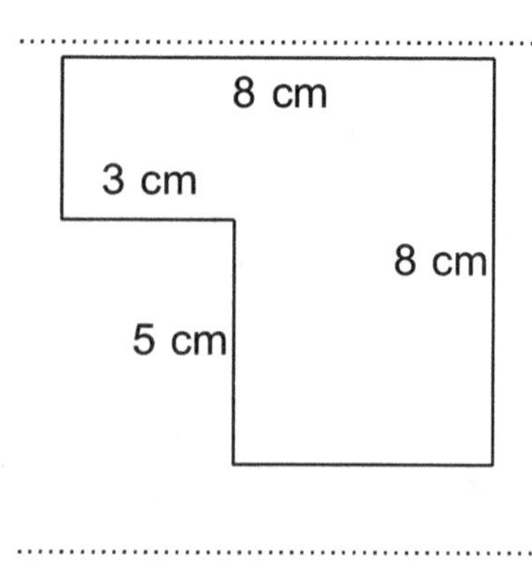

10. 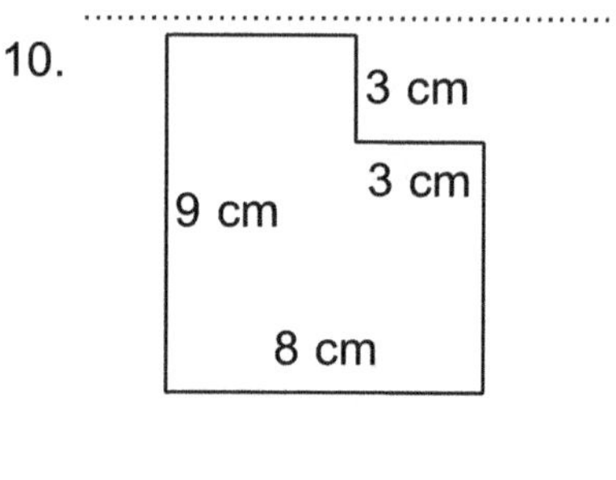

11. 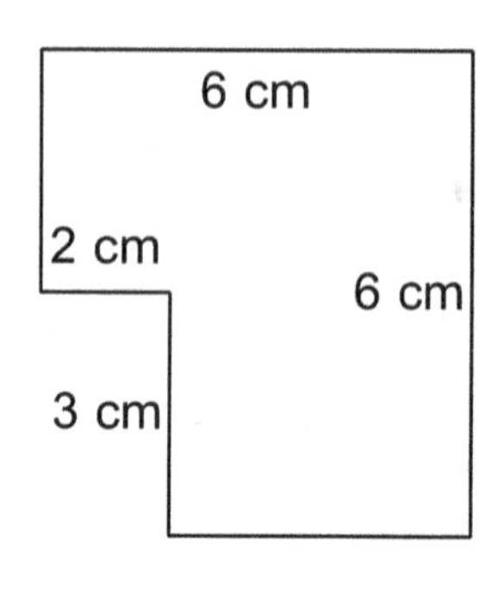

12. 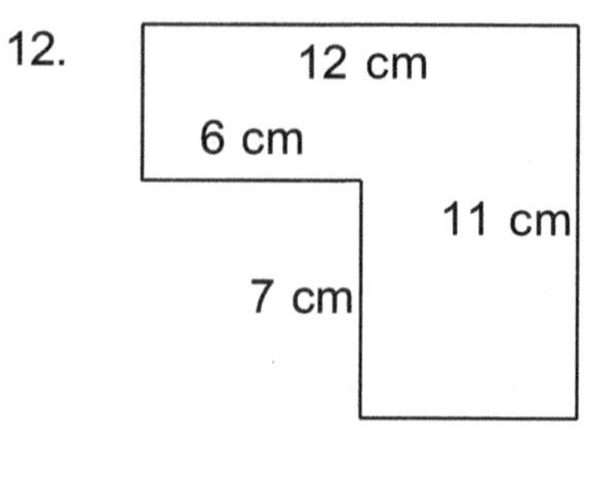

© KingSchool Edition

Calculer la surface

1.
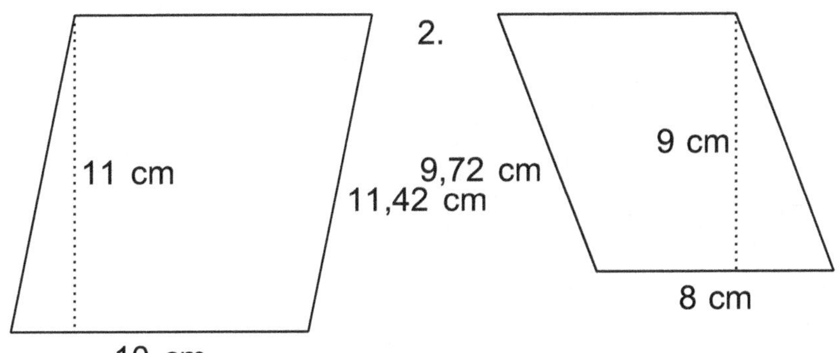

2.
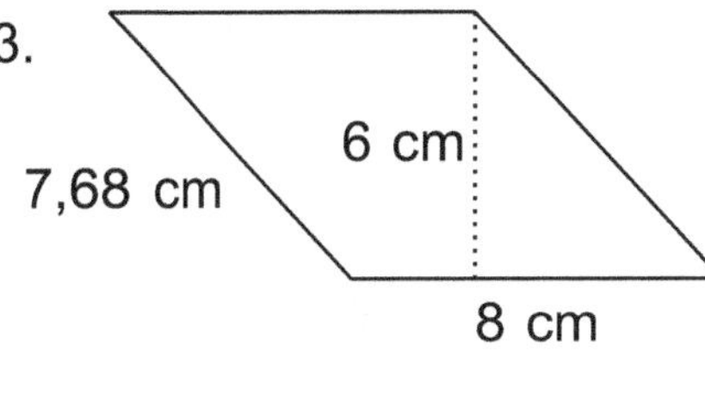

3.
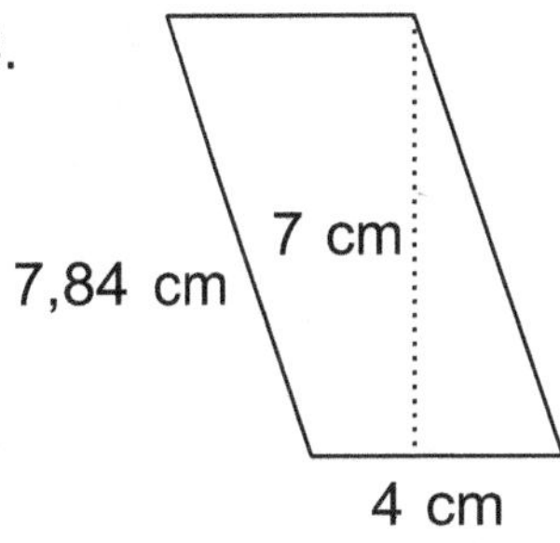

....

4.
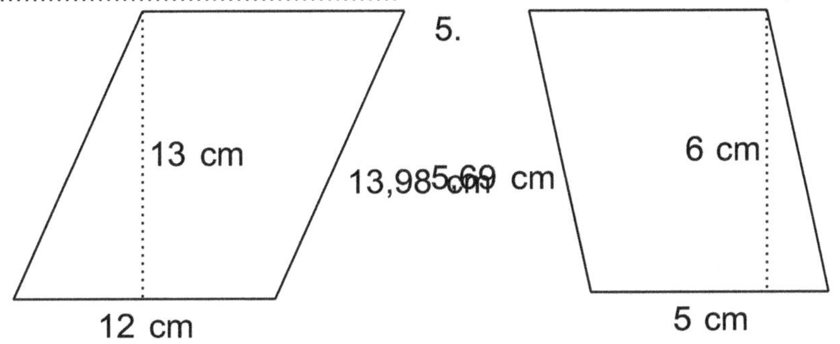

5.
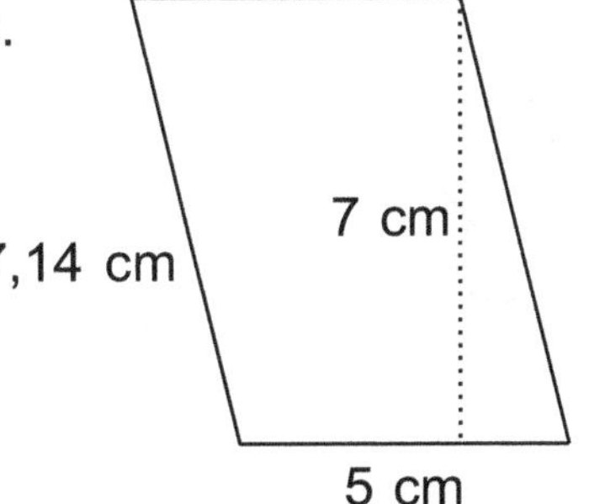

6.
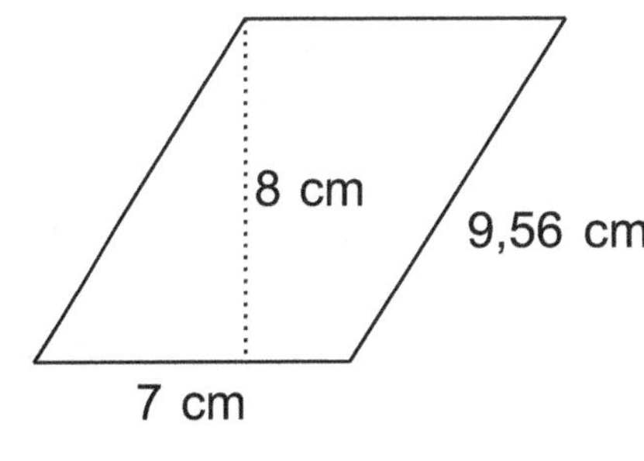

....

7.
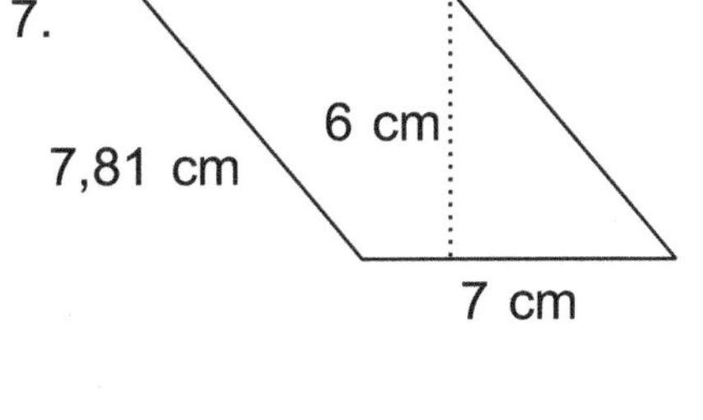

8.
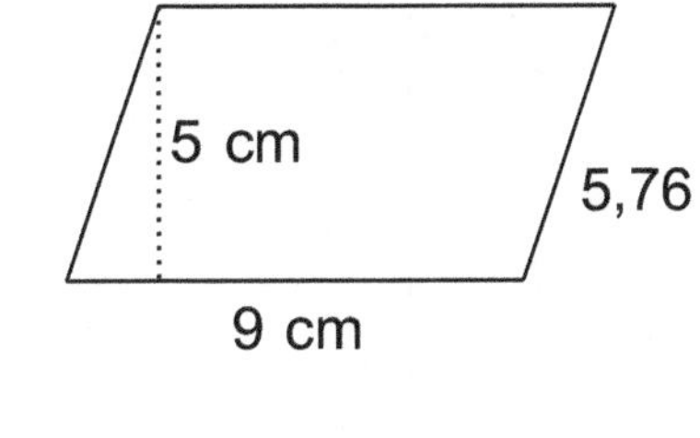

9.
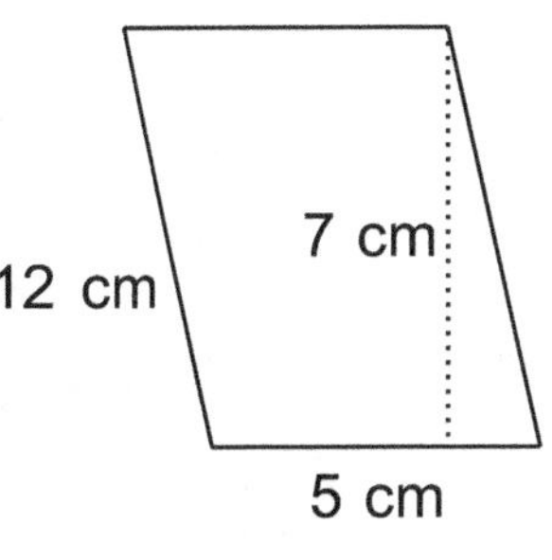

....

10.
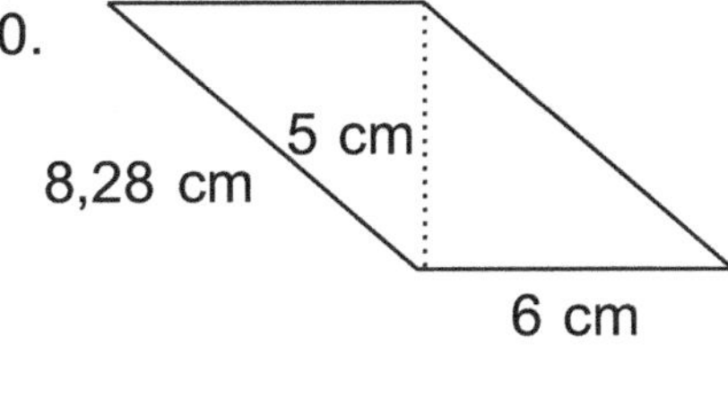

11.

12.

....

© KingSchool Edition

Calculer le volume

1.

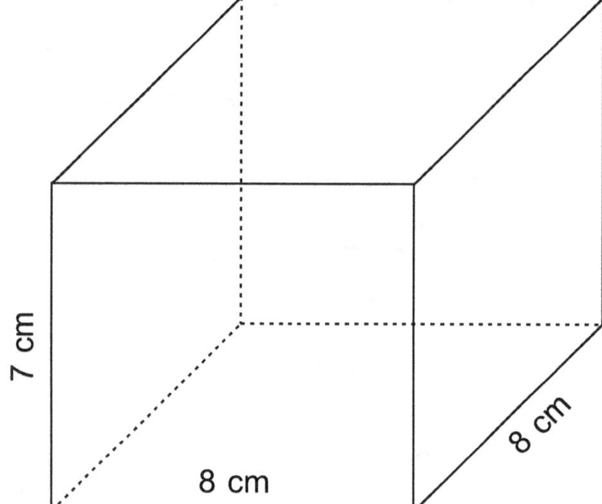

2.

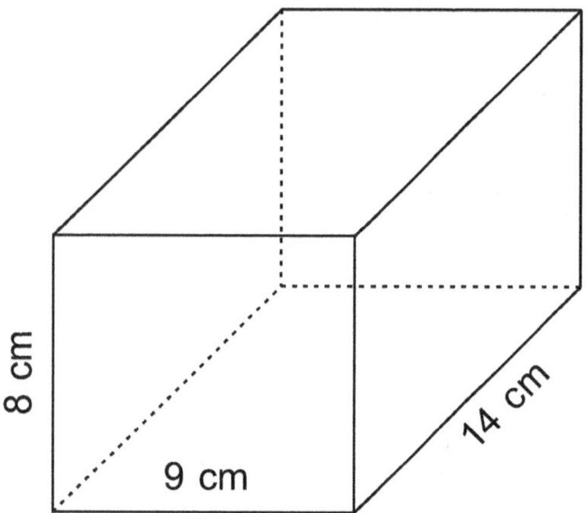

3.

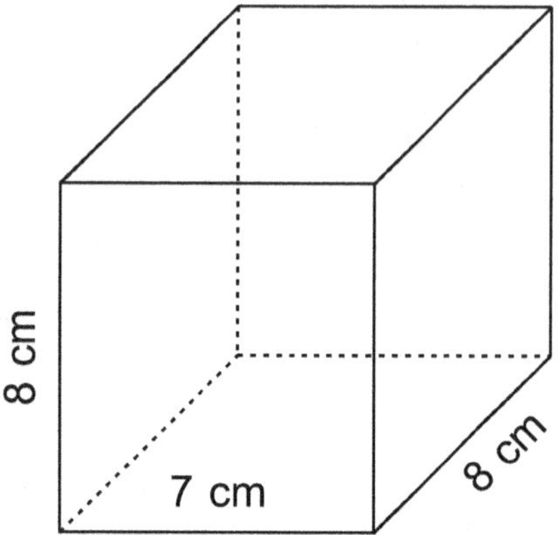

© KingSchool Edition

Calculer le volume

1.

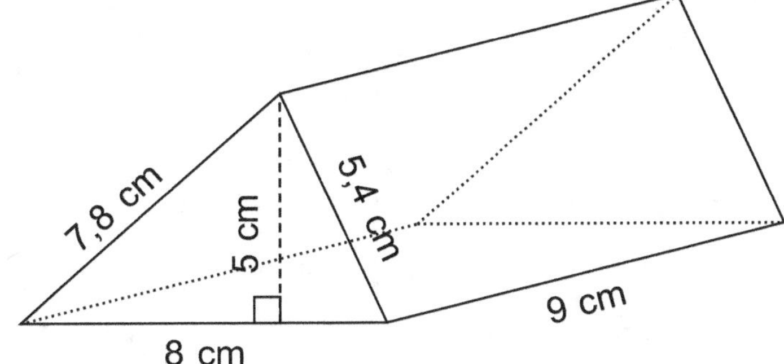

....

2.

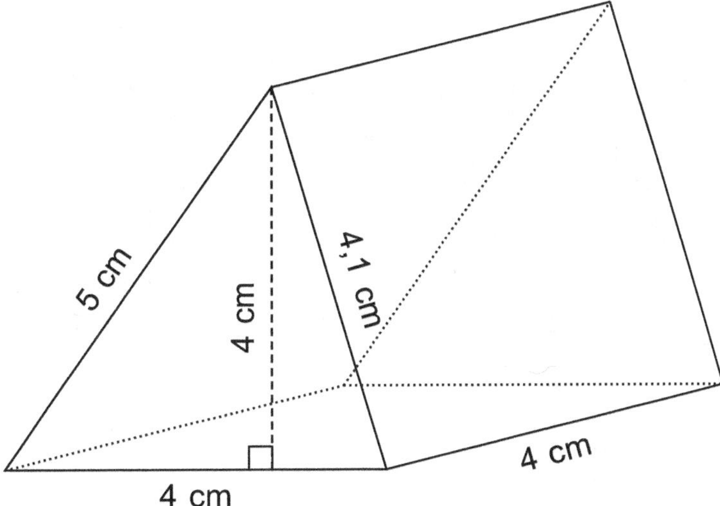

....

3.

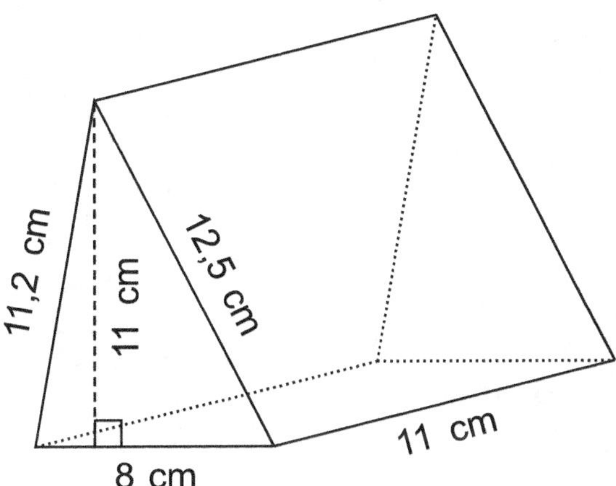

....

© KingSchool Edition

Calculer le volume

1. 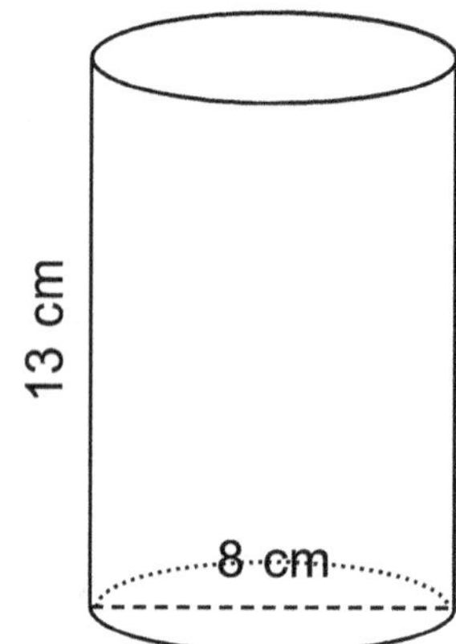

....

2. 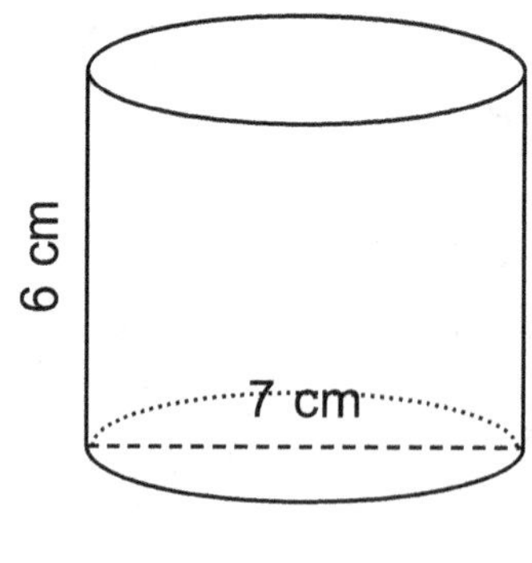

....

3. 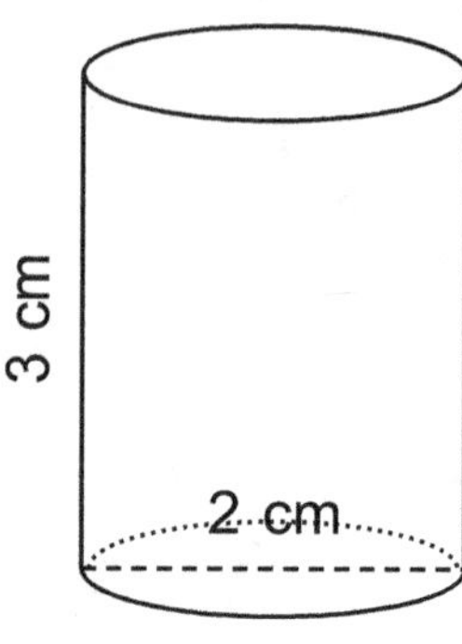

....

4. 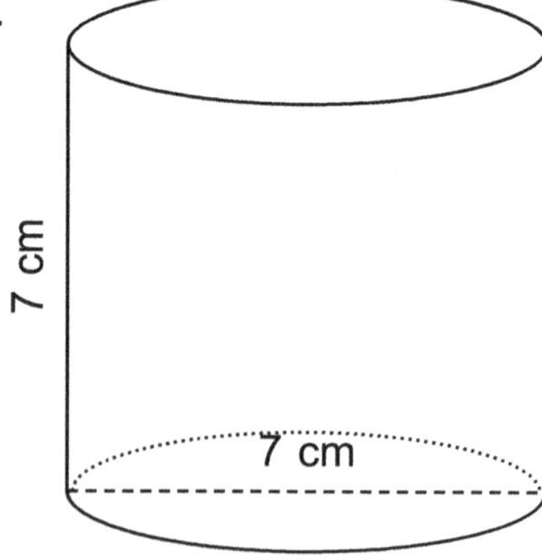

....

5. 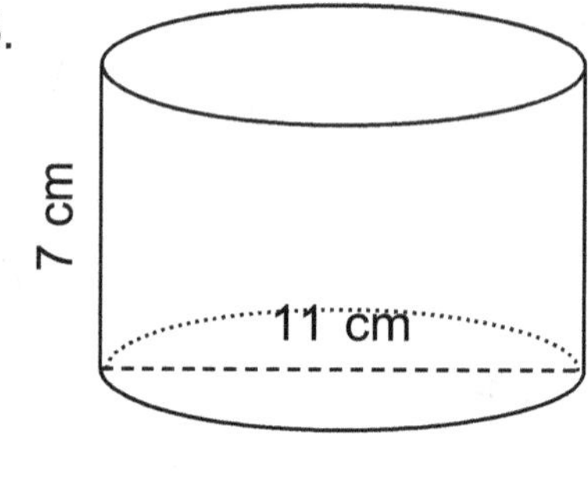

....

6. 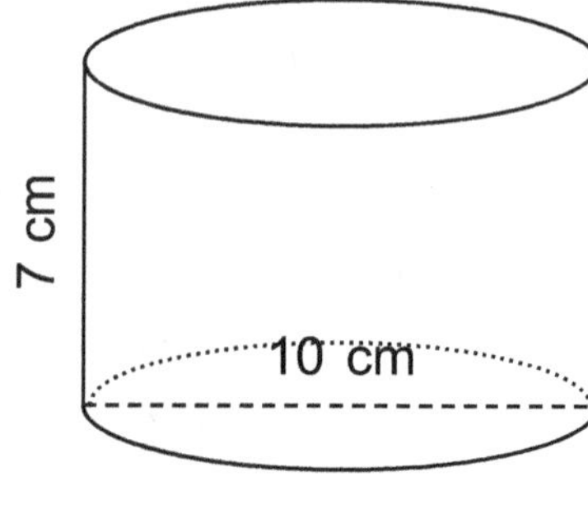

....

7. 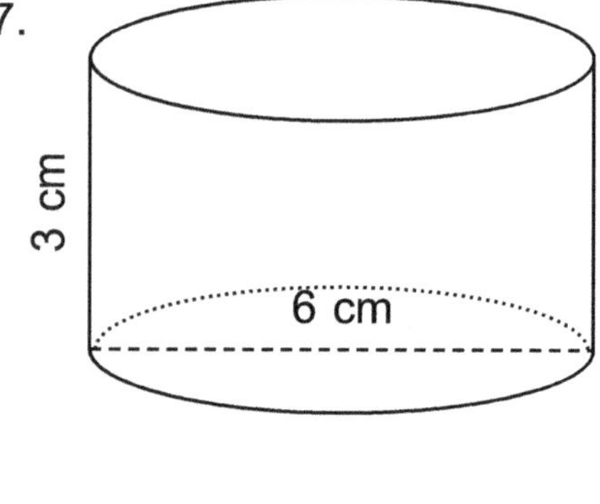

....

8. 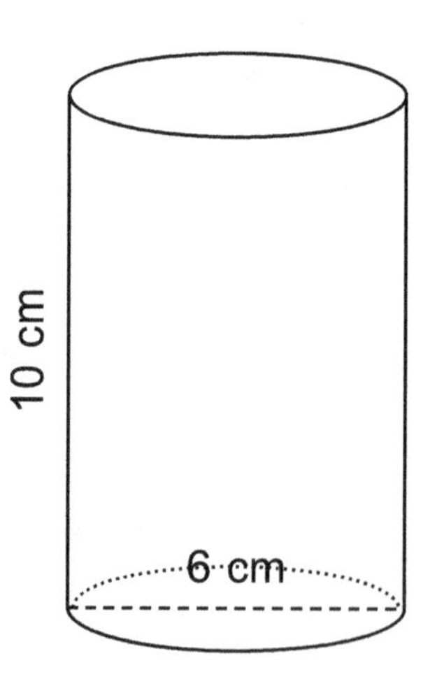

....

9. 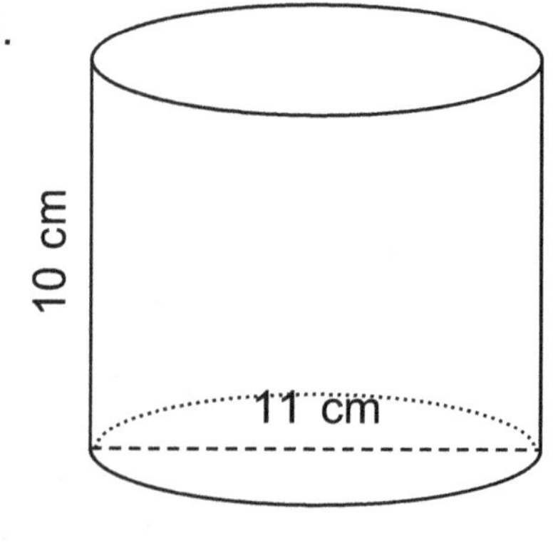

....

© KingSchool Edition

Calculer le volume

1. 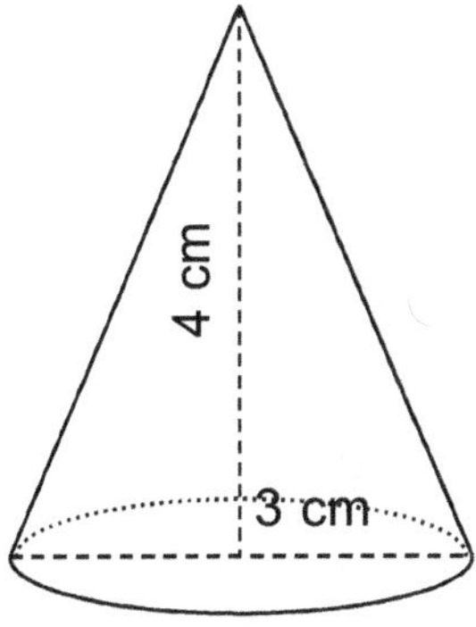

2. 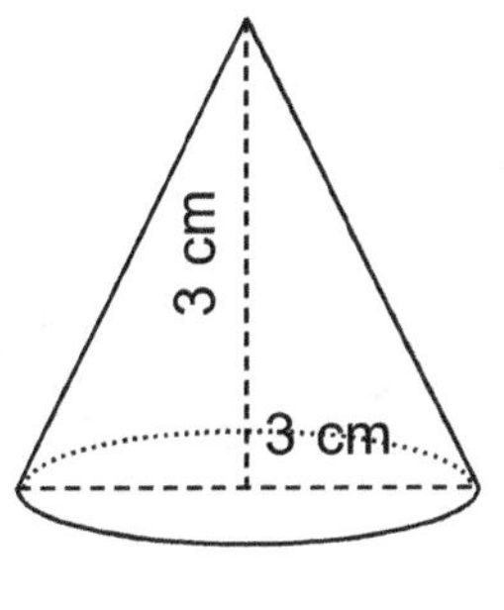

3. 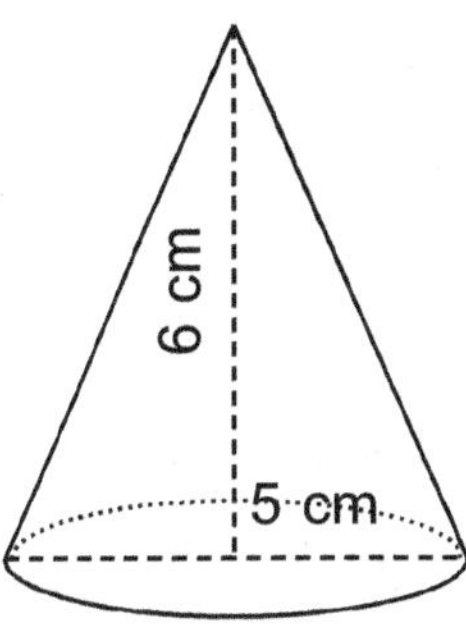

4. 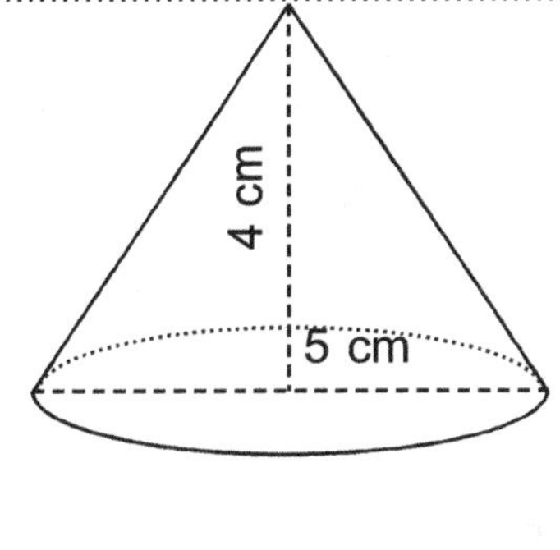

5. 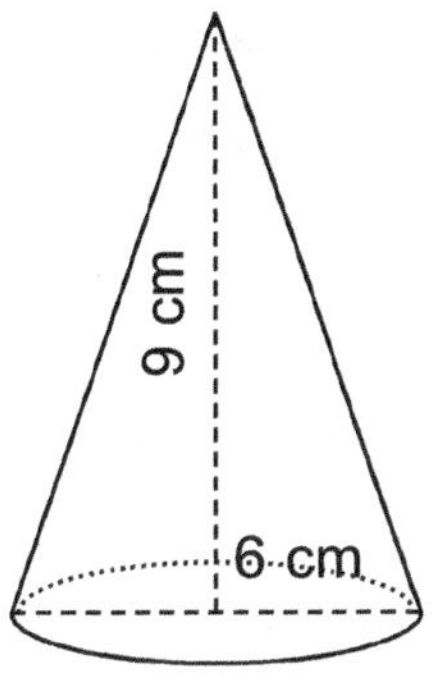

6. 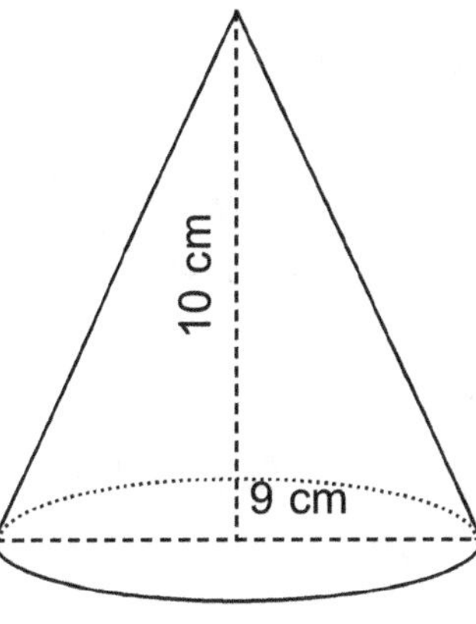

7. 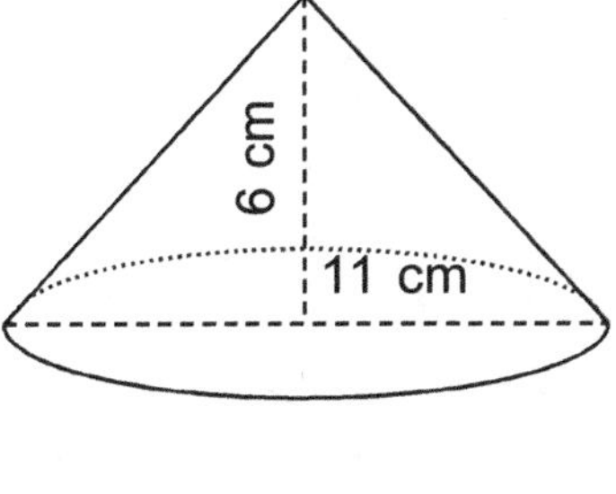

8. 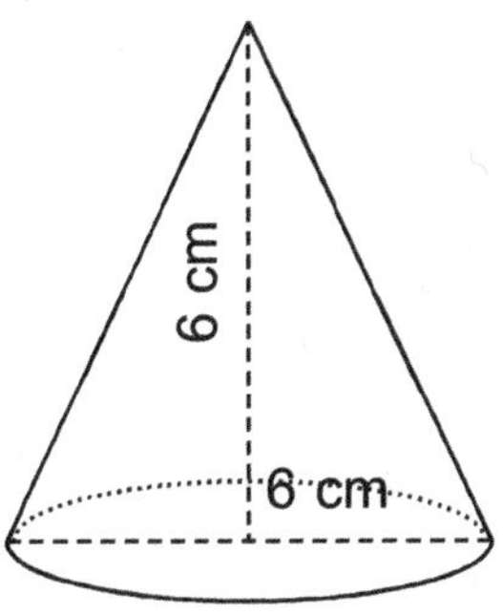

9. 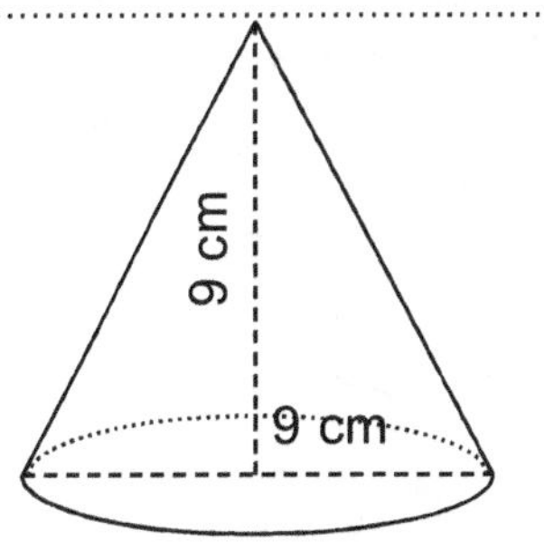

10. 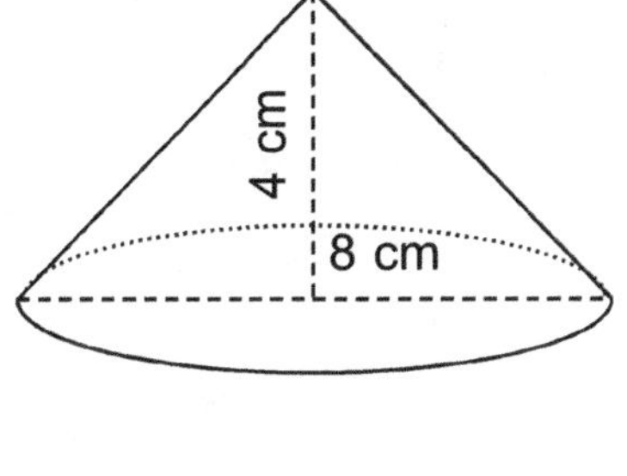

11. 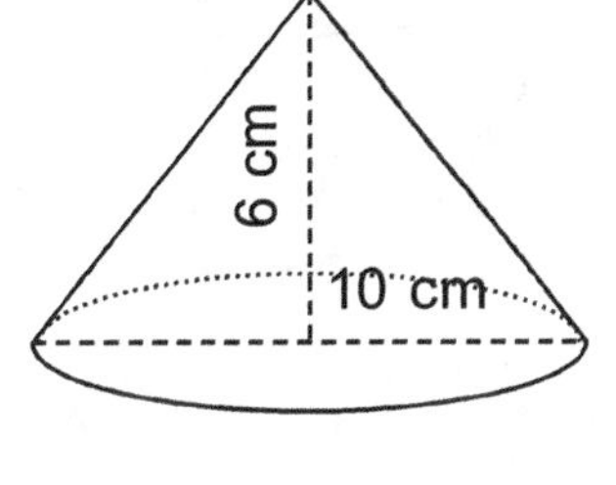

12. 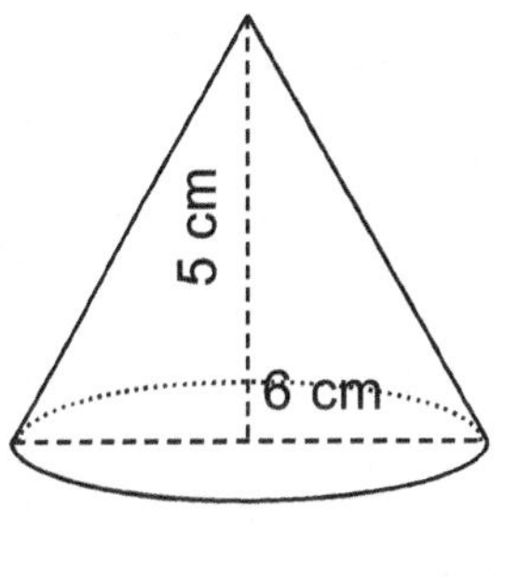

© KingSchool Edition

Calculer le volume

1. 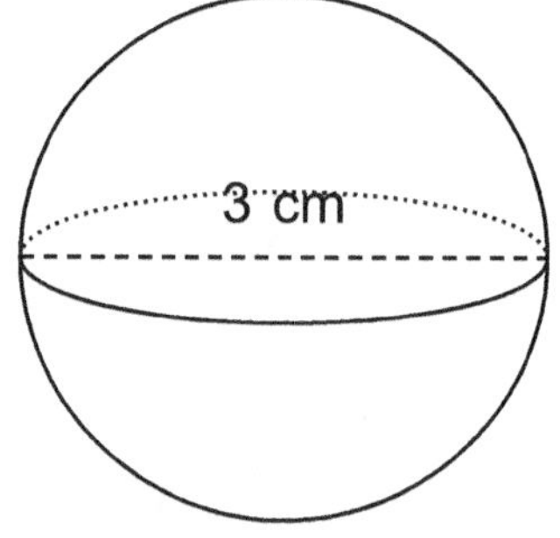

2. 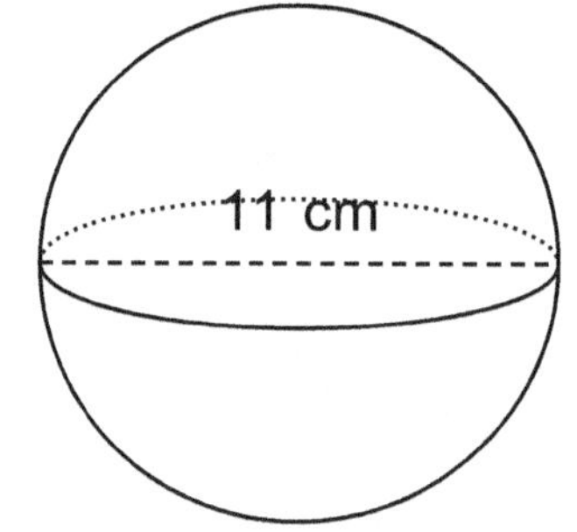

3. 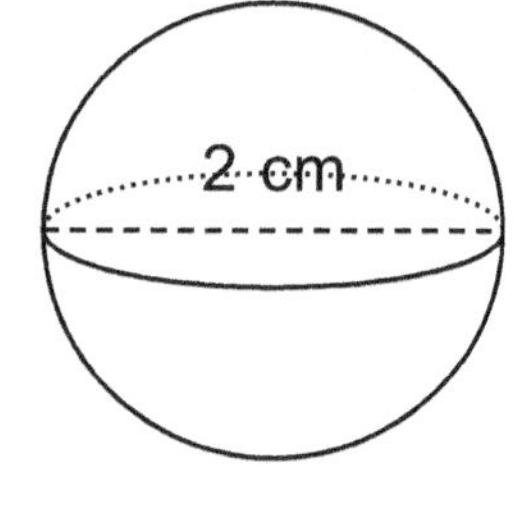

4. 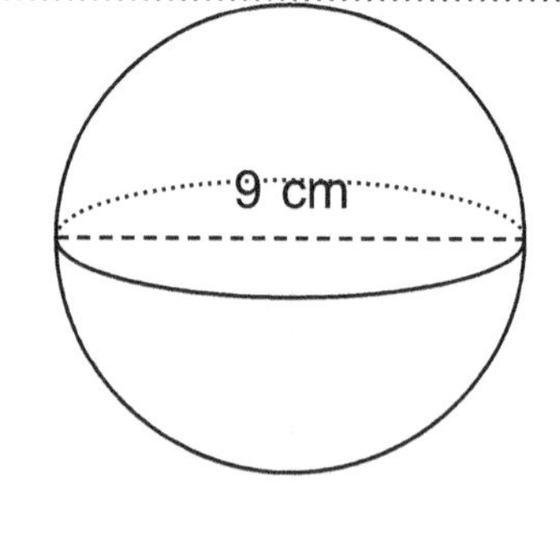

5. 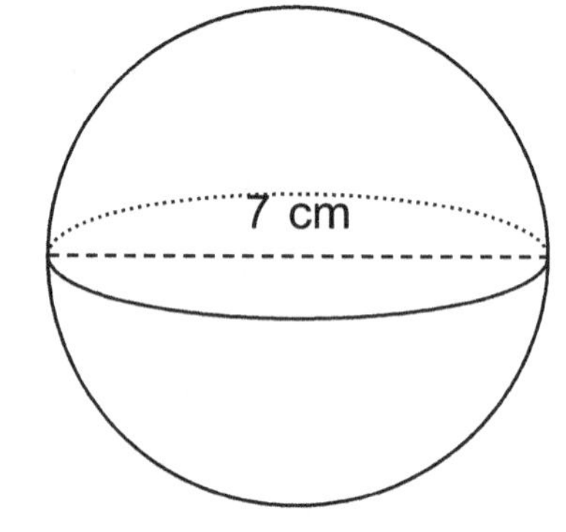

6. 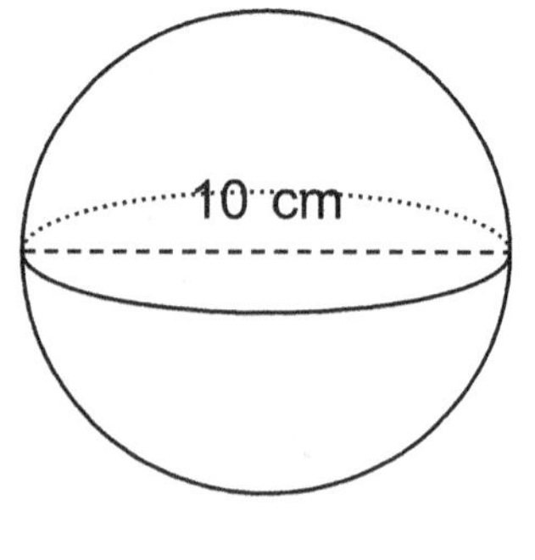

7. 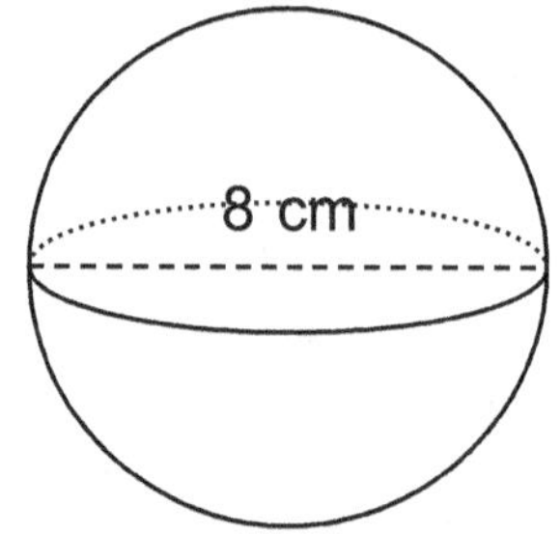

8. 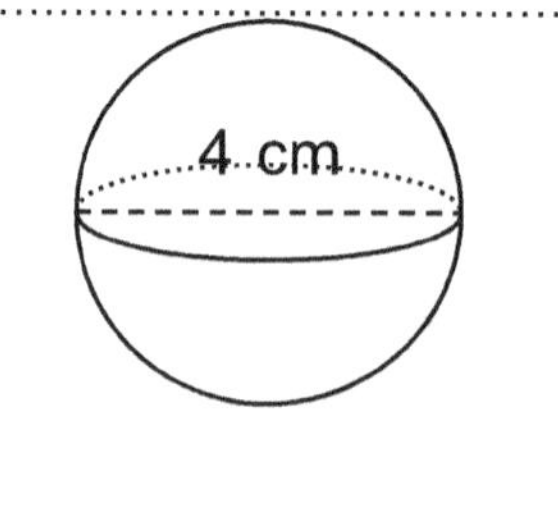

9. 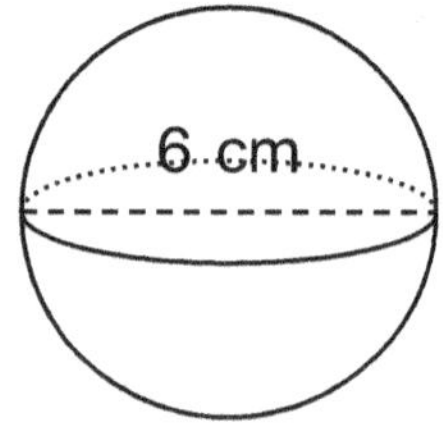

10. 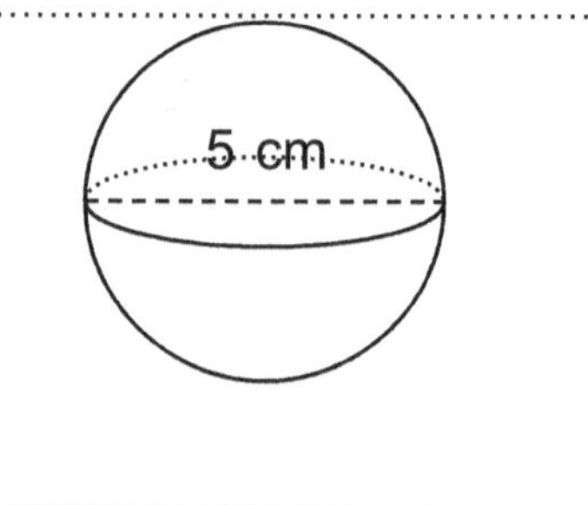

11. 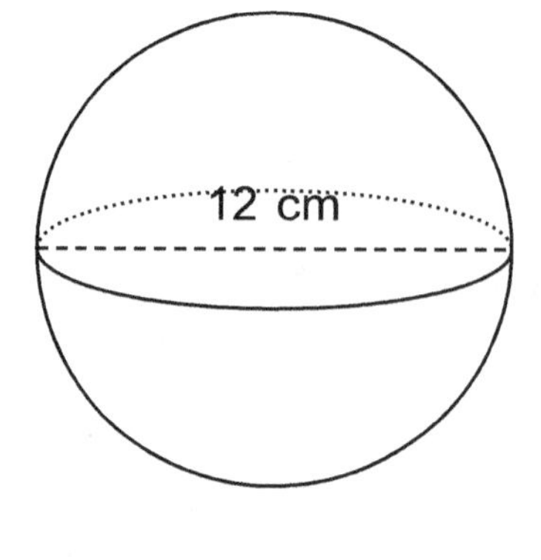

12. 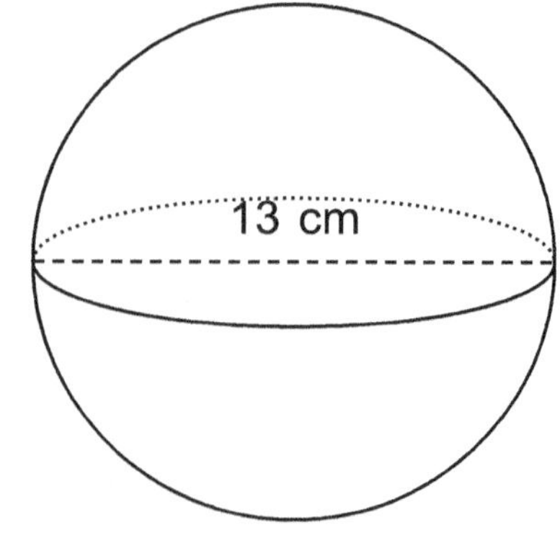

© KingSchool Edition

Calculer le périmètre

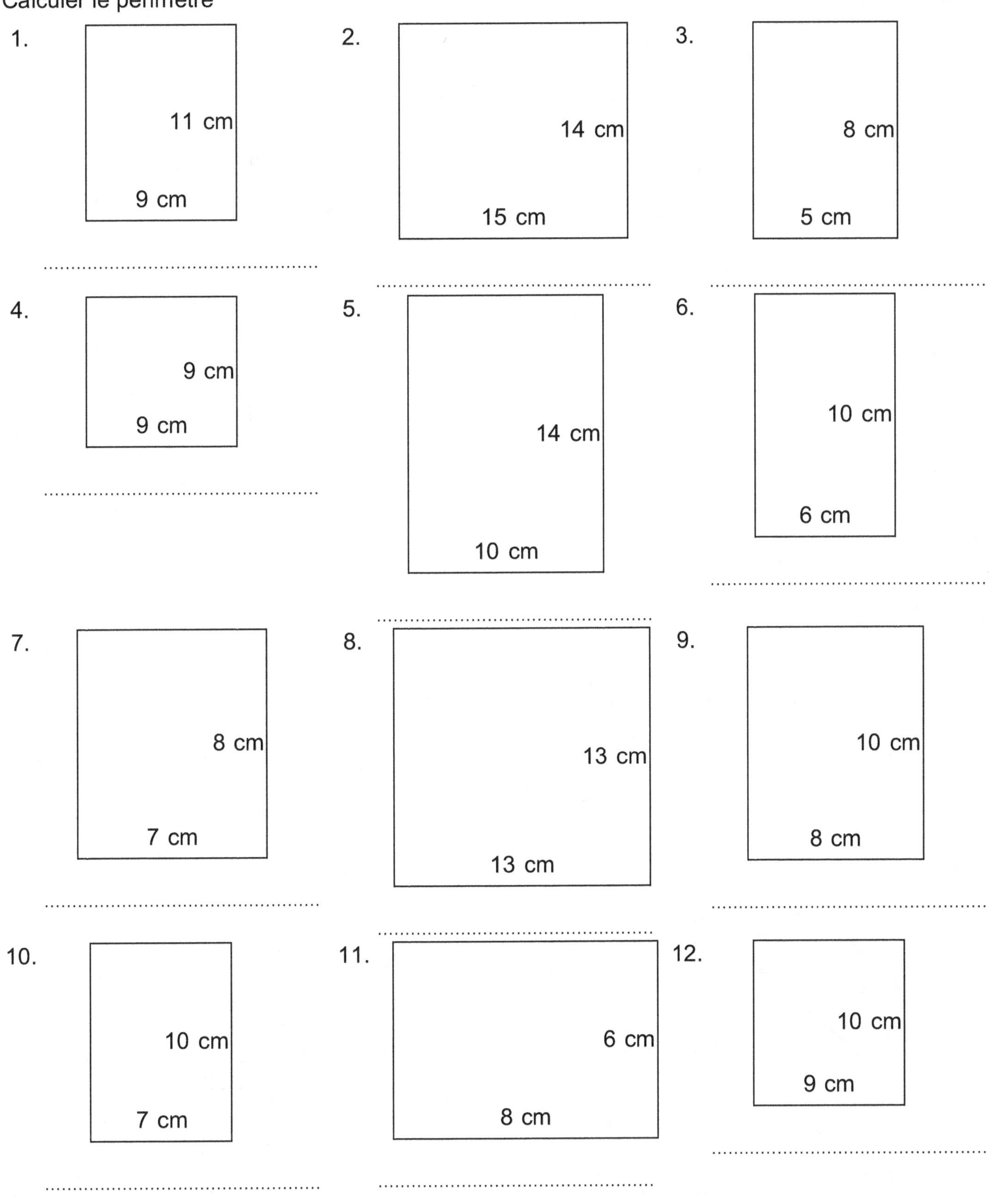

© KingSchool Edition

Calculer le périmètre

1.
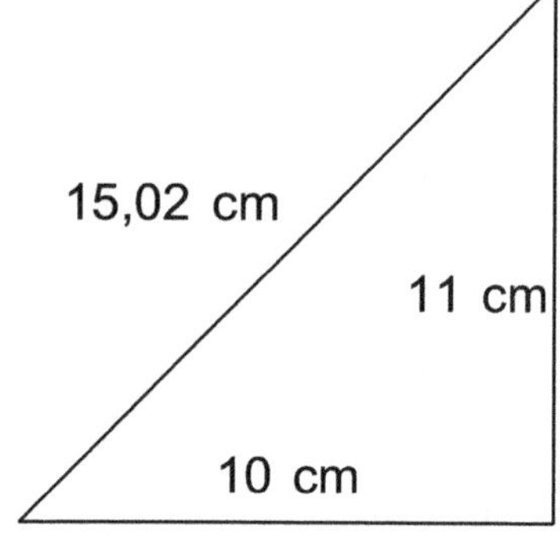

2.
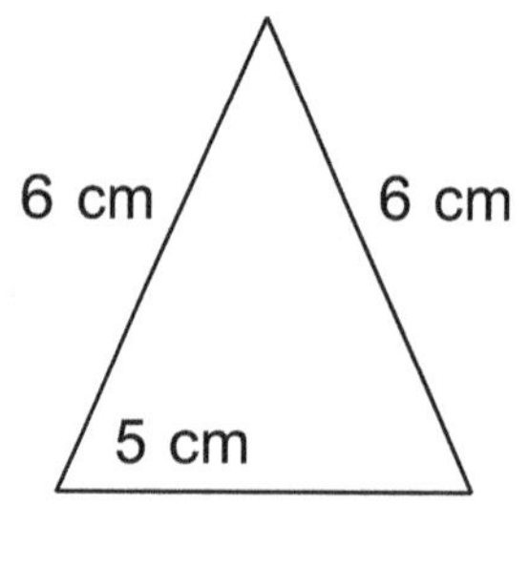

3.
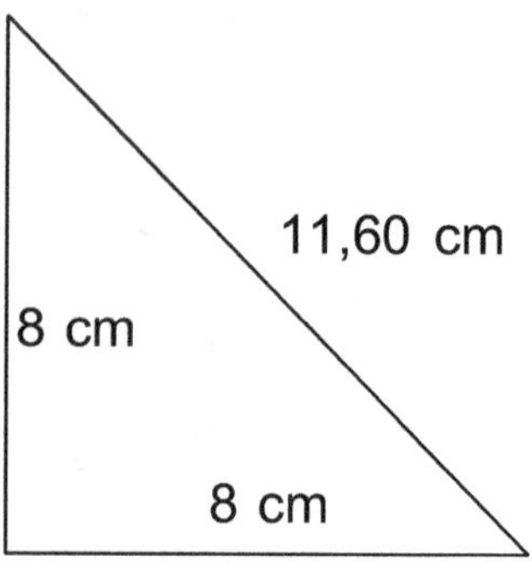

4.
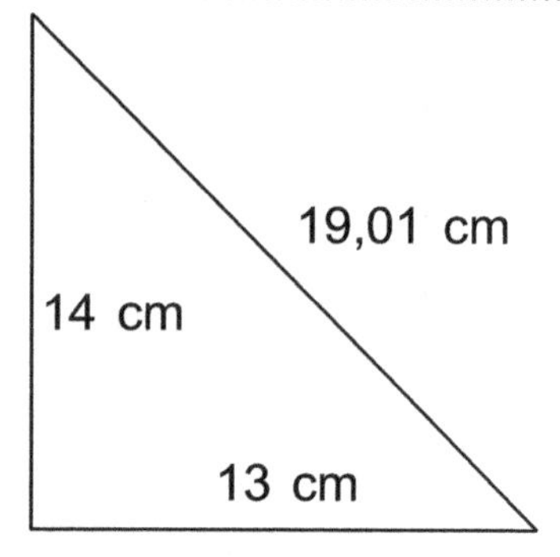

5.
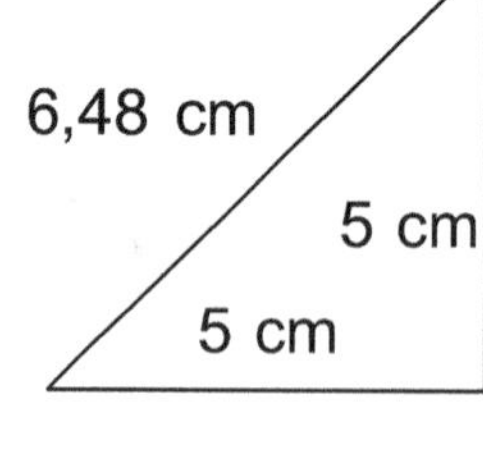

6.
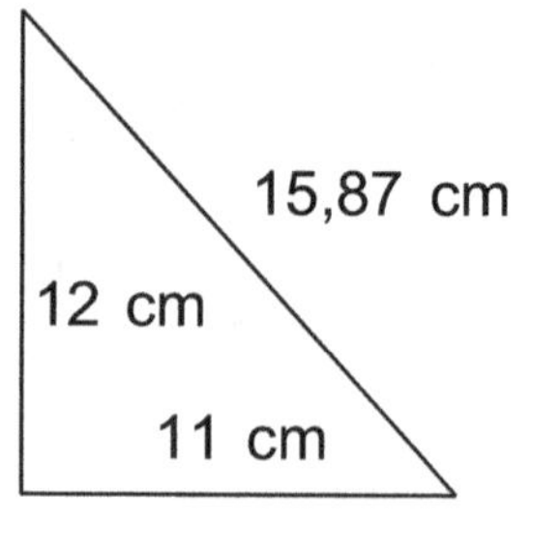

7.
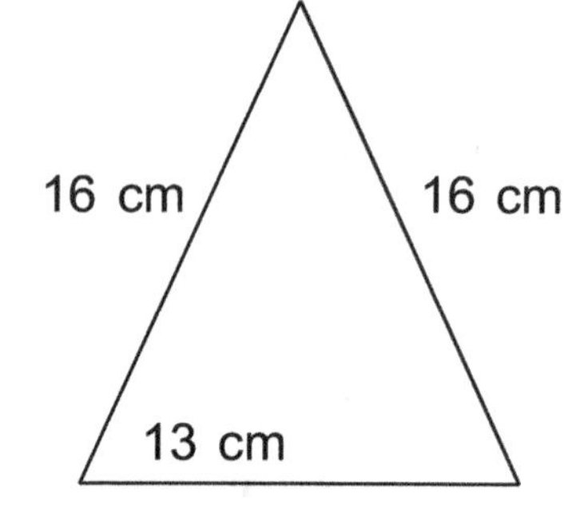

8.
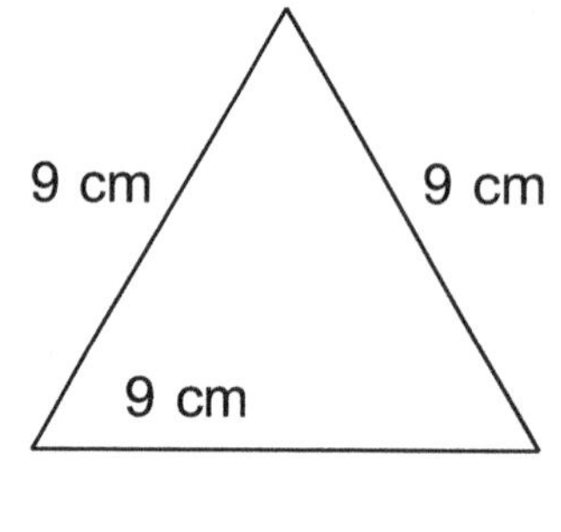

9.
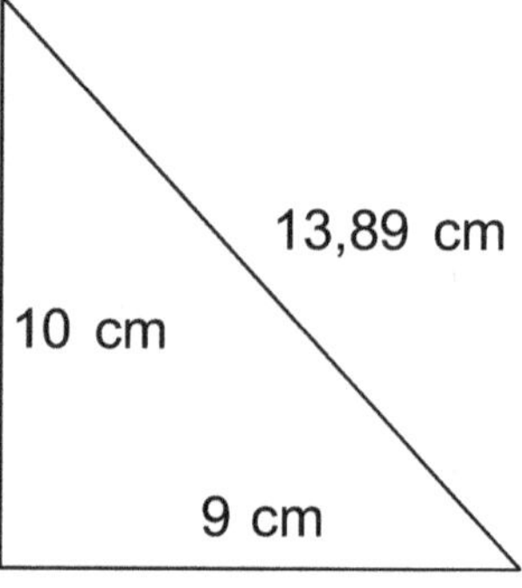

10.
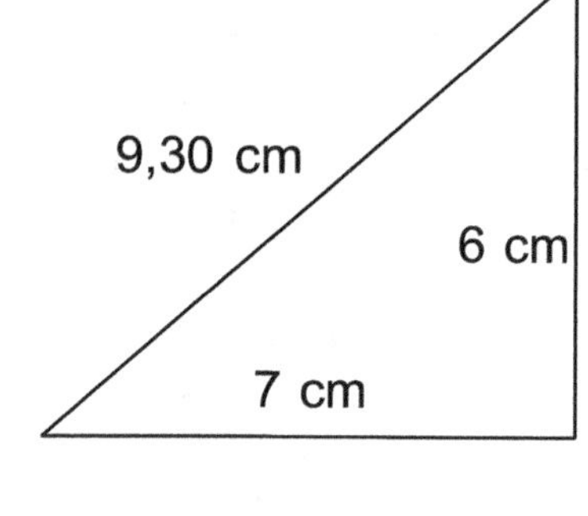

11.
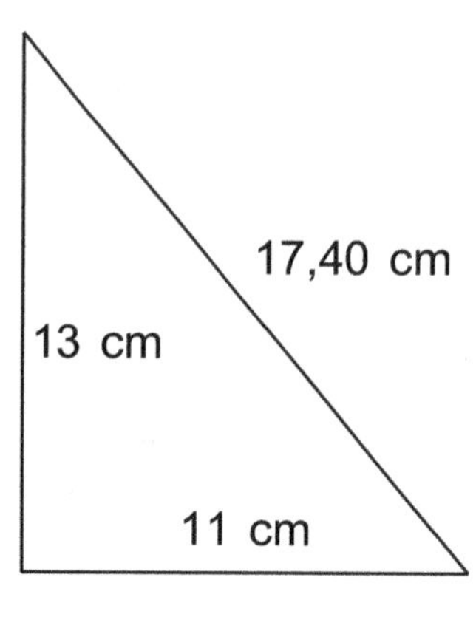

12.
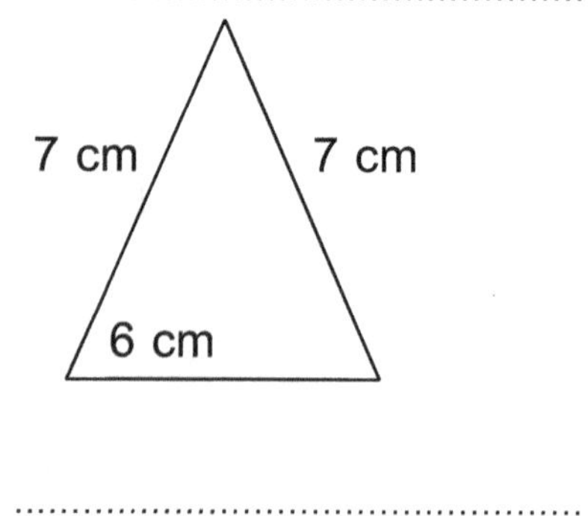

© KingSchool Edition

Calculer le périmètre

1.
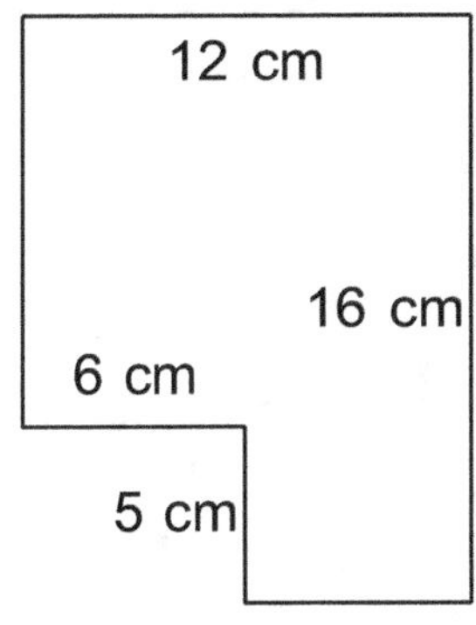

....

2.
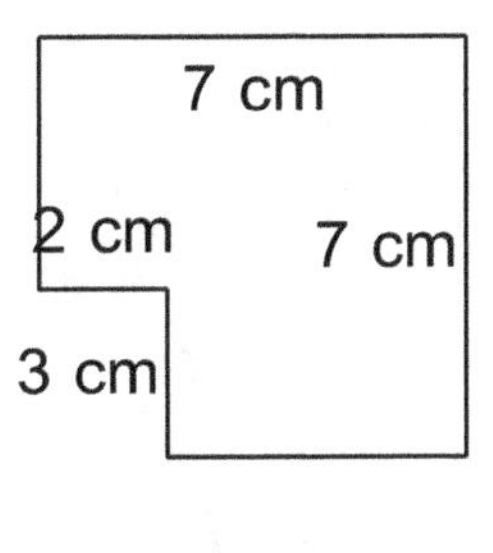

....

3.
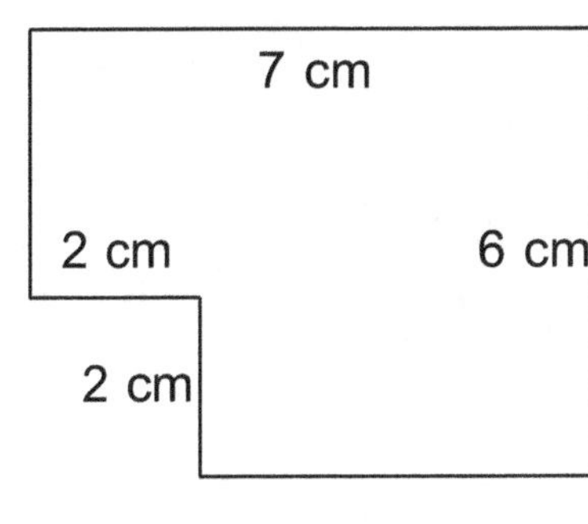

....

4.
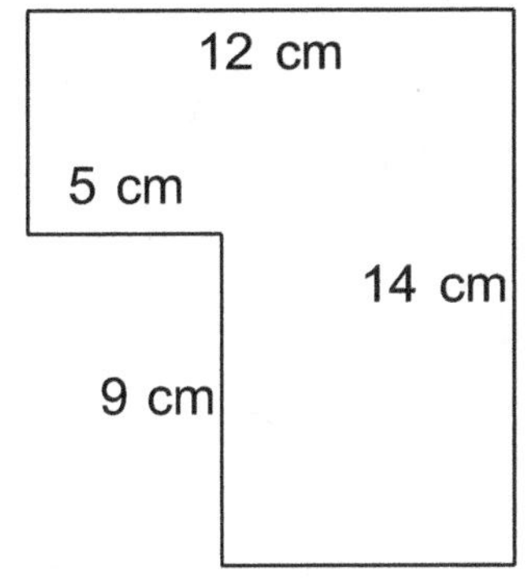

....

5.
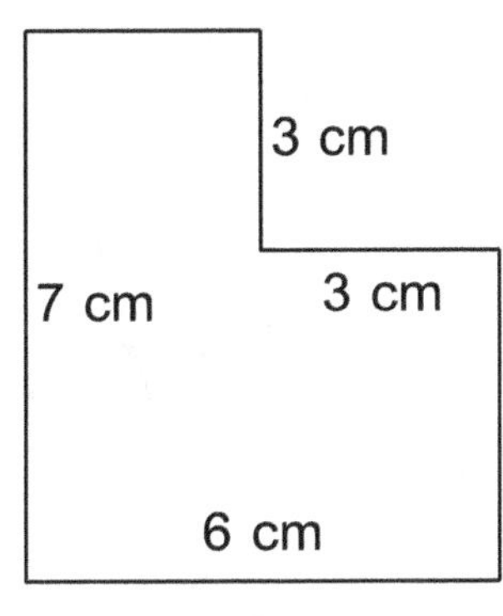

....

6.
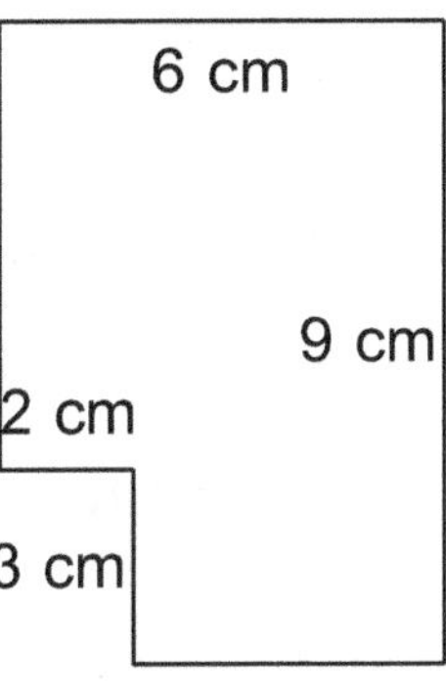

....

7.
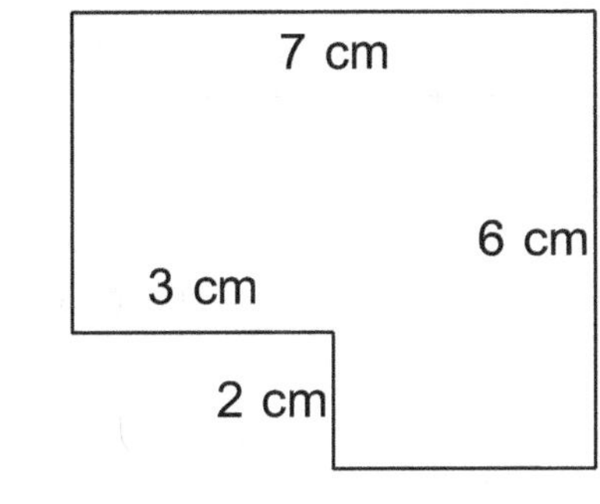

....

8.
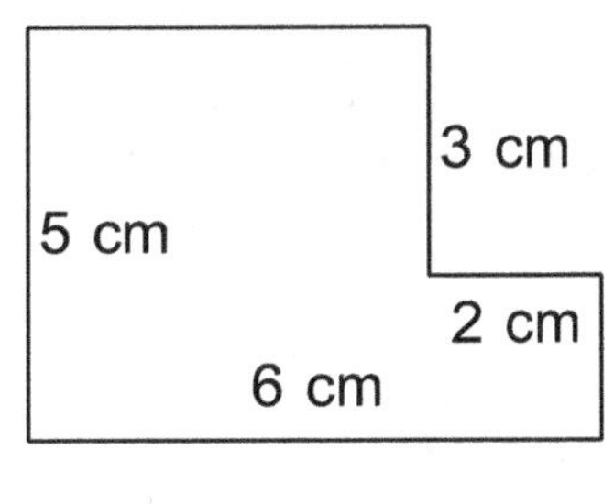

....

9.
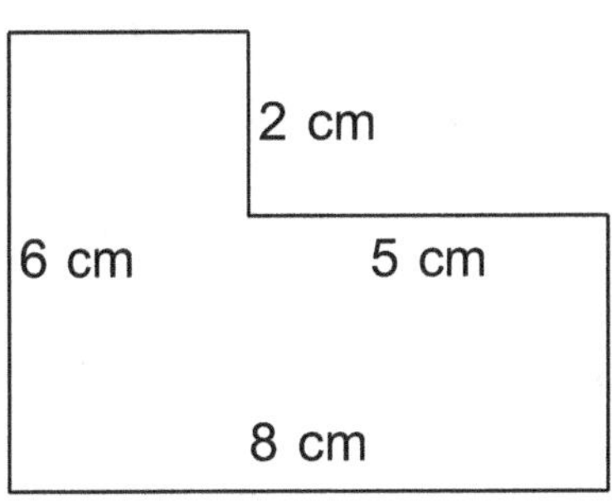

....

10.
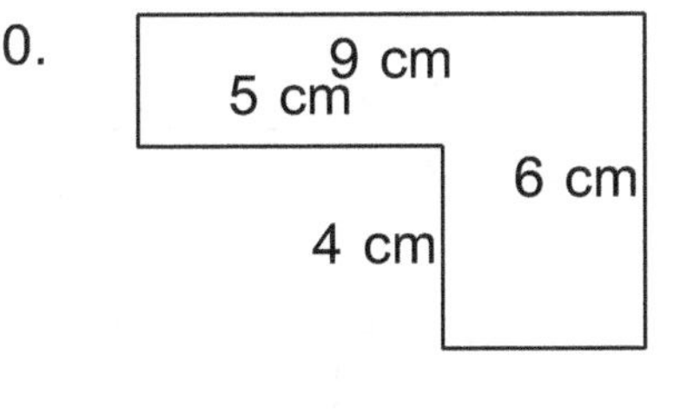

....

11.
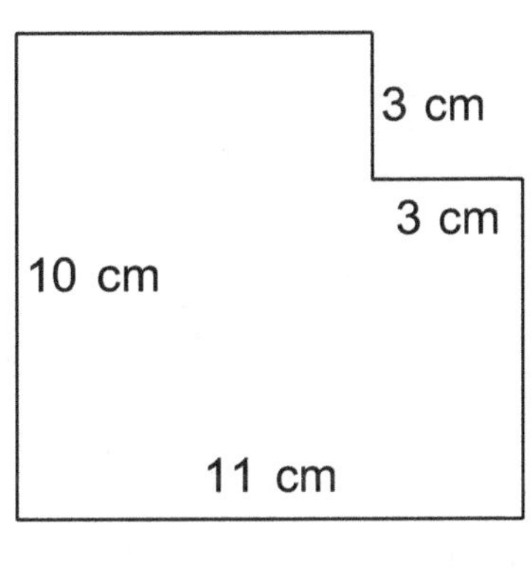

....

12.
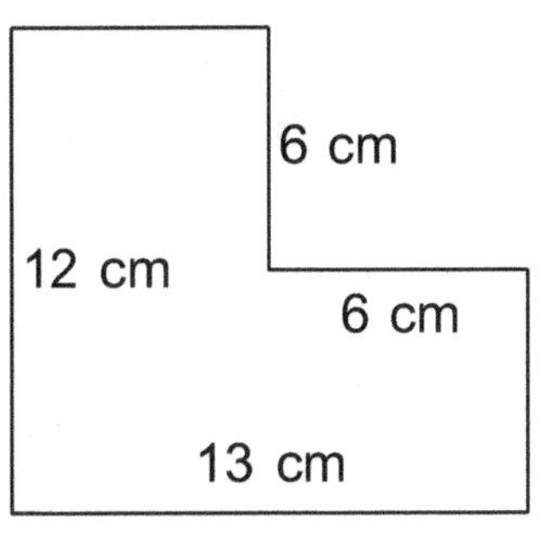

....

© KingSchool Edition

Calculer le périmètre

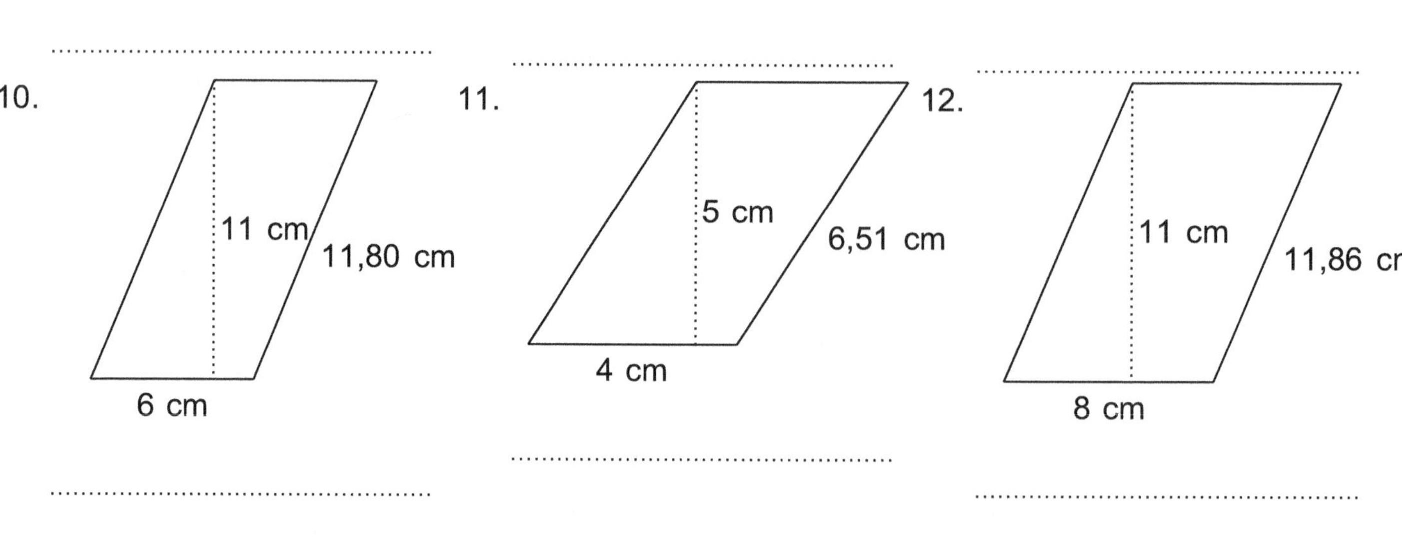

© KingSchool Edition

Calculer la surface

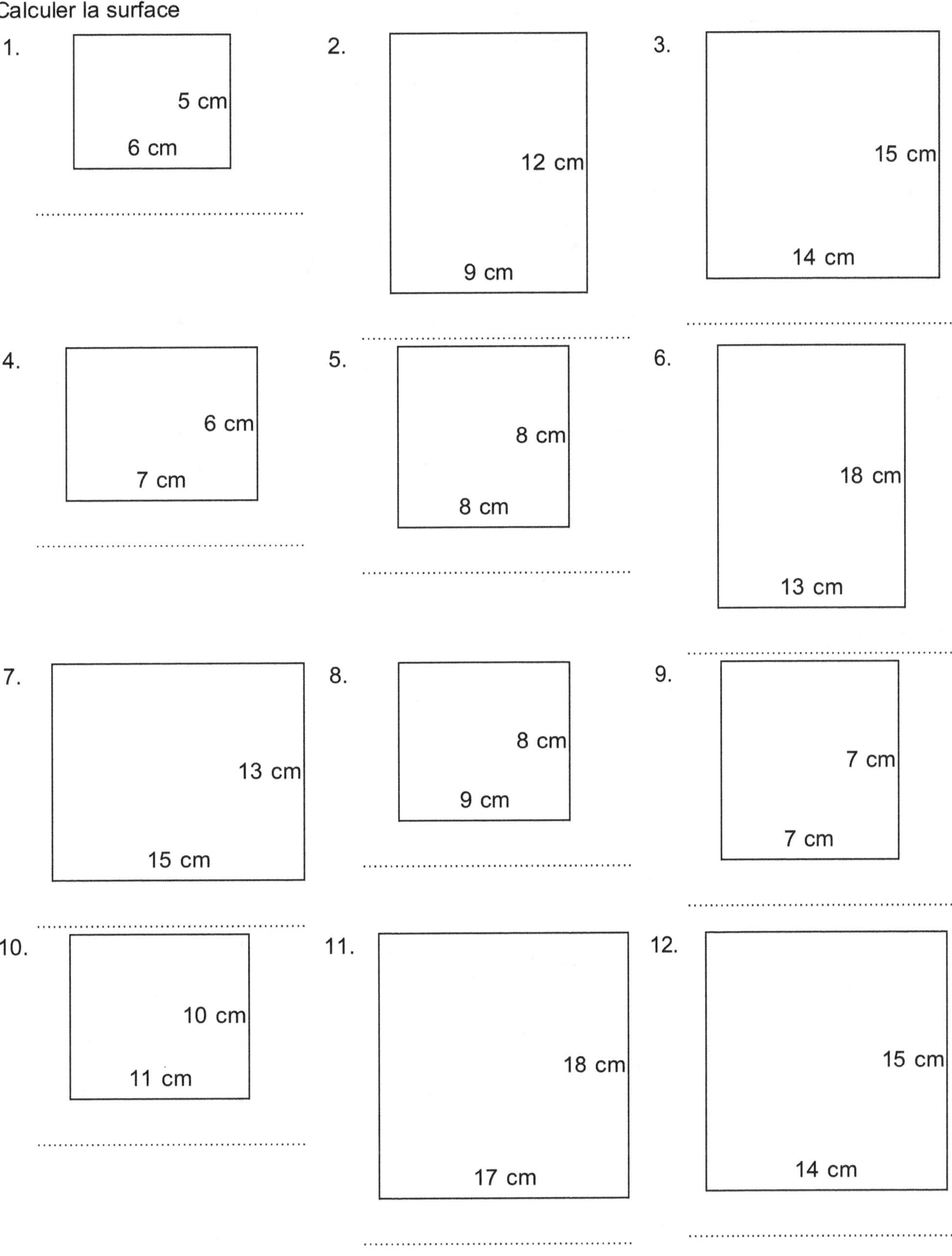

1. 5 cm 6 cm

....

2. 12 cm 9 cm

3. 15 cm 14 cm

4. 6 cm 7 cm

....

5. 8 cm 8 cm

....

6. 18 cm 13 cm

7. 13 cm 15 cm

8. 8 cm 9 cm

....

9. 7 cm 7 cm

10. 10 cm 11 cm

....

11. 18 cm 17 cm

12. 15 cm 14 cm

© KingSchool Edition

Calculer la surface

1.
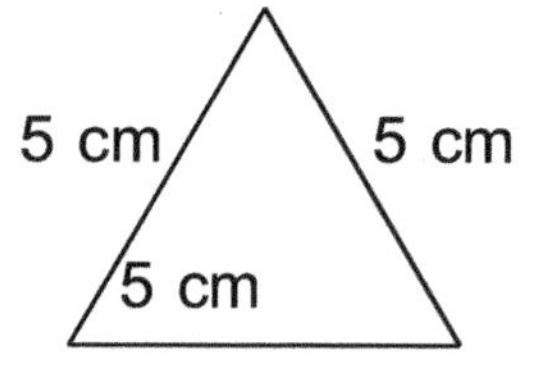

....

2.
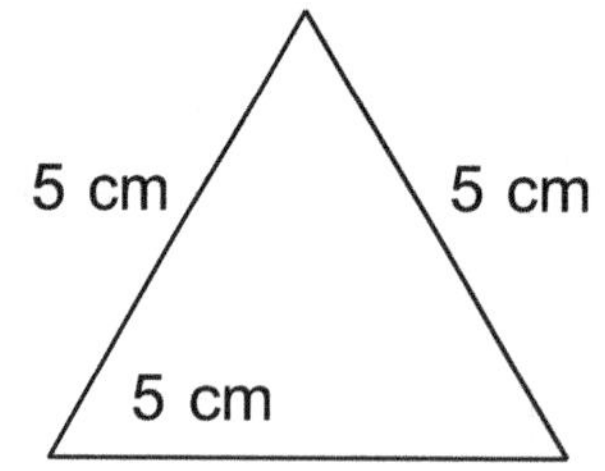

....

3.
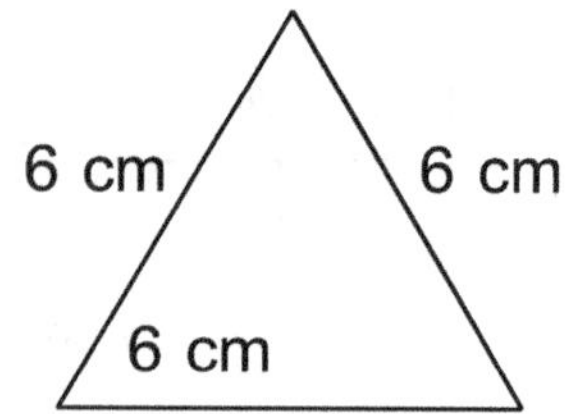

....

4.
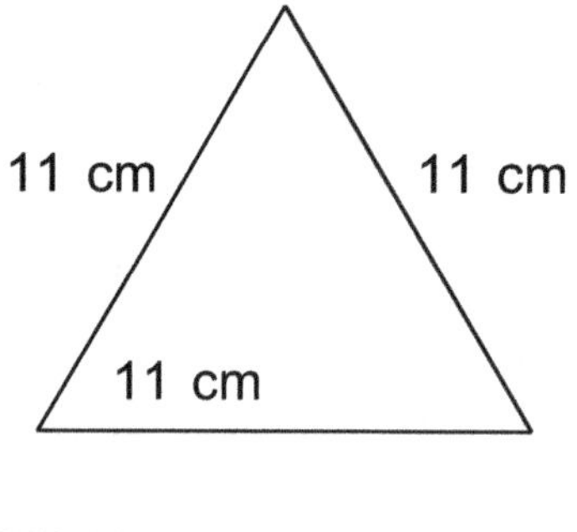

....

5.
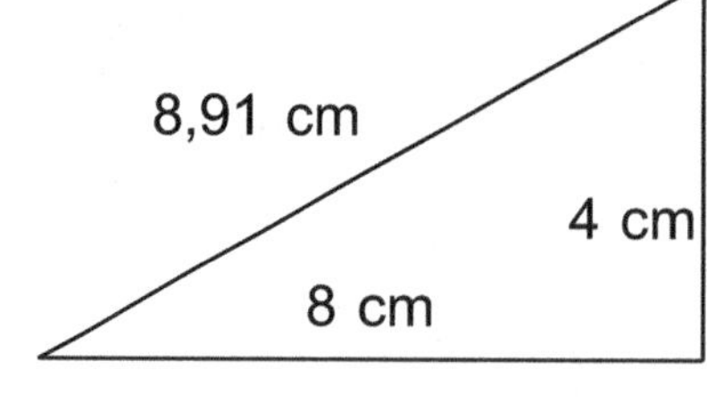

....

6.
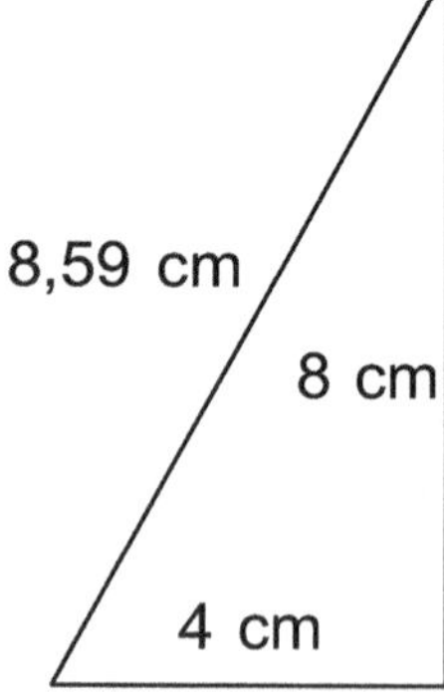

7.
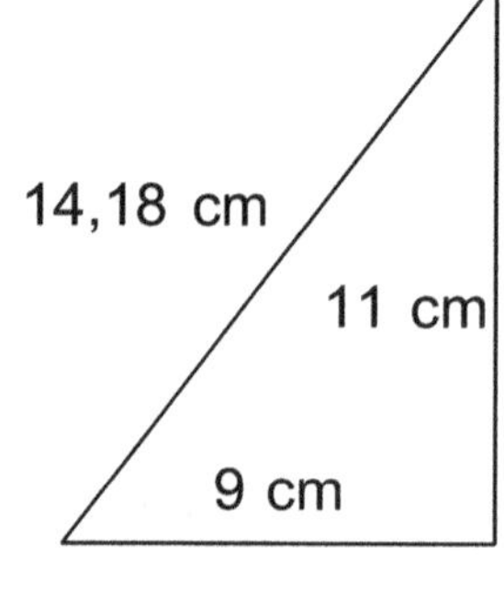

....

8.
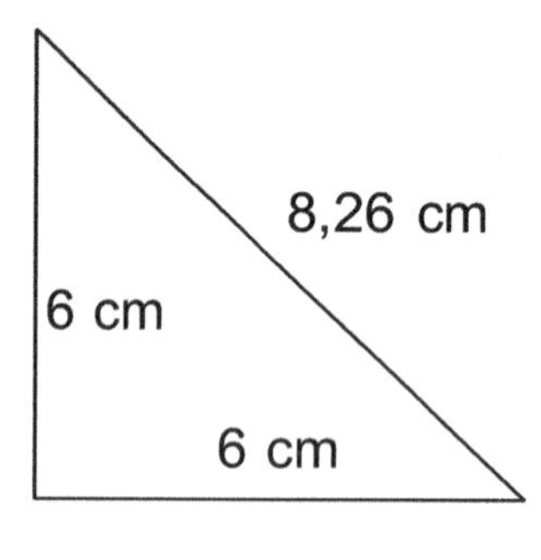

....

9.
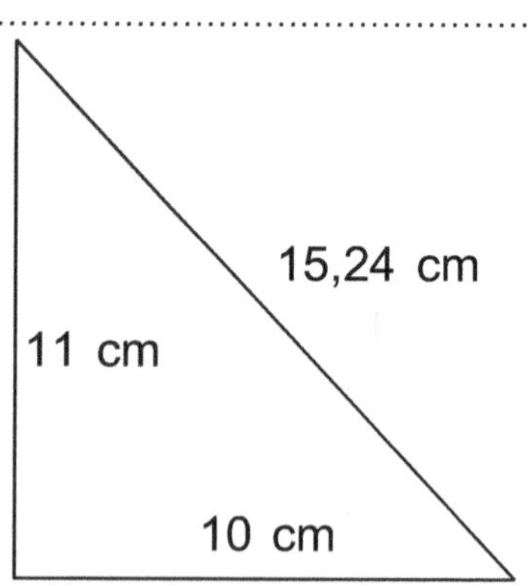

10.
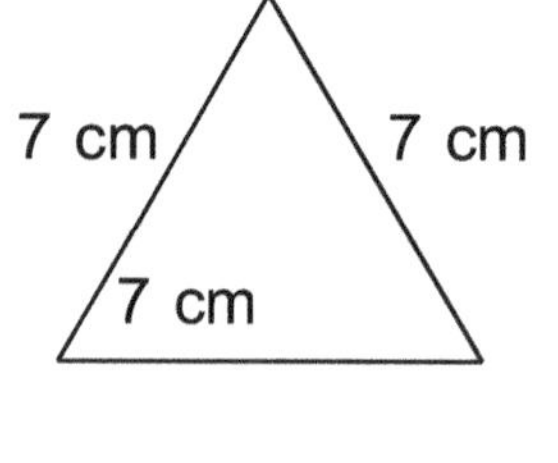

....

11.
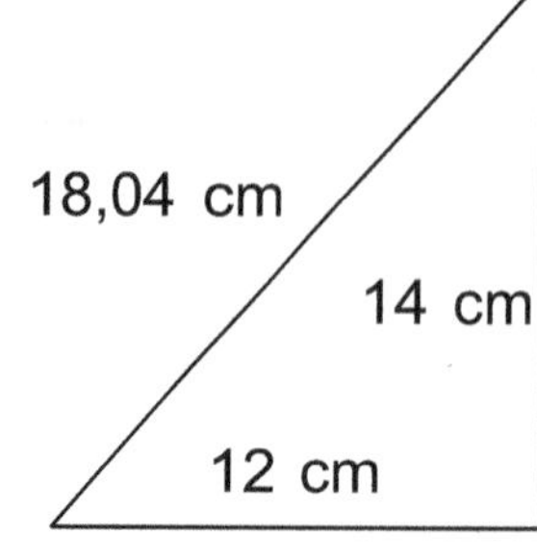

....

12.
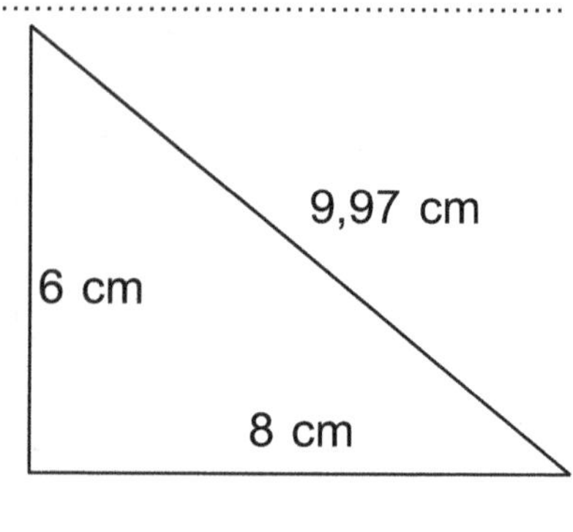

....

© KingSchool Edition

Calculer la surface

1. 8 cm — 3 cm — 4 cm — 13 cm

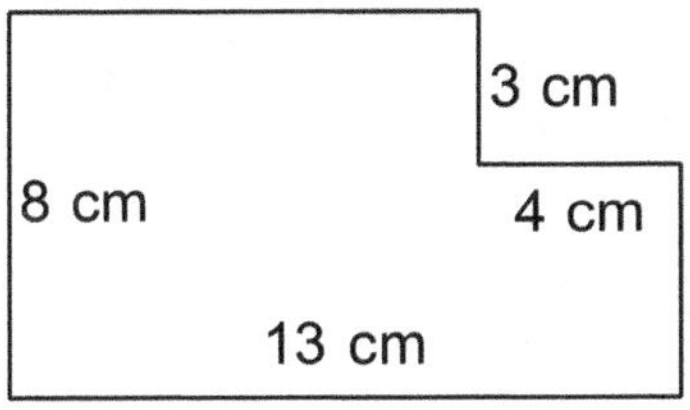

....

2. 9 cm — 4 cm — 3 cm — 10 cm

....

3. 8 cm — 2 cm — 4 cm — 10 cm

4. 4 cm — 6 cm — 12 cm — 11 cm

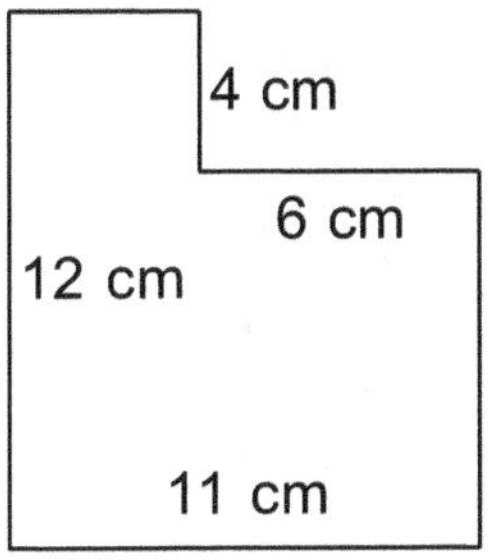

....

5. 3 cm — 7 cm — 2 cm — 6 cm

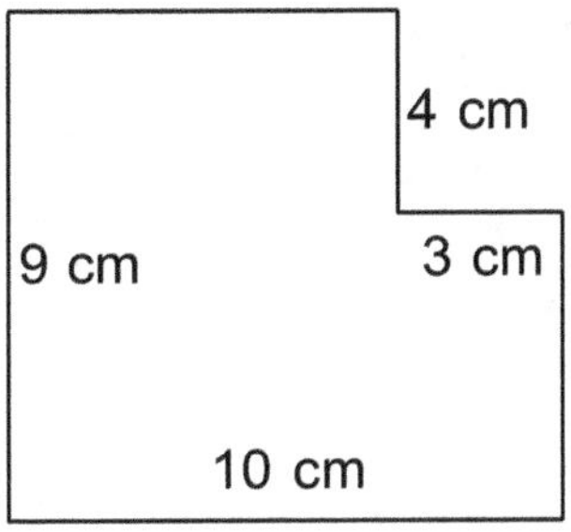

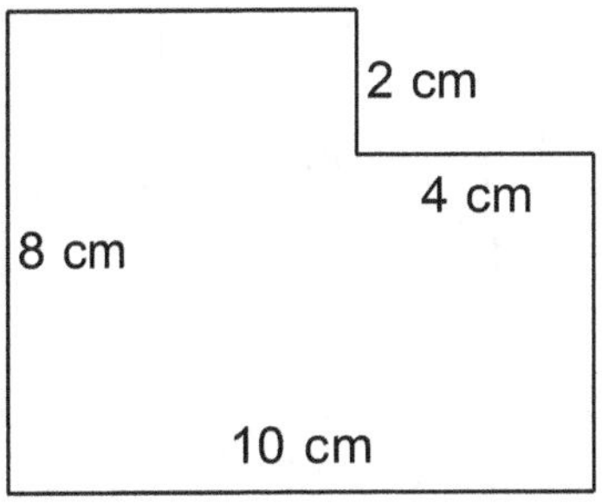

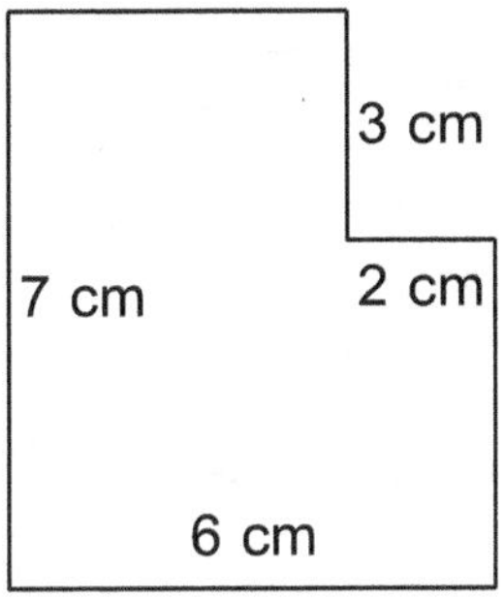

6. 4 cm — 7 cm — 13 cm — 12 cm

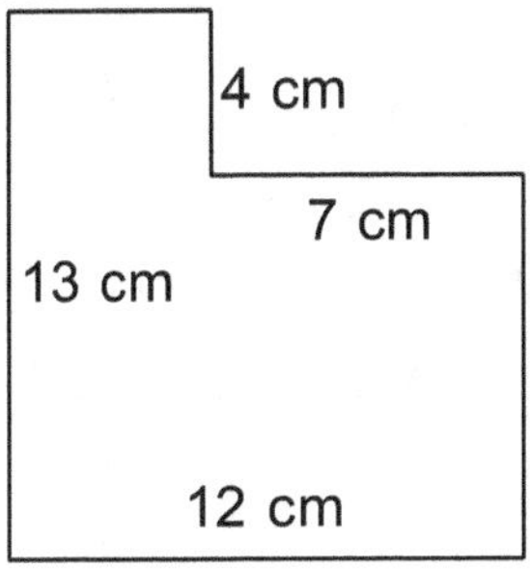

....

7. 13 cm — 5 cm — 11 cm — 4 cm

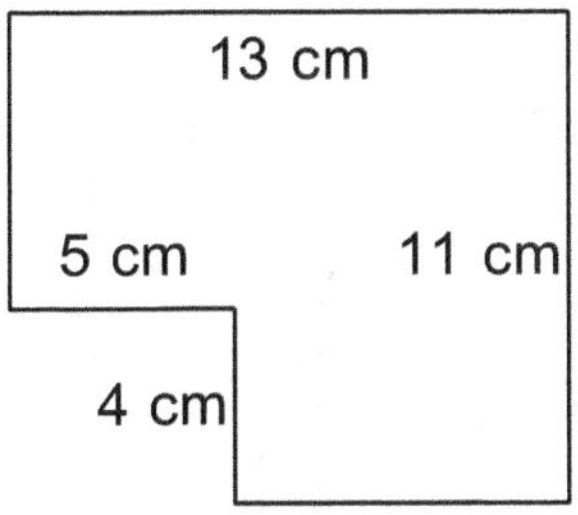

....

8. 4 cm — 7 cm — 14 cm — 12 cm

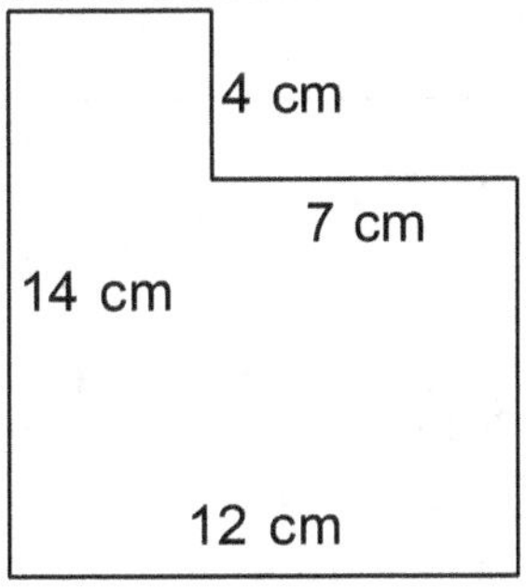

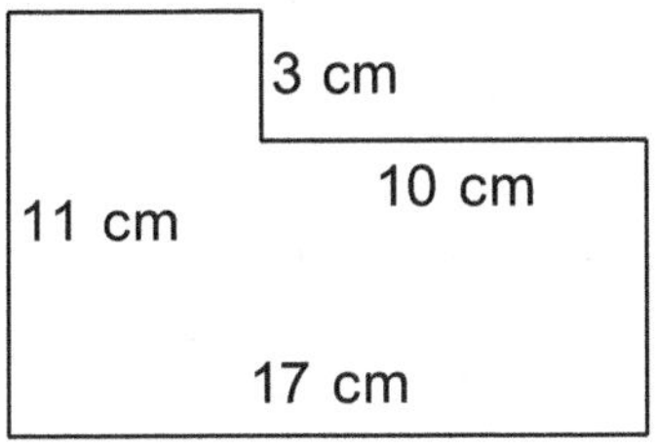

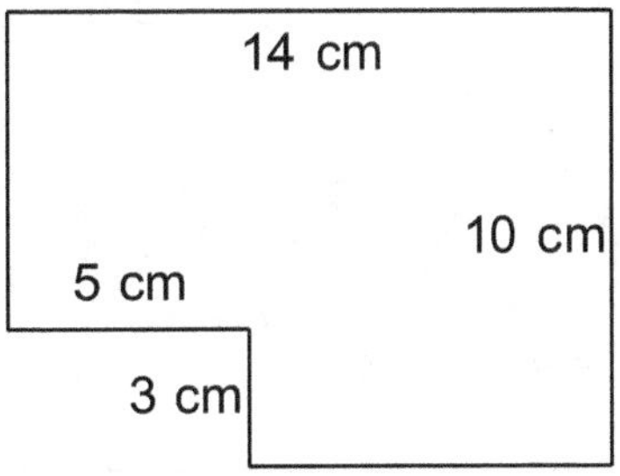

9. 10 cm — 5 cm — 5 cm — 8 cm

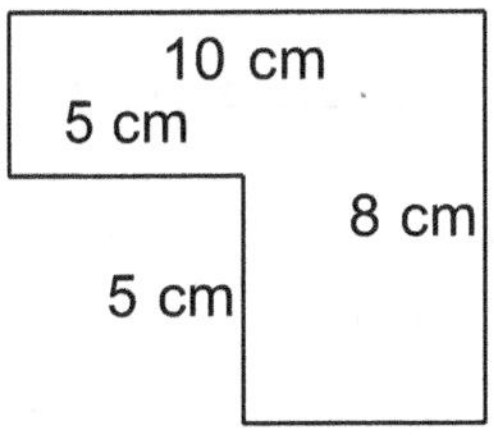

....

10. 3 cm — 11 cm — 10 cm — 17 cm

....

11. 14 cm — 5 cm — 10 cm — 3 cm

....

12. 5 cm — 3 cm — 7 cm — 3 cm

....

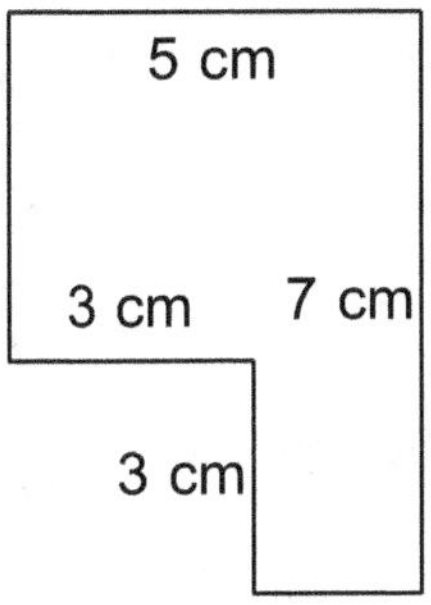

© KingSchool Edition

Calculer la surface

1. 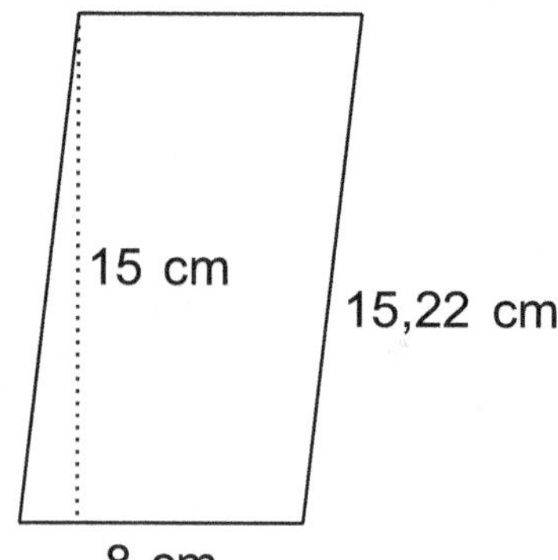

2. 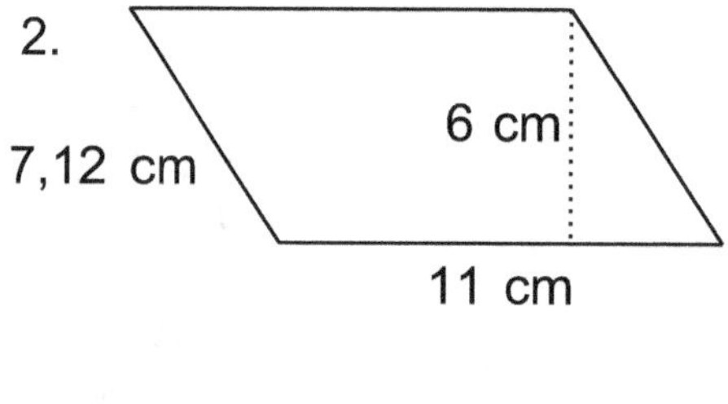

....

3. 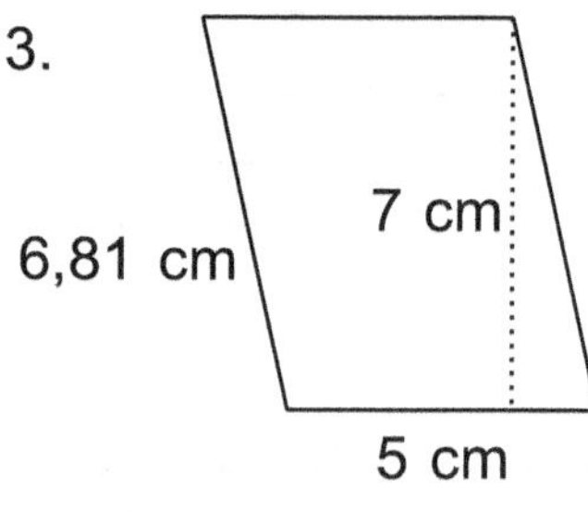

....

4. 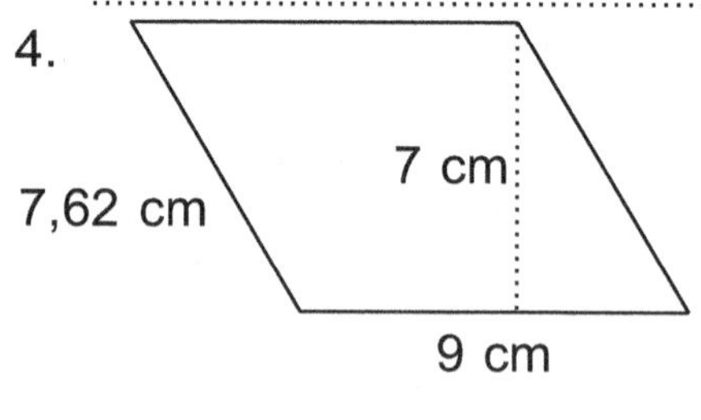

....

5. 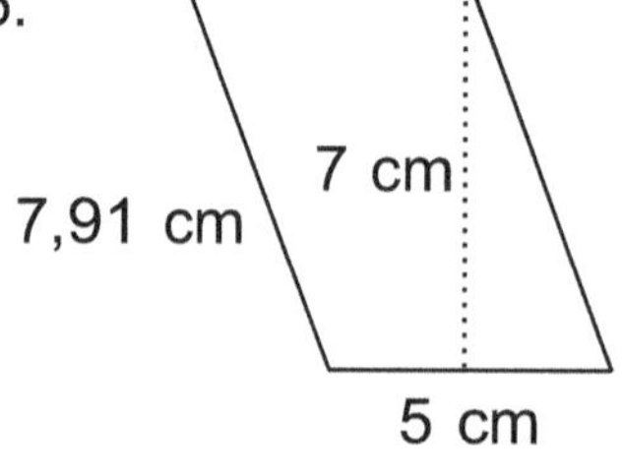

....

6. 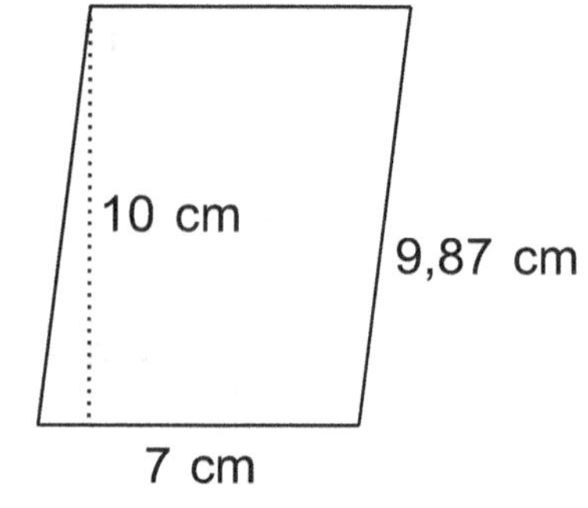

7. 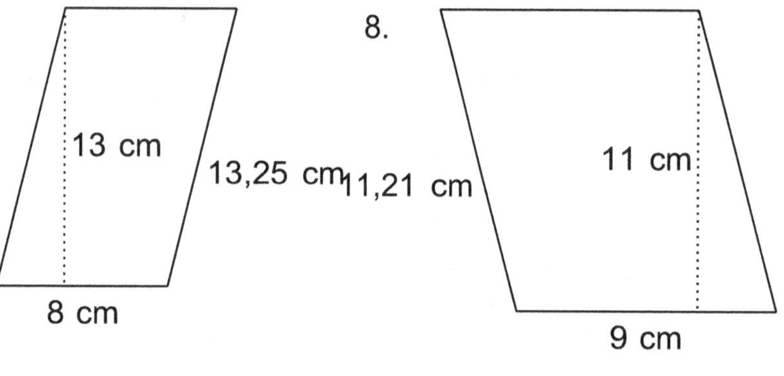

8.

....

9. 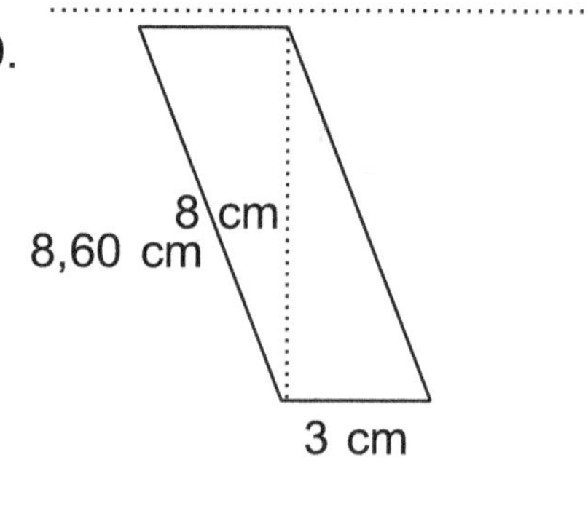

....

10. 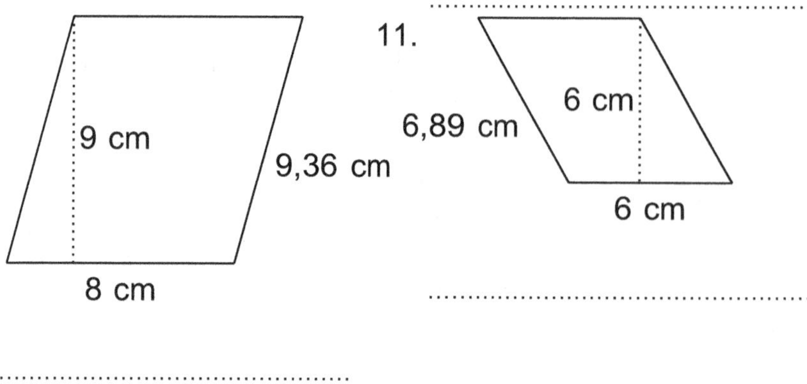

....

11.

....

12. 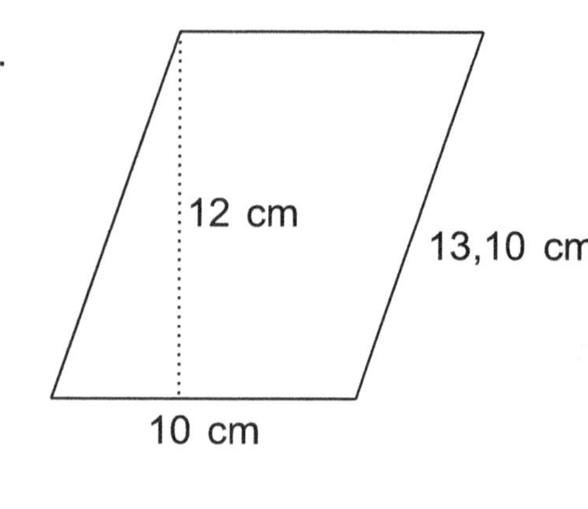

....

© KingSchool Edition

Calculer le volume

1.

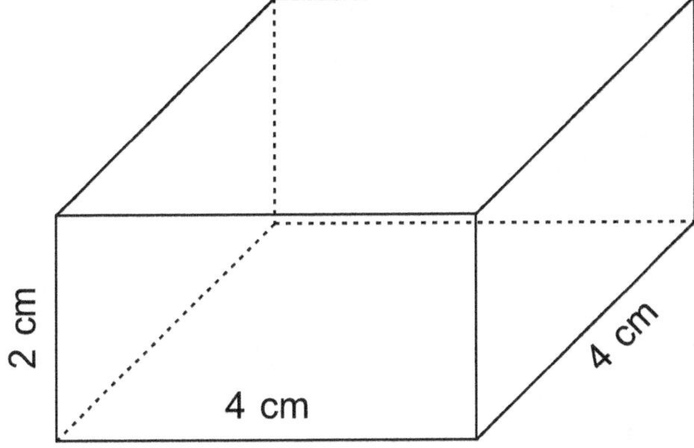

....

2.

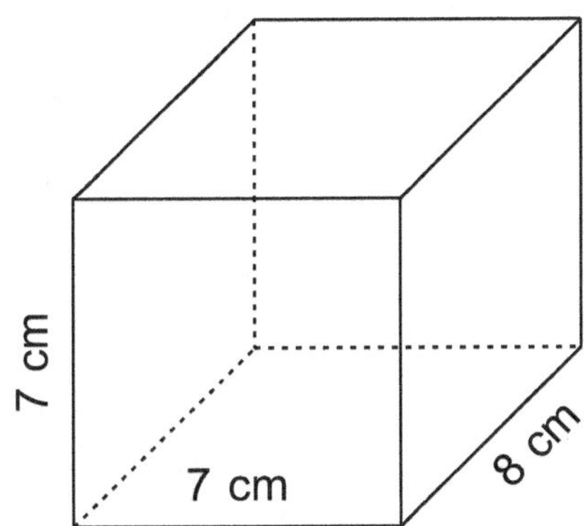

....

3.

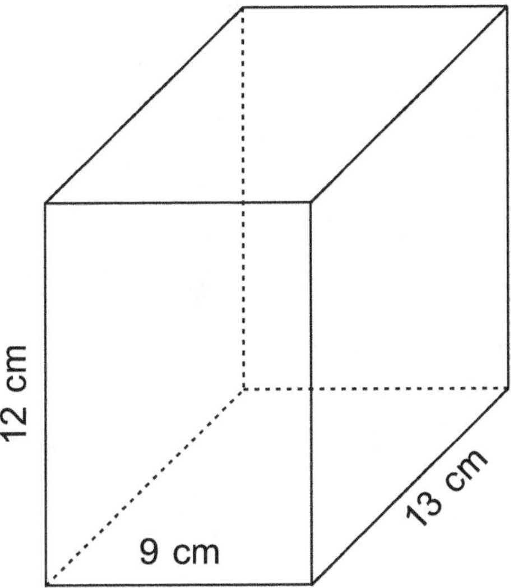

....

© KingSchool Edition

Calculer le volume

1.

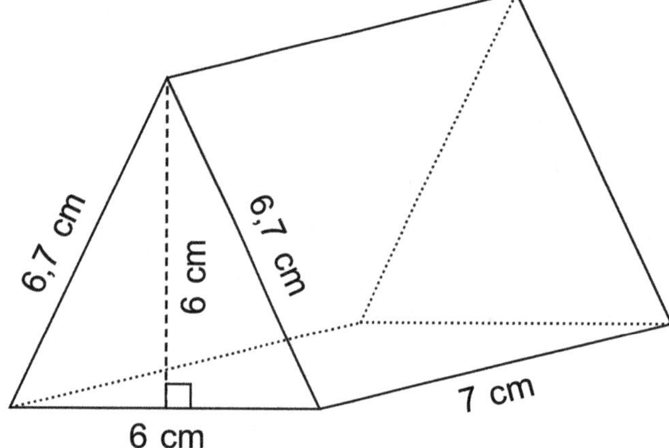

2.

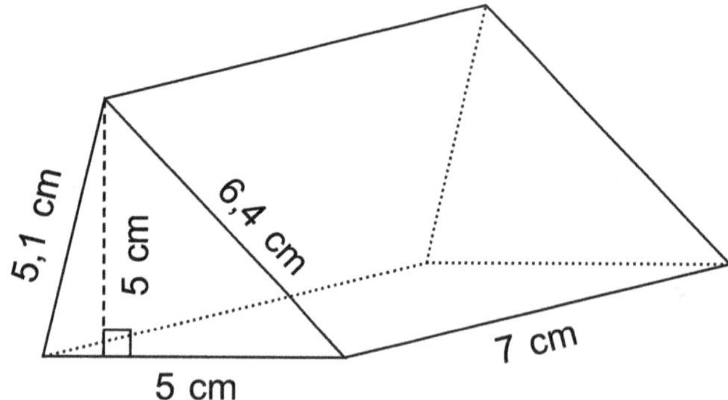

3.

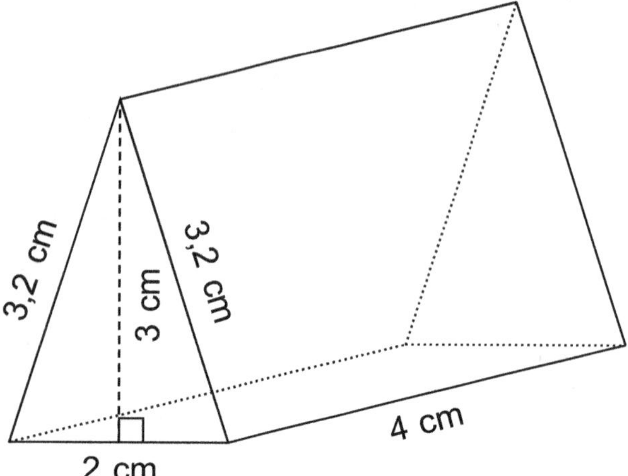

© KingSchool Edition

Calculer le volume

1. 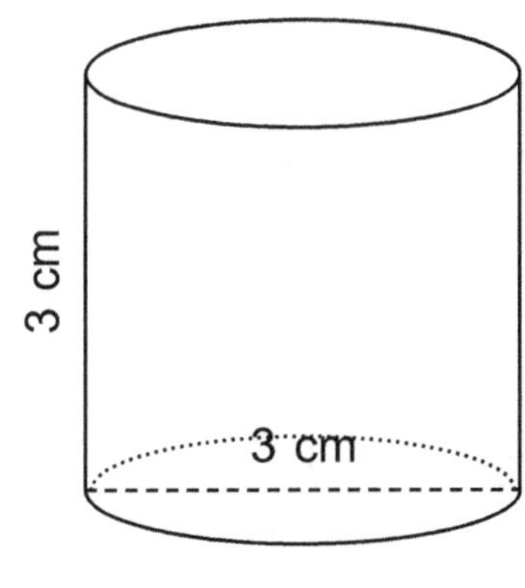

3 cm
3 cm

....

2. 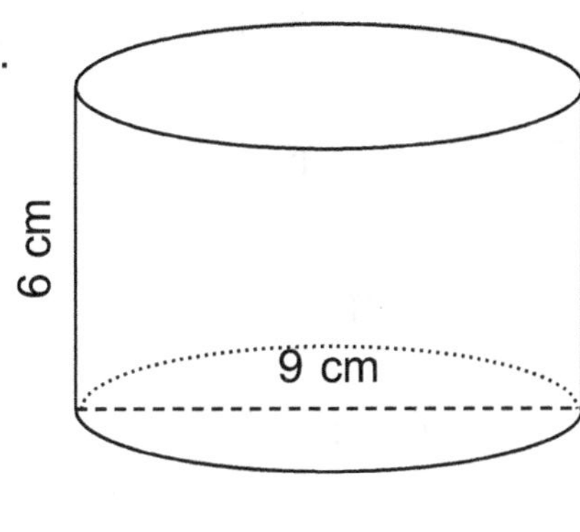

6 cm
9 cm

....

3. 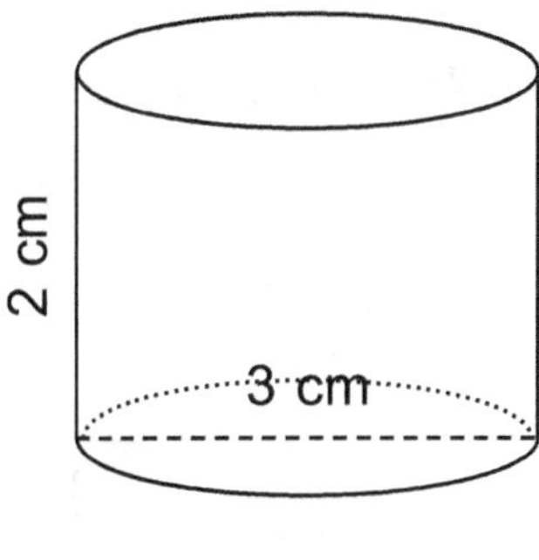

2 cm
3 cm

....

4. 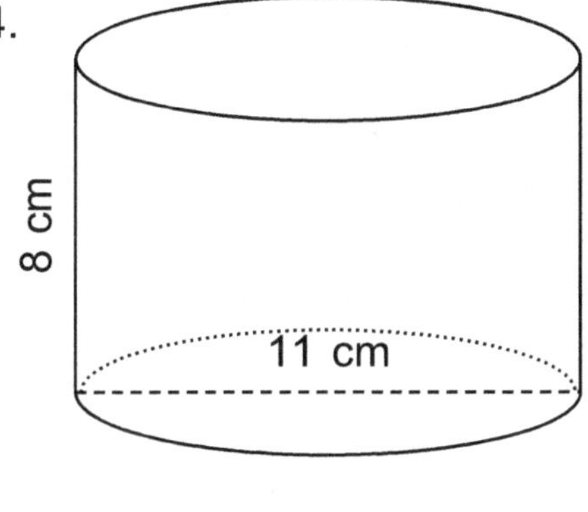

8 cm
11 cm

....

5. 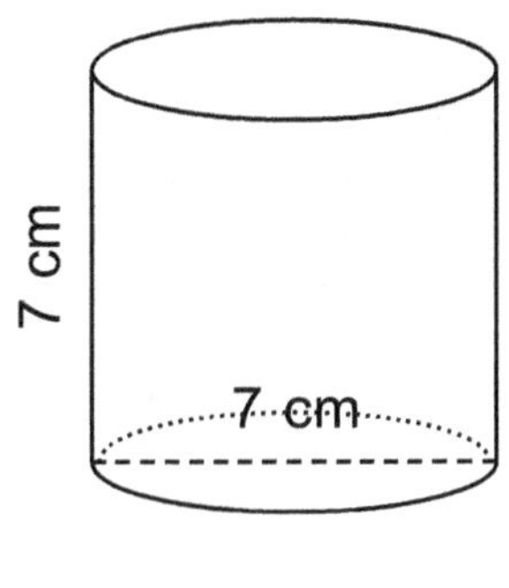

7 cm
7 cm

....

6. 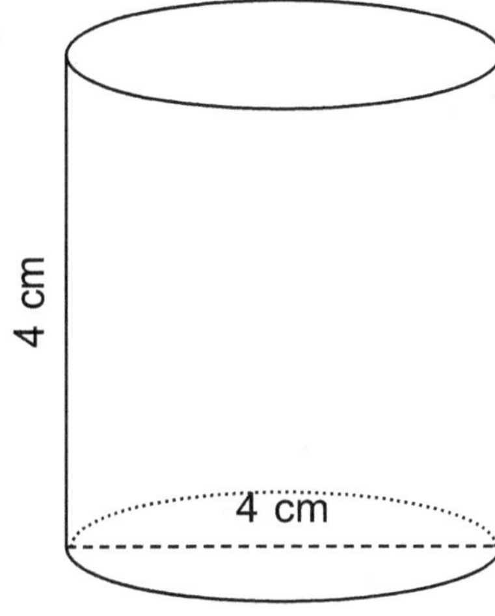

4 cm
4 cm

....

7. 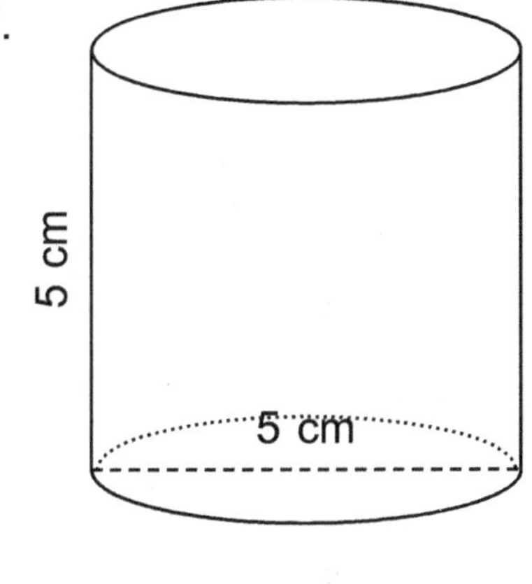

5 cm
5 cm

....

8. 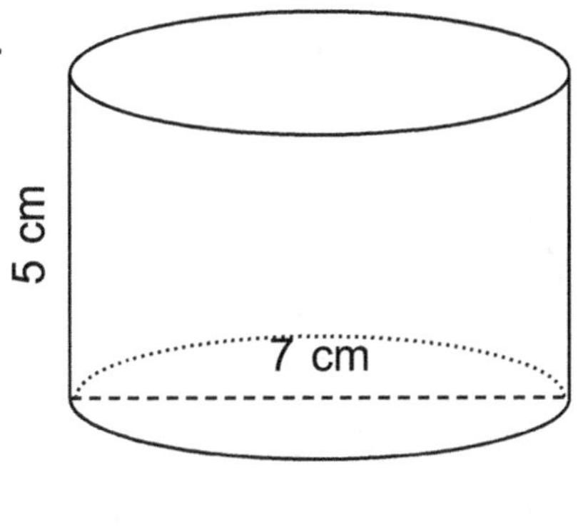

5 cm
7 cm

....

9. 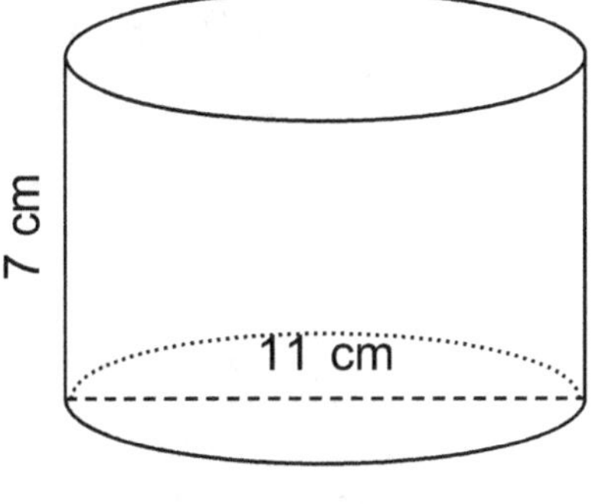

7 cm
11 cm

....

© KingSchool Edition

Calculer le volume

1. 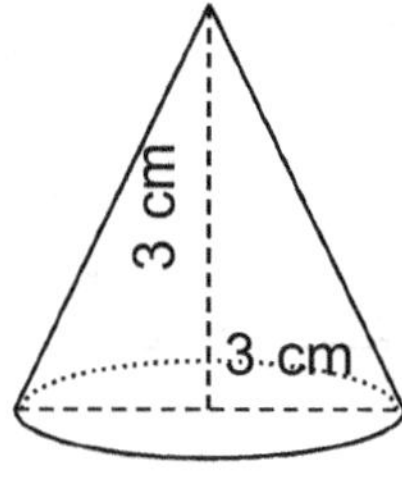

2. 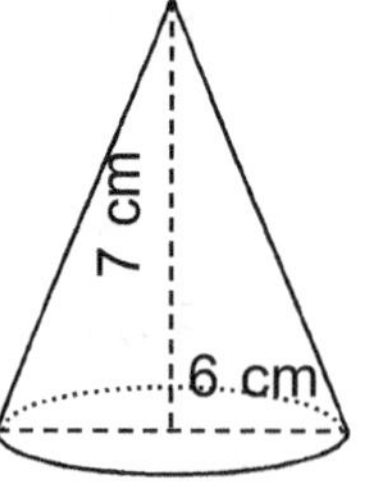

3. 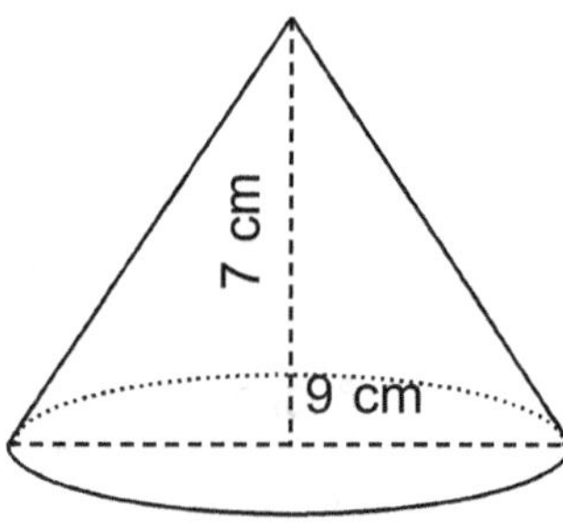

4. 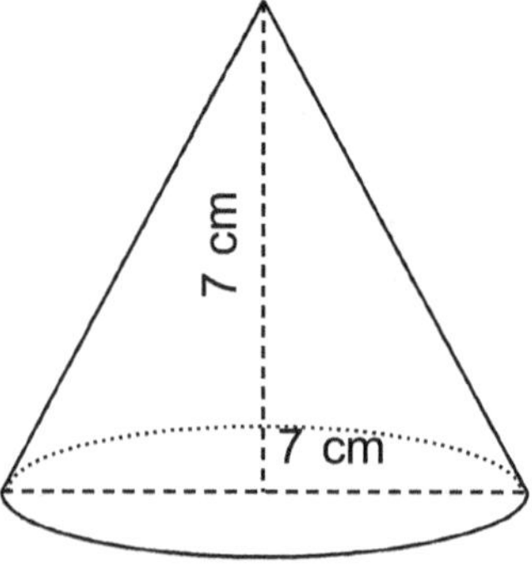

5. 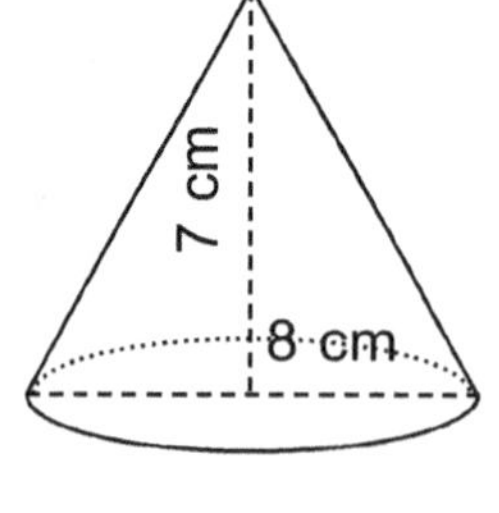

6. 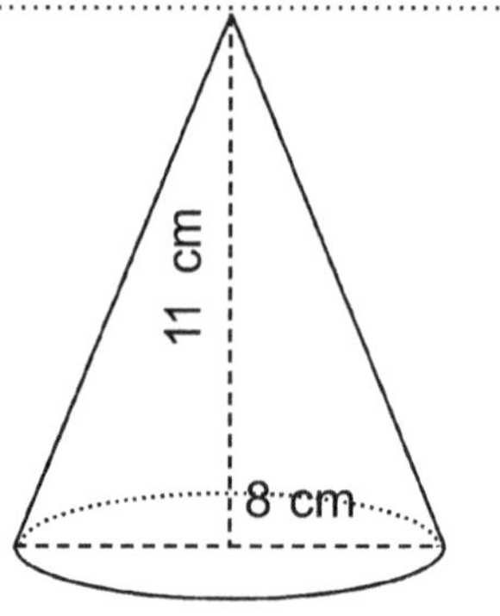

7. 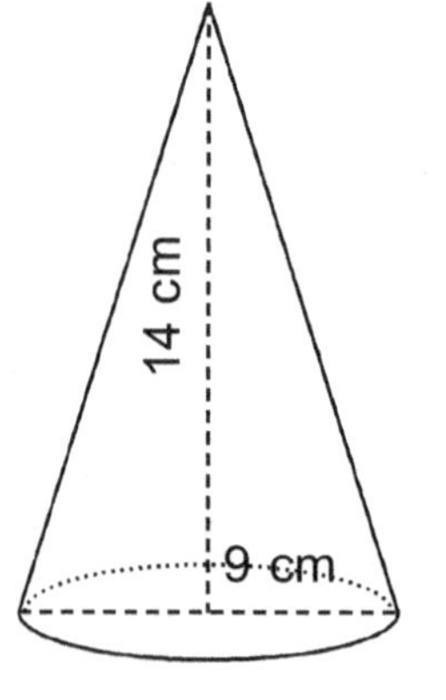

8. 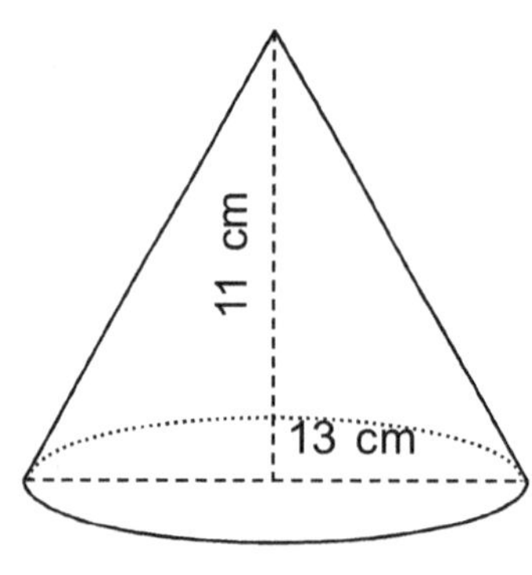

9. 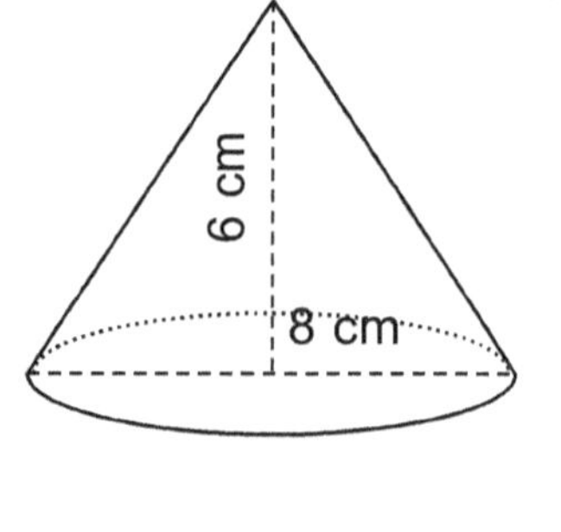

10. 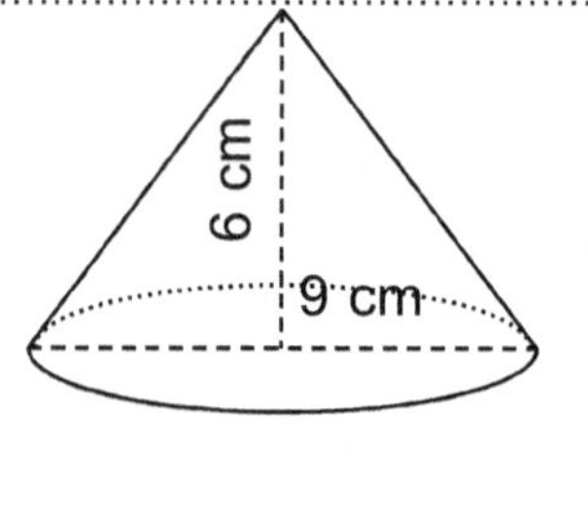

11. 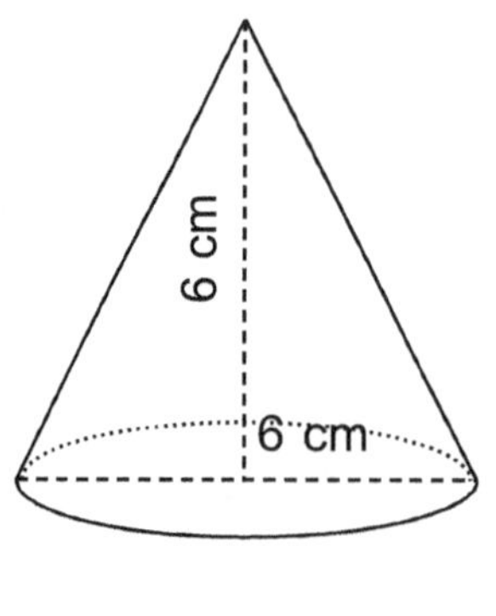

12. 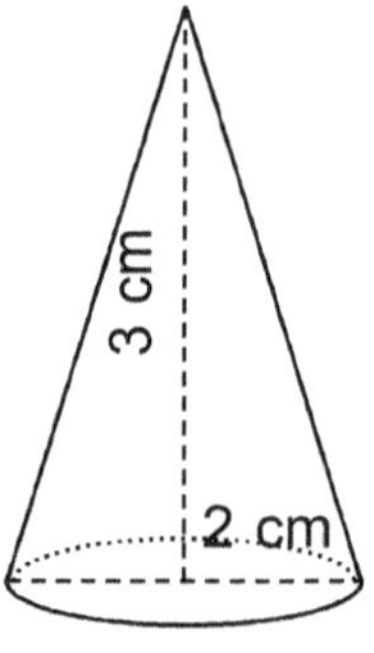

© KingSchool Edition

Calculer le volume

1. 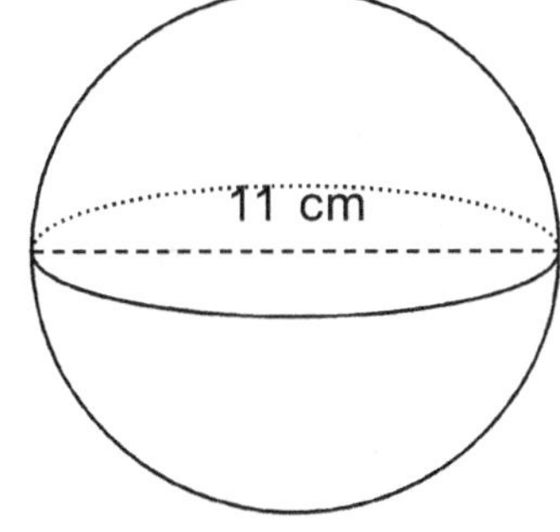
11 cm

2. 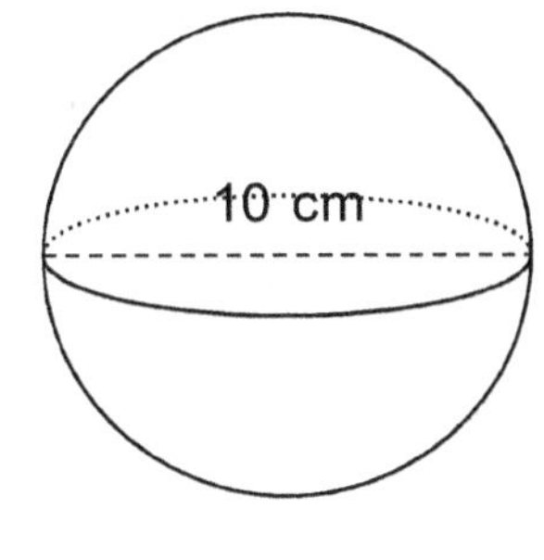
10 cm

3. 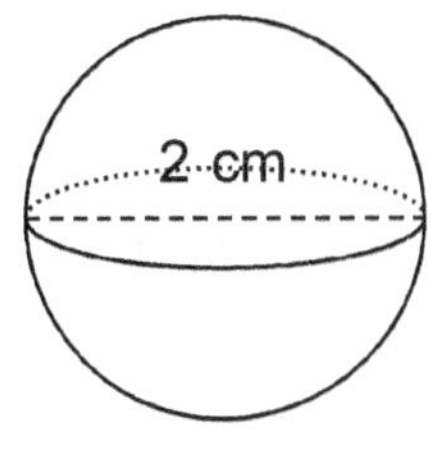
2 cm

....

4. 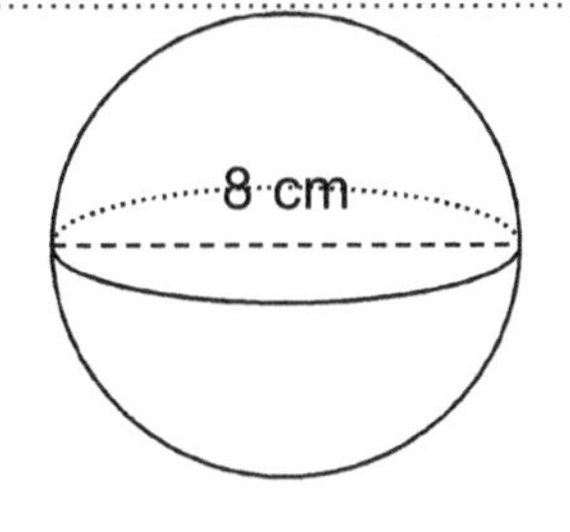
8 cm

5. 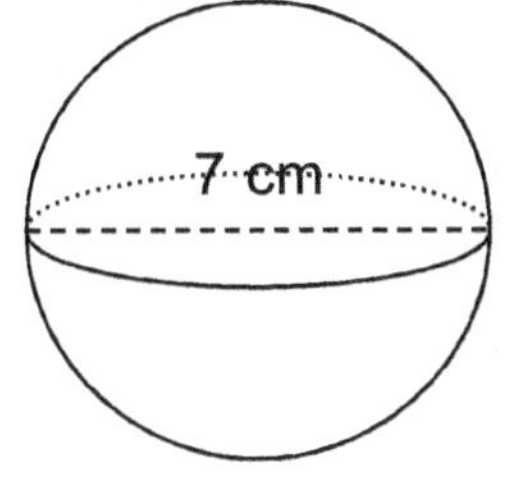
7 cm

6. 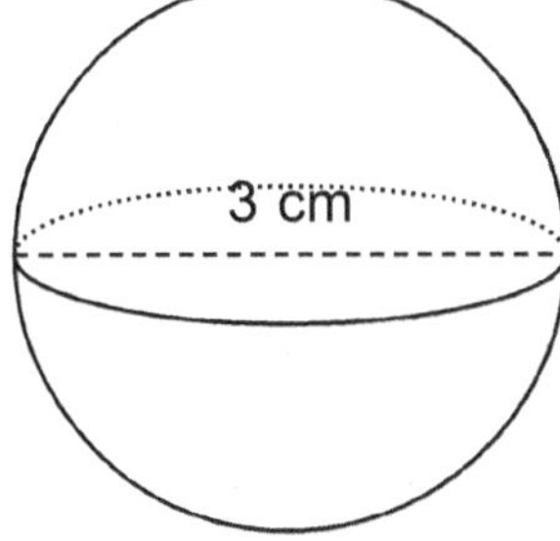
3 cm

....

7. 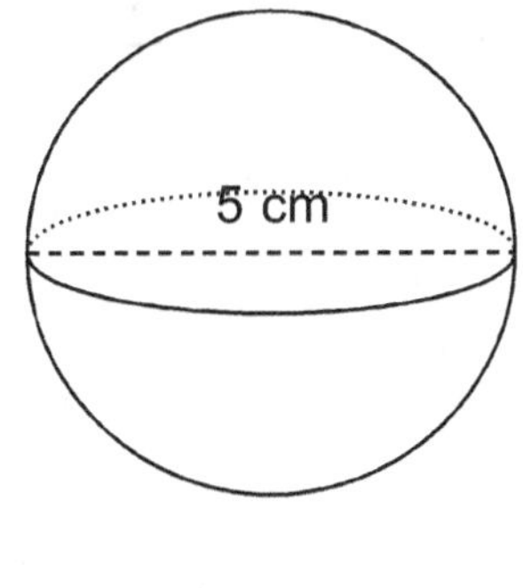
5 cm

8. 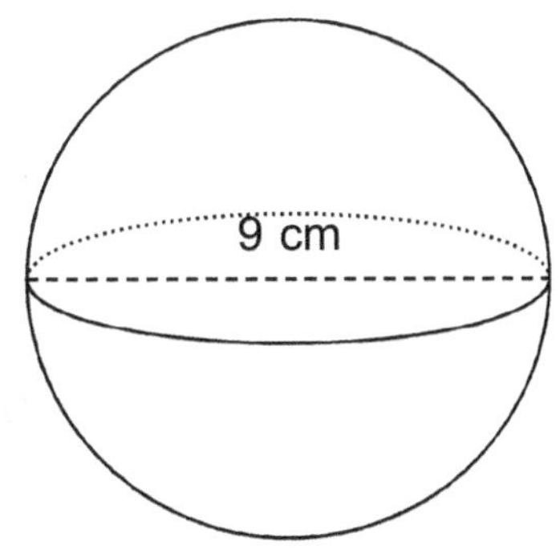
9 cm

9. 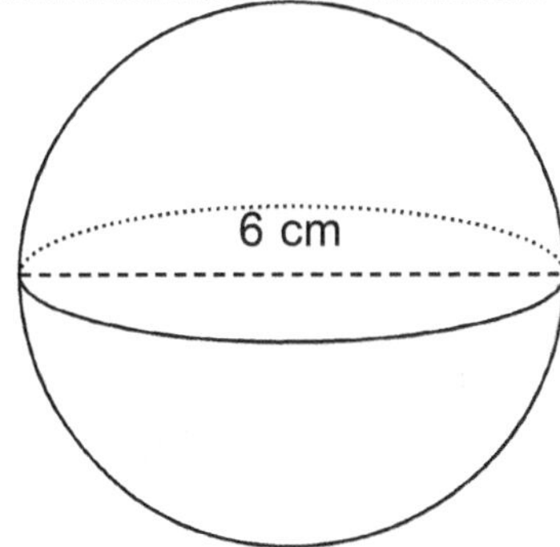
6 cm

....

10. 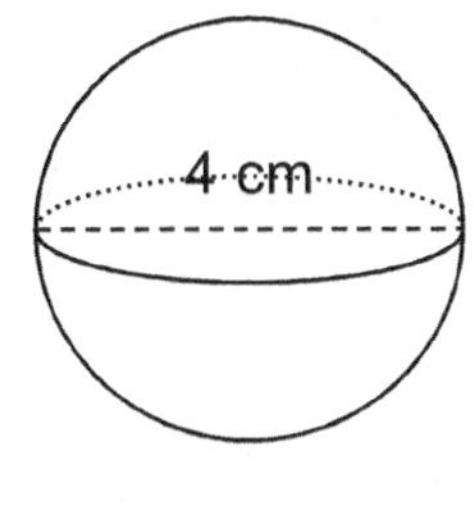
4 cm

11. 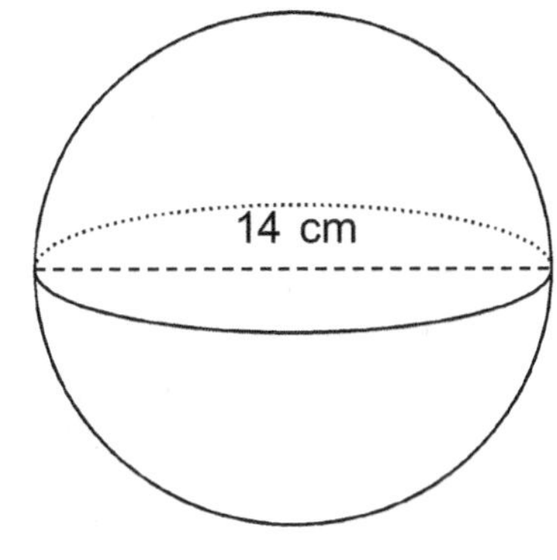
14 cm

12. 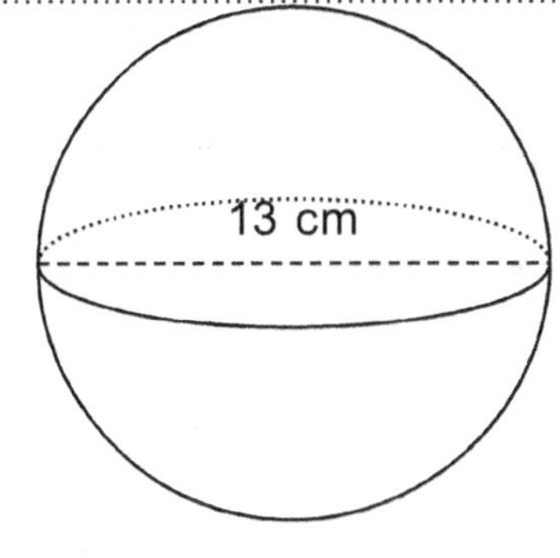
13 cm

....

© KingSchool Edition

Calculer le périmètre

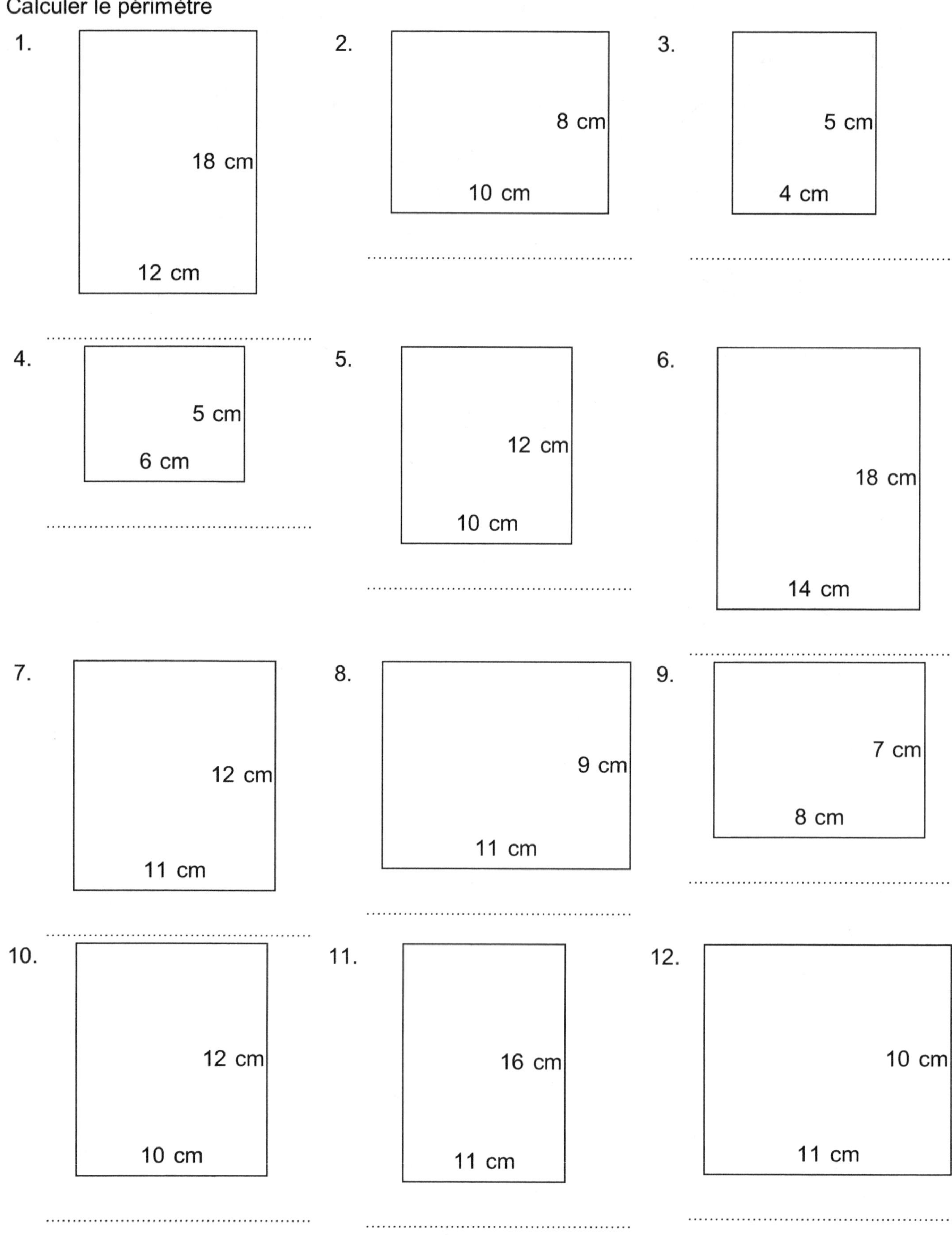

1. 18 cm — 12 cm

2. 8 cm — 10 cm

3. 5 cm — 4 cm

4. 5 cm — 6 cm

5. 12 cm — 10 cm

6. 18 cm — 14 cm

7. 12 cm — 11 cm

8. 9 cm — 11 cm

9. 7 cm — 8 cm

10. 12 cm — 10 cm

11. 16 cm — 11 cm

12. 10 cm — 11 cm

© KingSchool Edition

Calculer le périmètre

1. 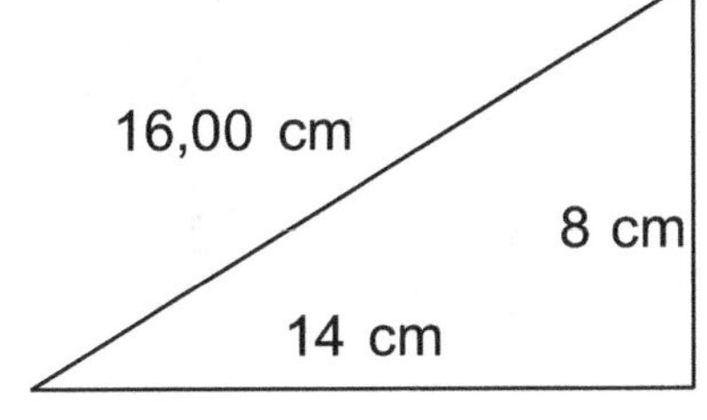

....

2. 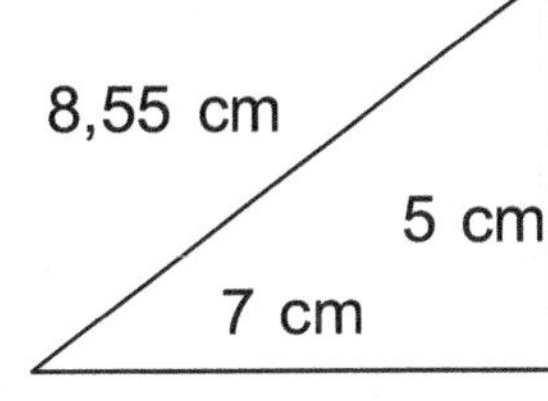

....

3. 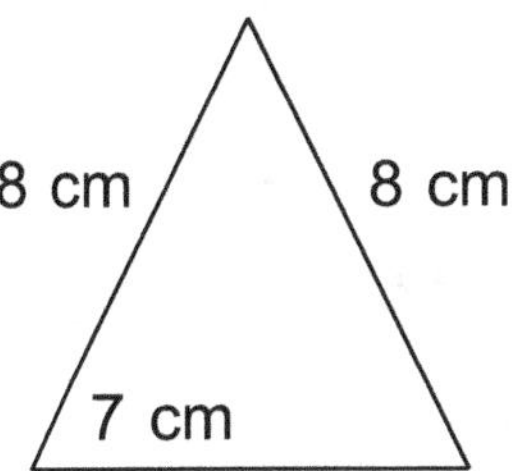

....

4. 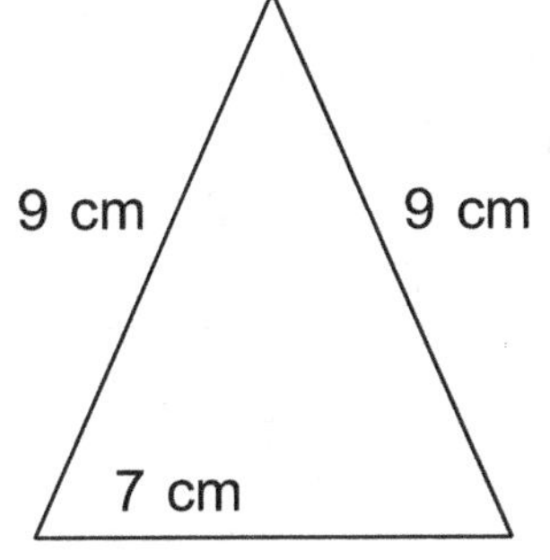

5. 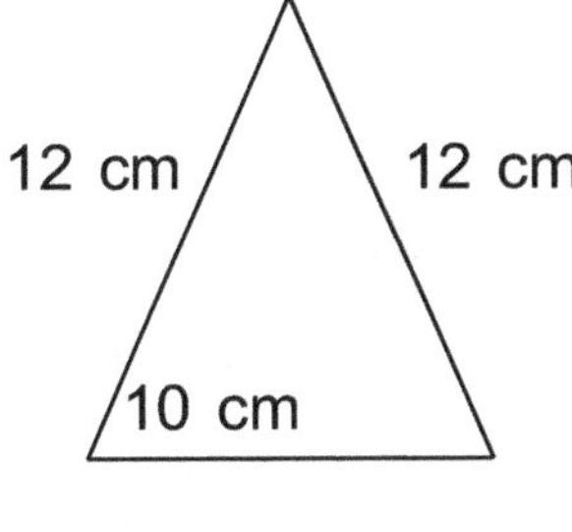

....

6. 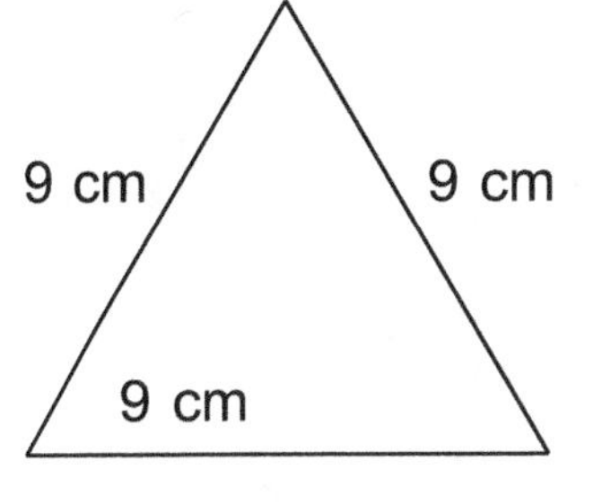

....

7. 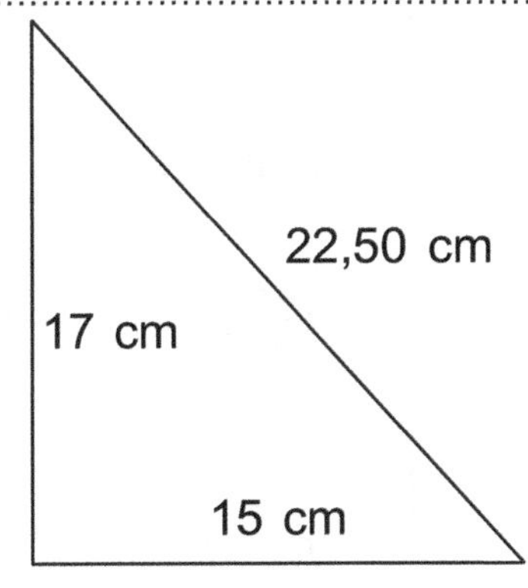

8. 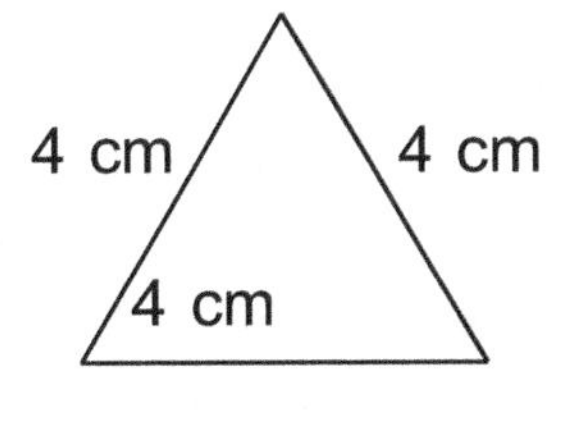

....

9. 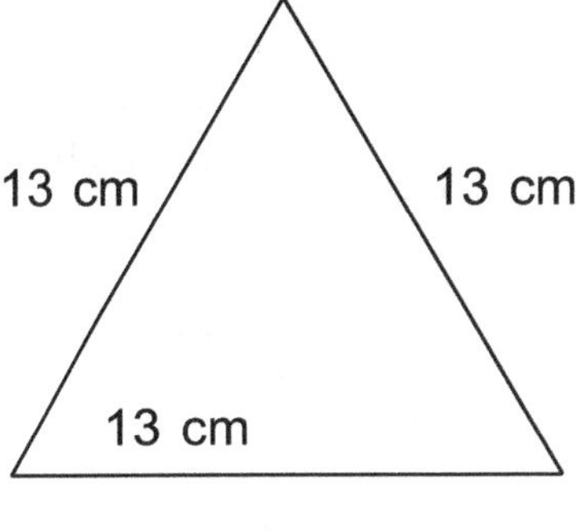

....

10. 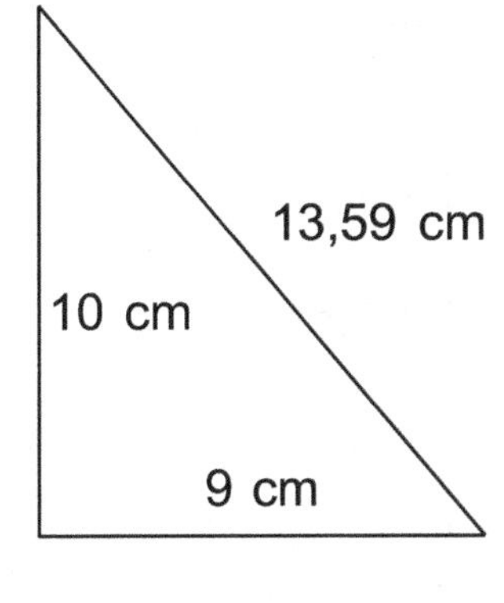

....

11. 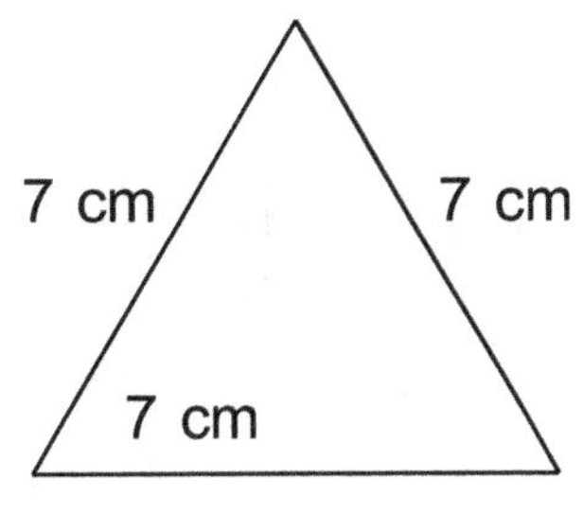

....

12. 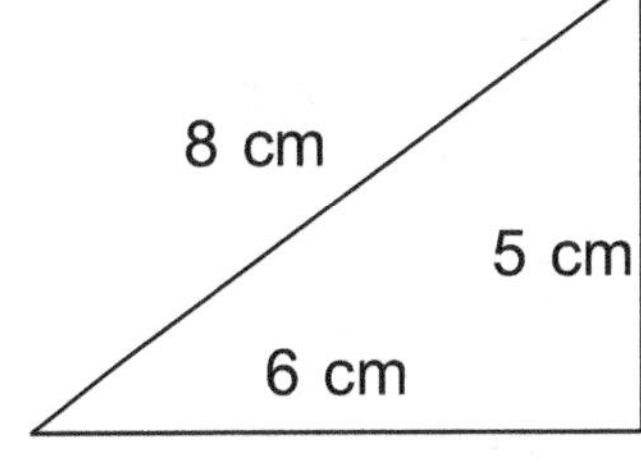

....

© KingSchool Edition

Calculer le périmètre

1.
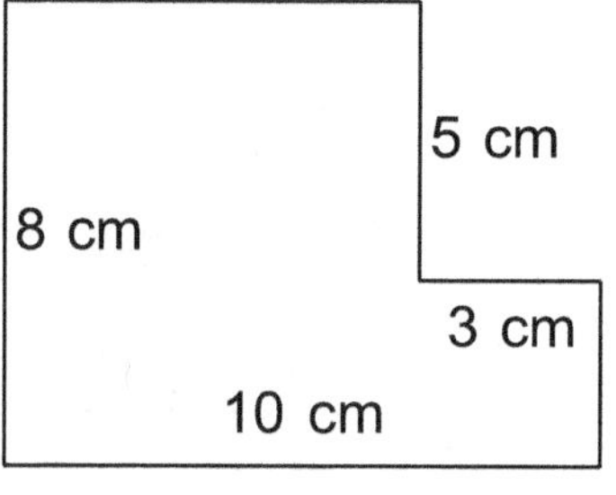

....

2.
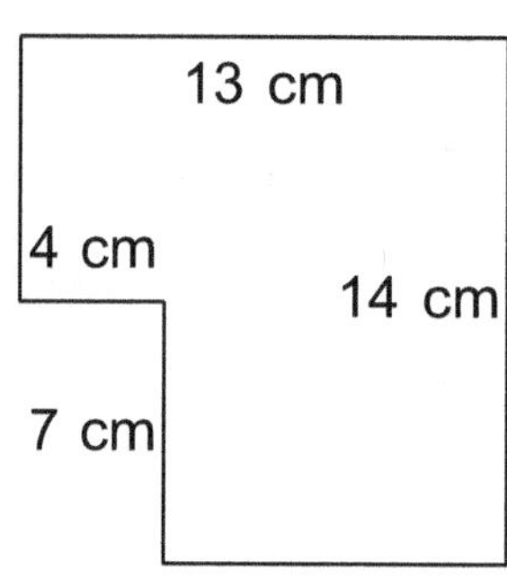

....

3.
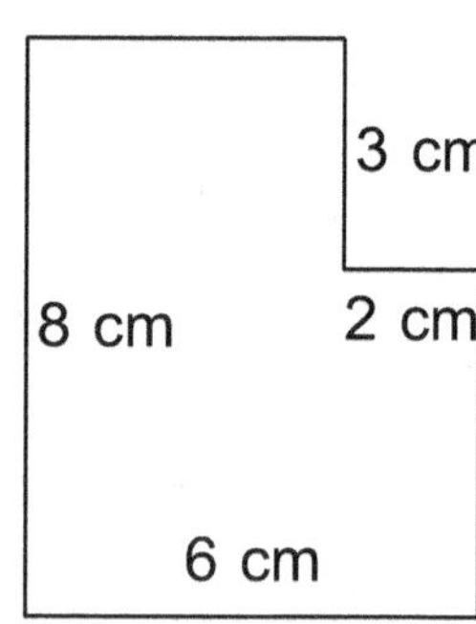

....

4.
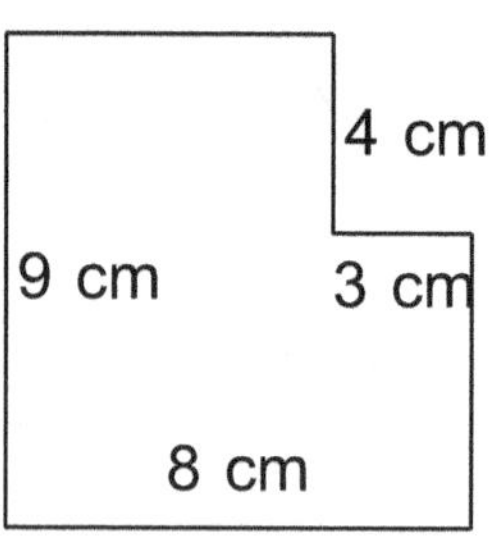

....

5.
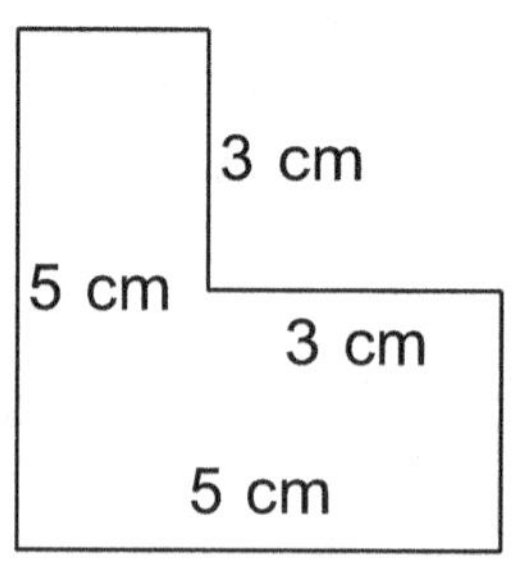

....

6.
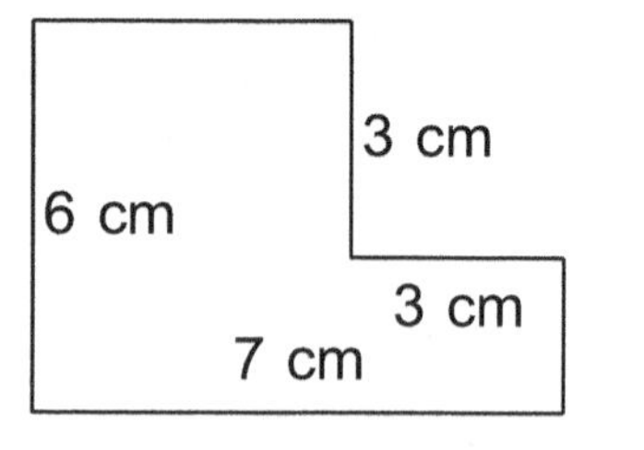

....

7.
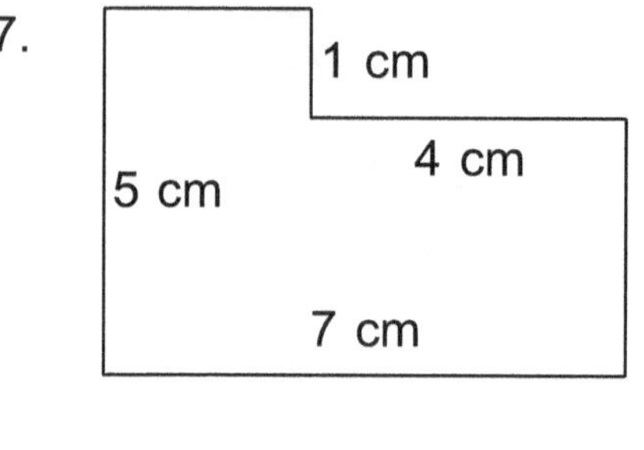

....

8.
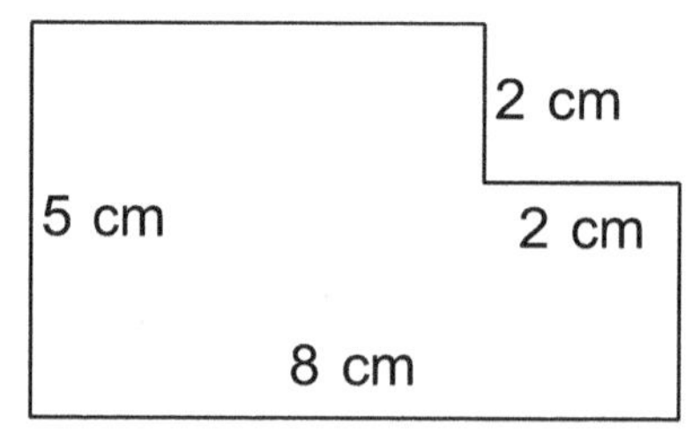

....

9.
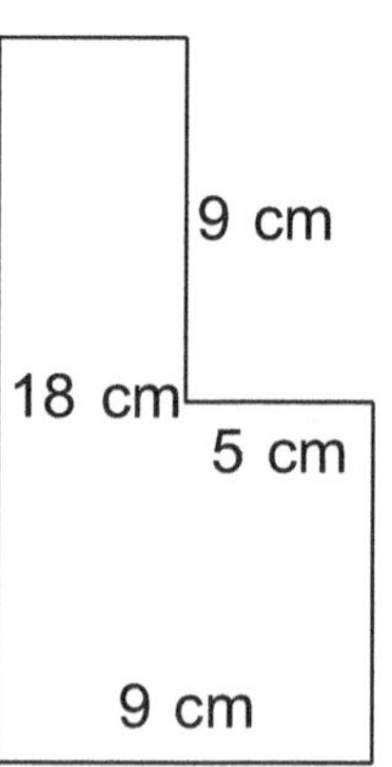

....

10.
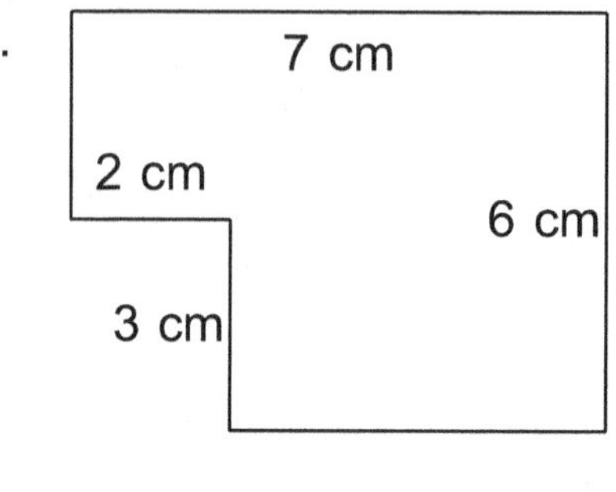

....

11.
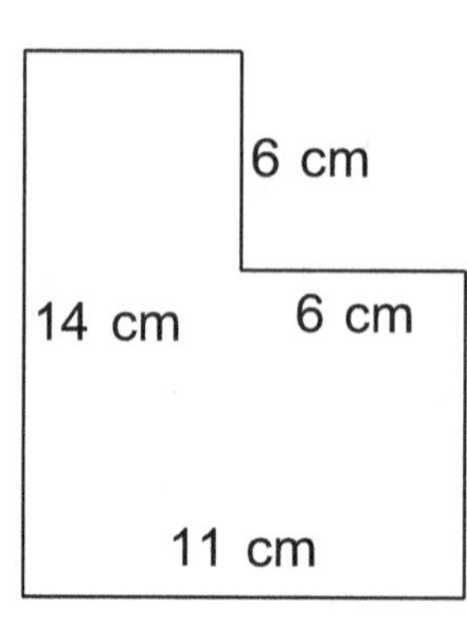

....

12.
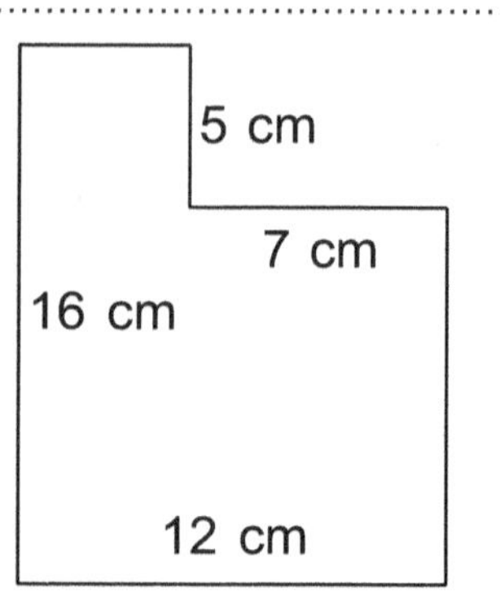

....

© KingSchool Edition

Calculer le périmètre

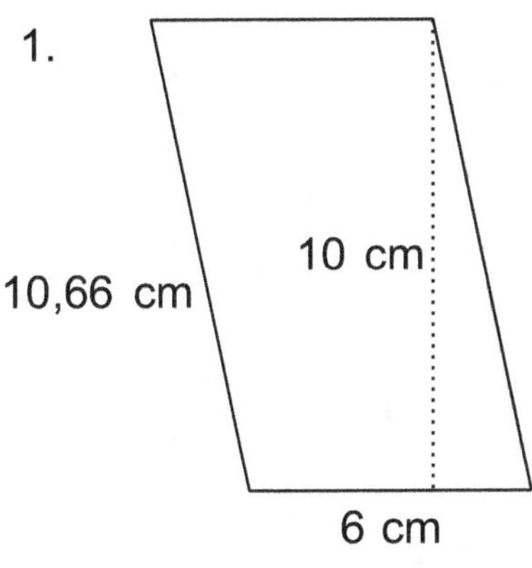

1. 10,66 cm — 10 cm — 6 cm

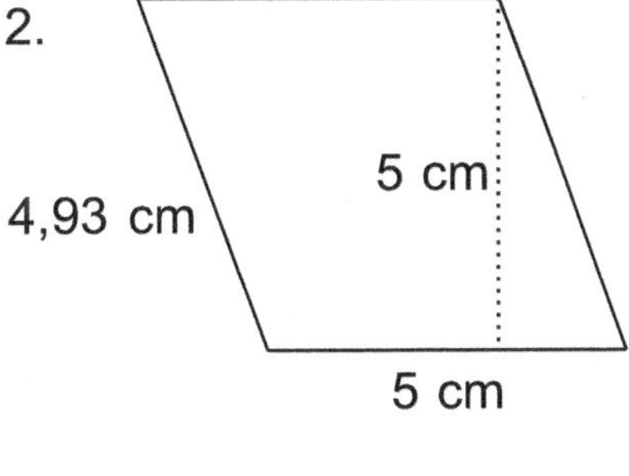

2. 4,93 cm — 5 cm — 5 cm

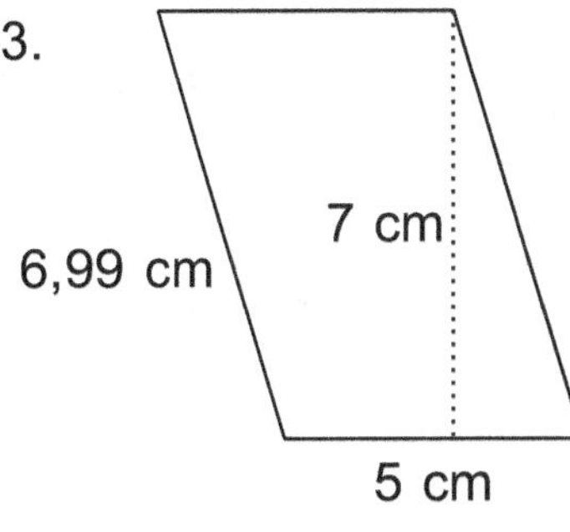

3. 6,99 cm — 7 cm — 5 cm

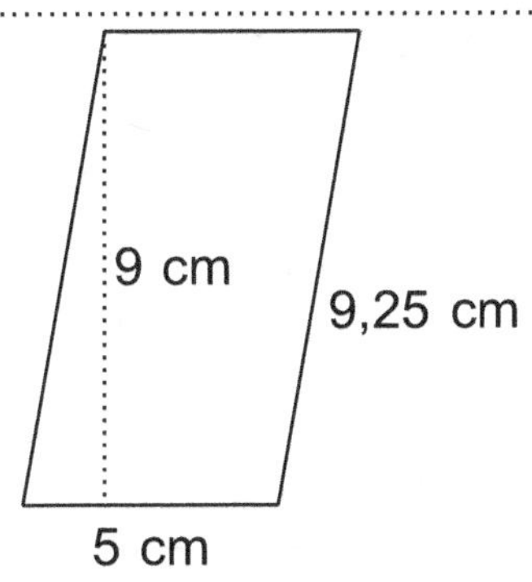

4. 9 cm — 9,25 cm — 5 cm

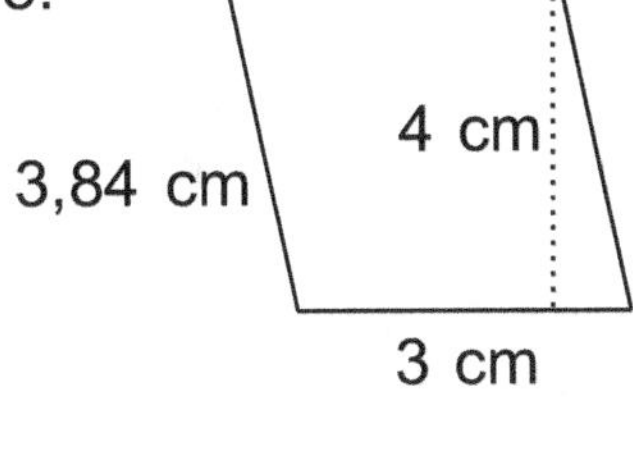

5. 3,84 cm — 4 cm — 3 cm

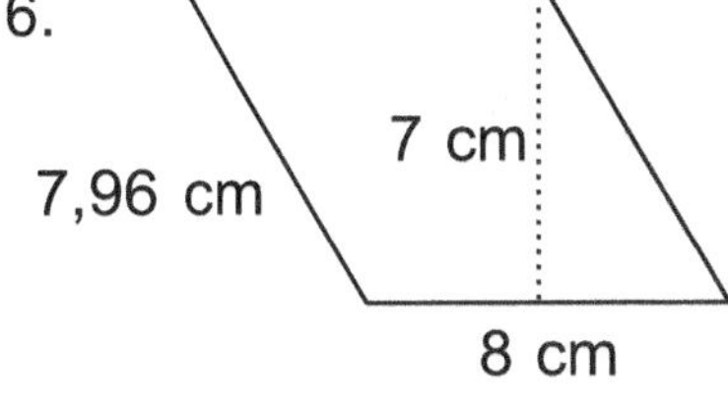

6. 7,96 cm — 7 cm — 8 cm

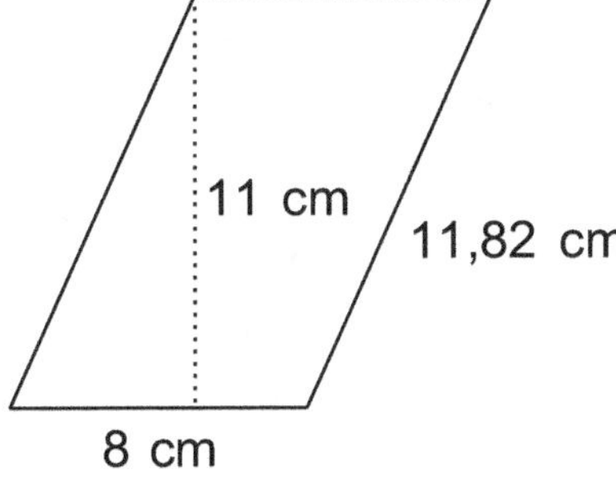

7. 11 cm — 11,82 cm — 8 cm

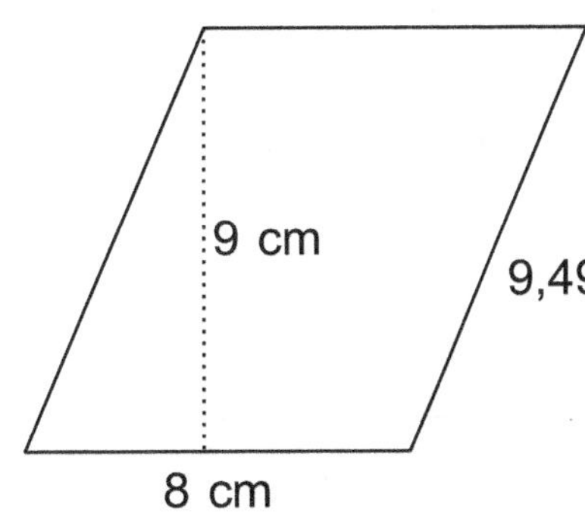

8. 9 cm — 9,49 cm — 8 cm

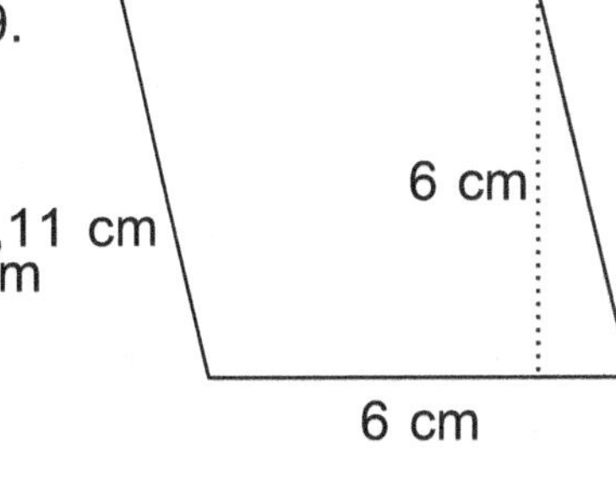

9. 6,11 cm — 6 cm — 6 cm

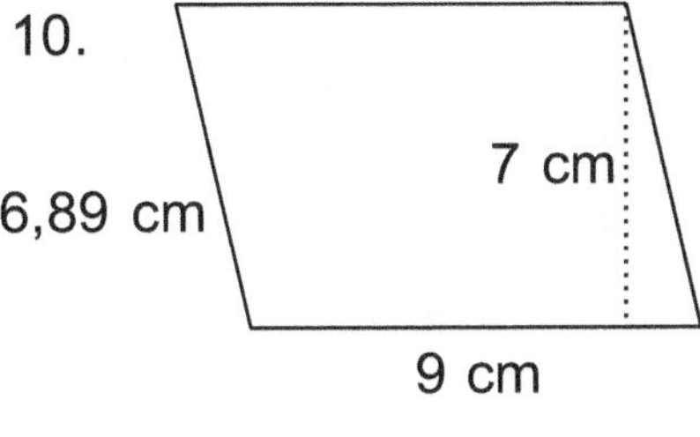

10. 6,89 cm — 7 cm — 9 cm

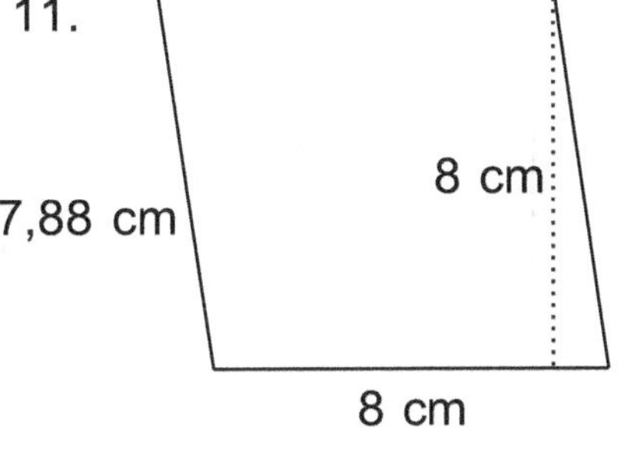

11. 7,88 cm — 8 cm — 8 cm

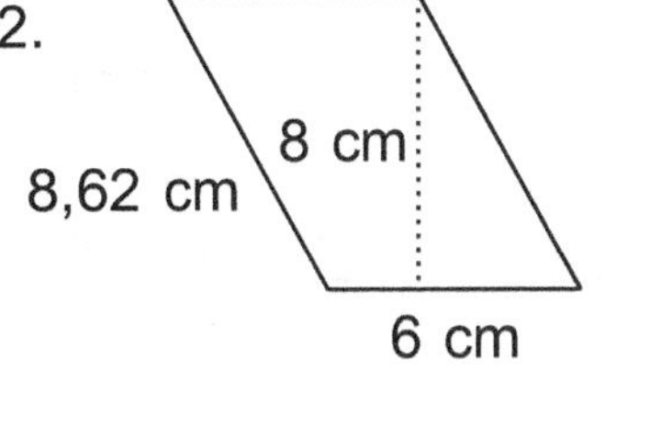

12. 8,62 cm — 8 cm — 6 cm

© KingSchool Edition

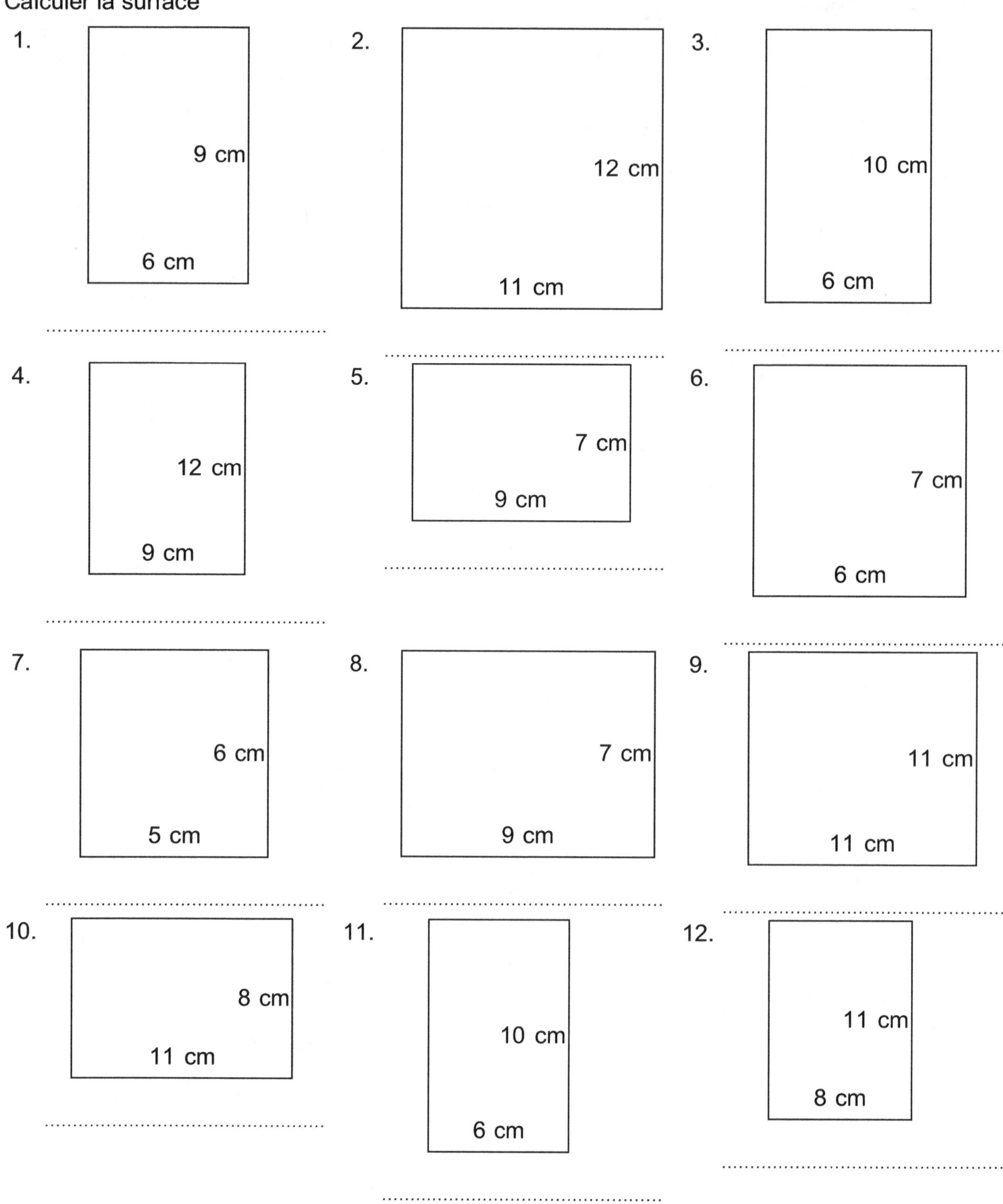

© KingSchool Edition

Calculer la surface

1.
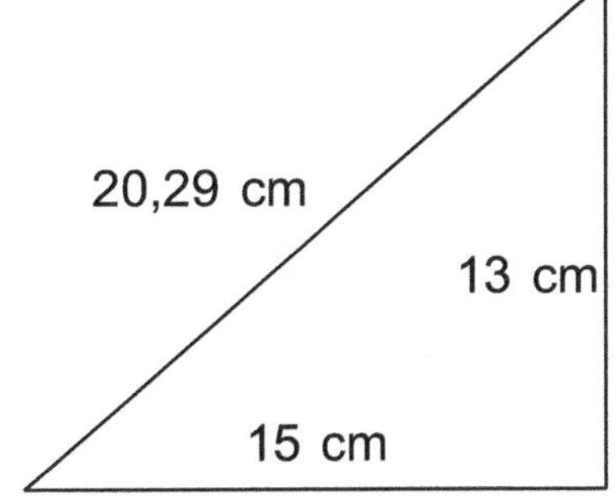

2.
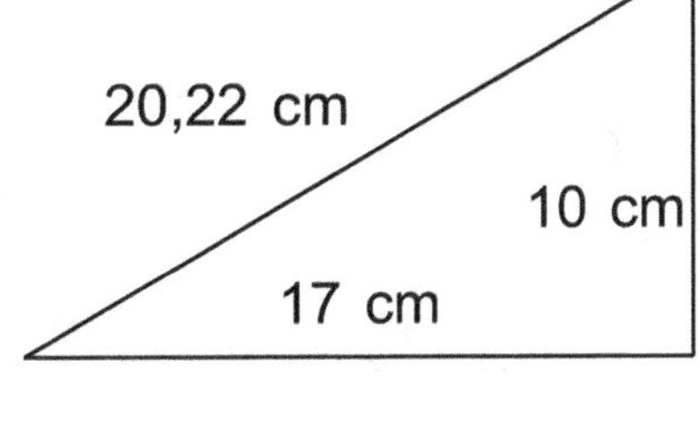

....

3.
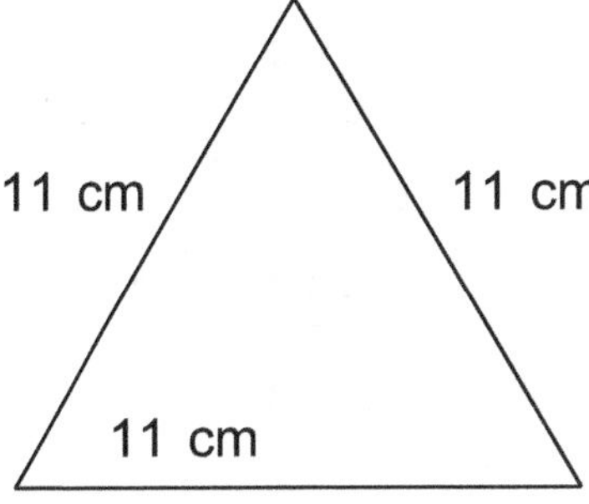

....

4.
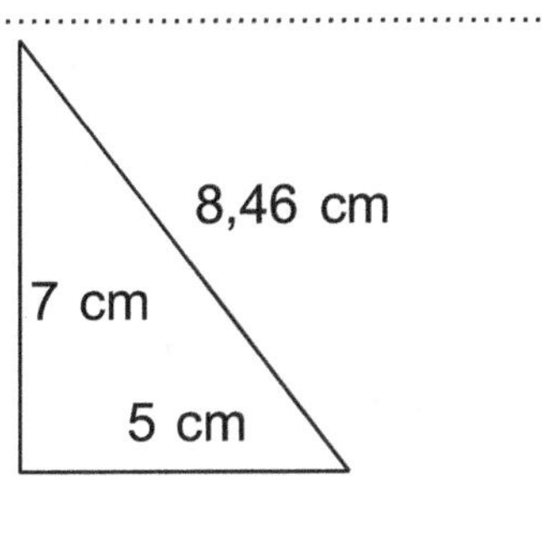

....

5.
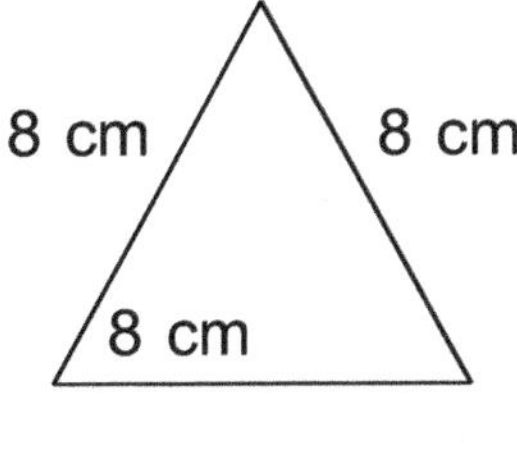

....

6.
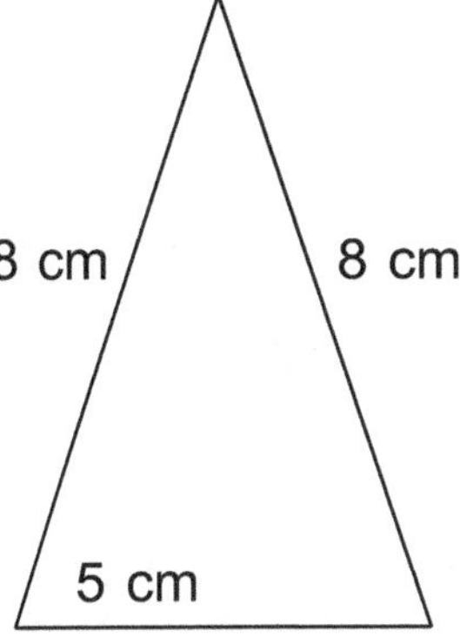

7.
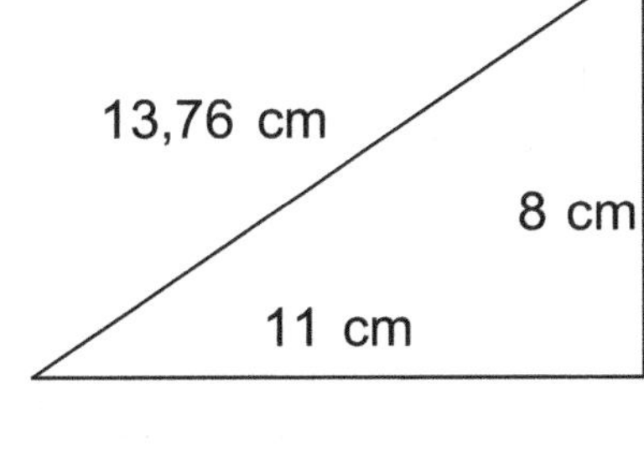

....

8.
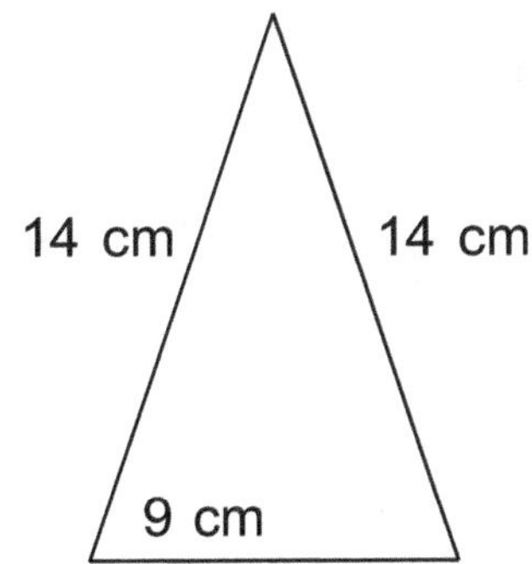

9.
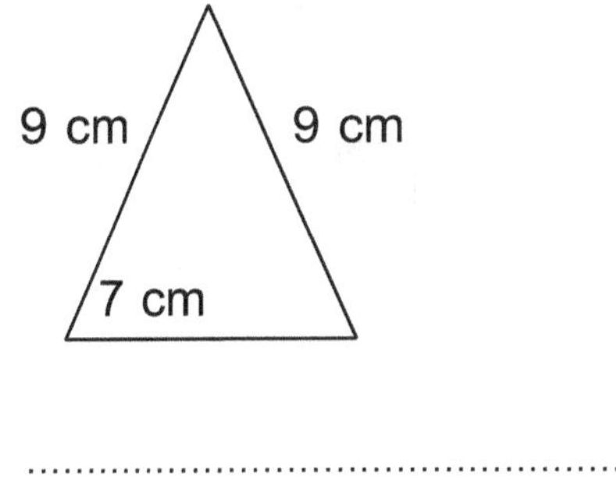

....

10.
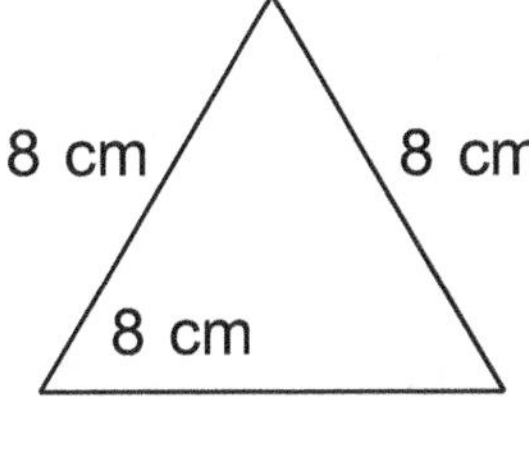

....

11.
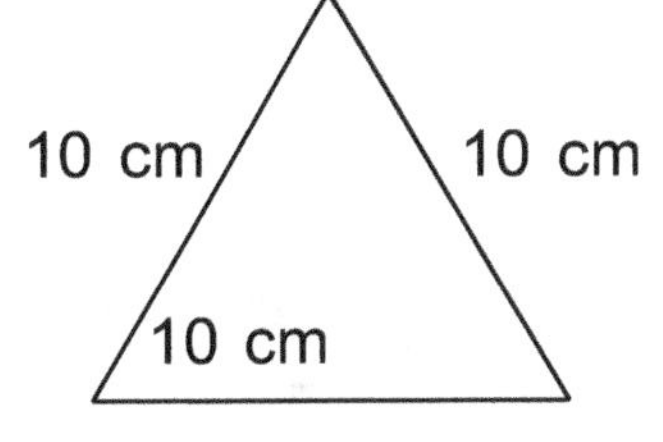

....

12.
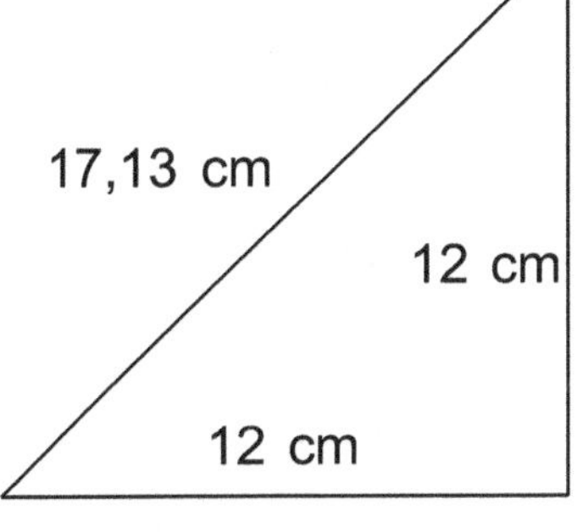

....

© KingSchool Edition

Calculer la surface

1.
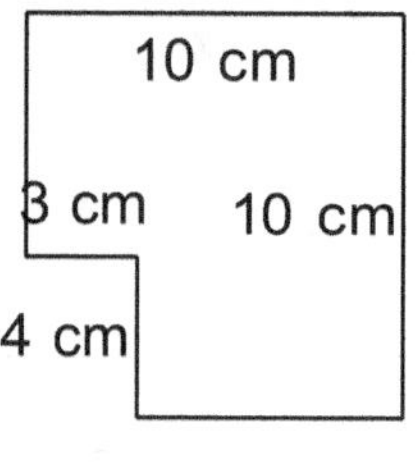

....

2.
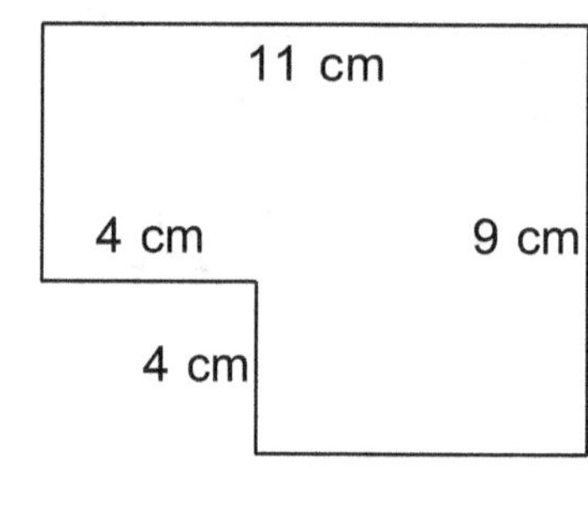

....

3.
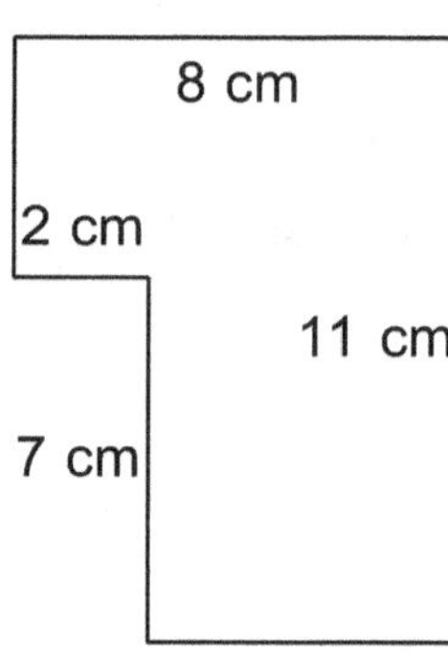

....

4.
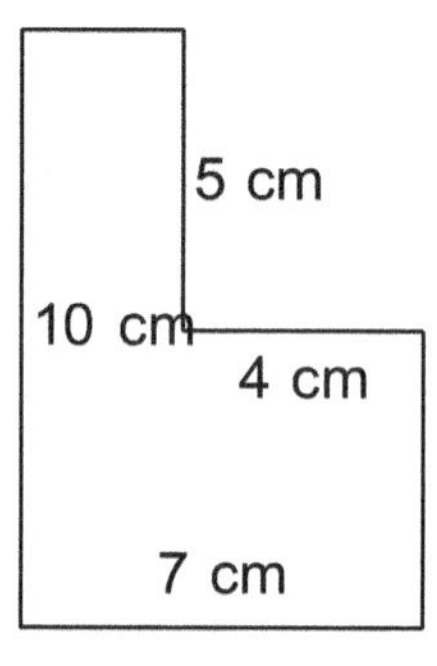

....

5.
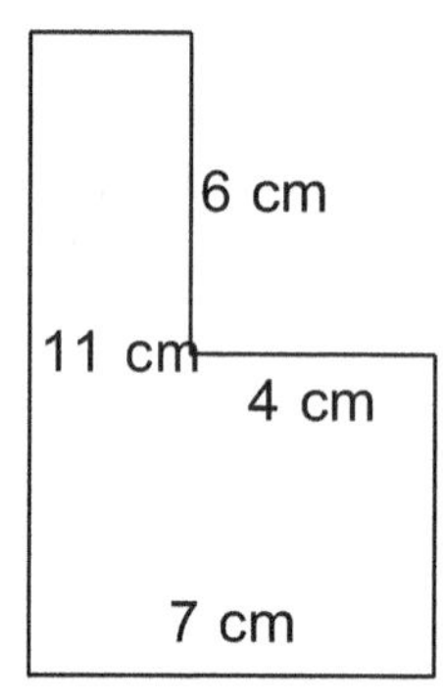

....

6.
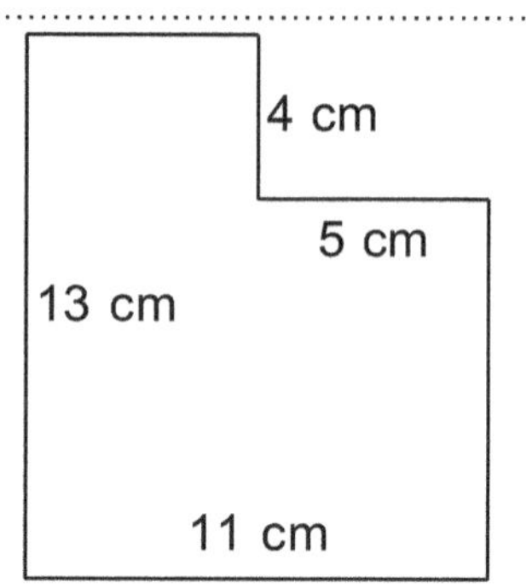

....

7.
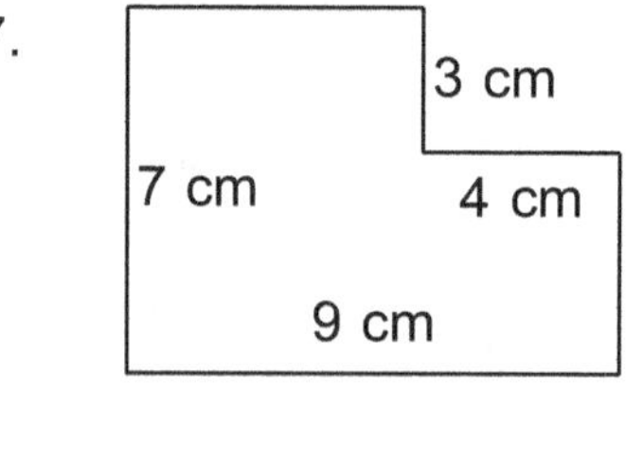

....

8.
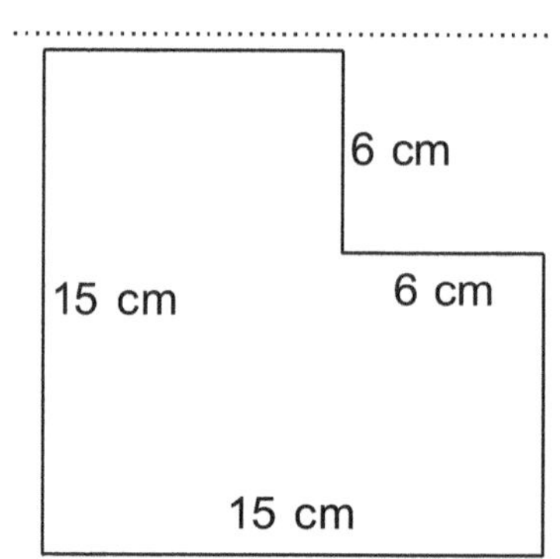

....

9.
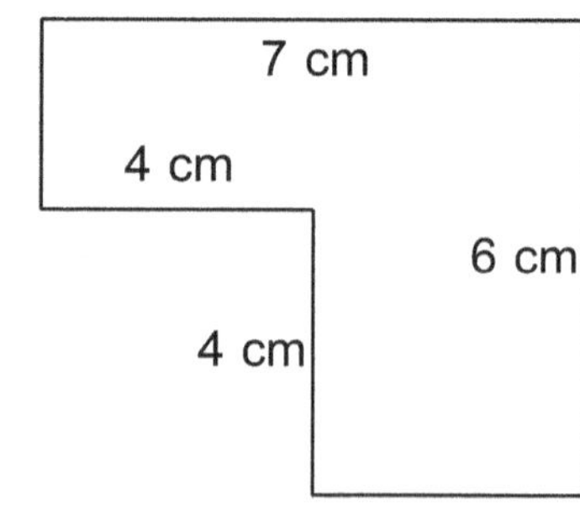

....

10.
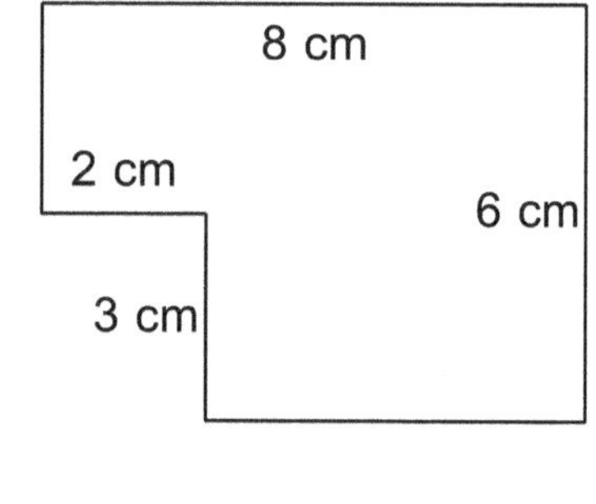

....

11.
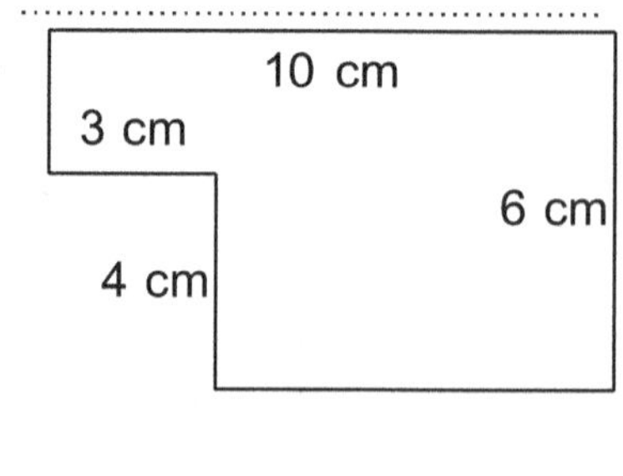

....

12.
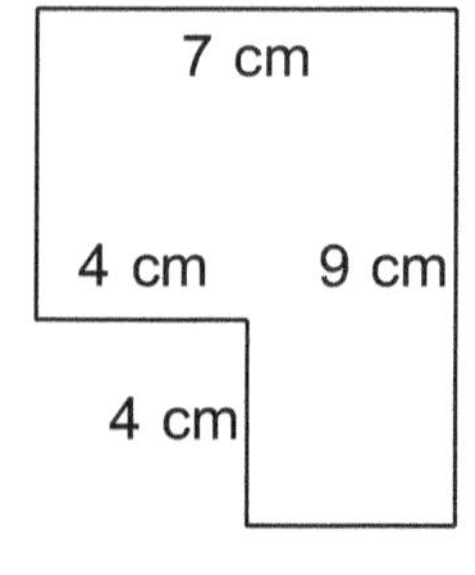

....

© KingSchool Edition

Calculer la surface

1. 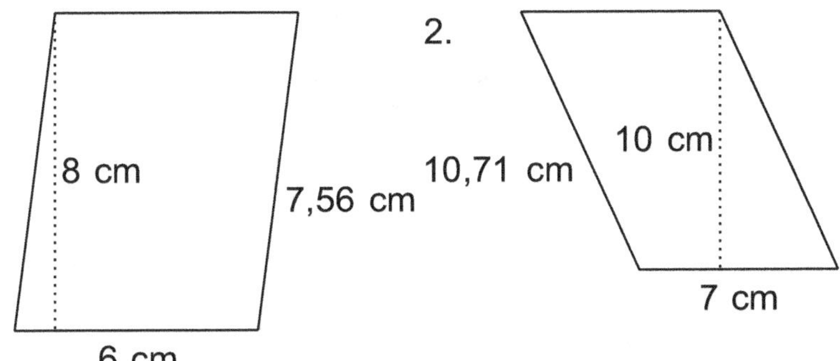
8 cm
7,56 cm
6 cm

2.
10,71 cm
10 cm
7 cm

3. 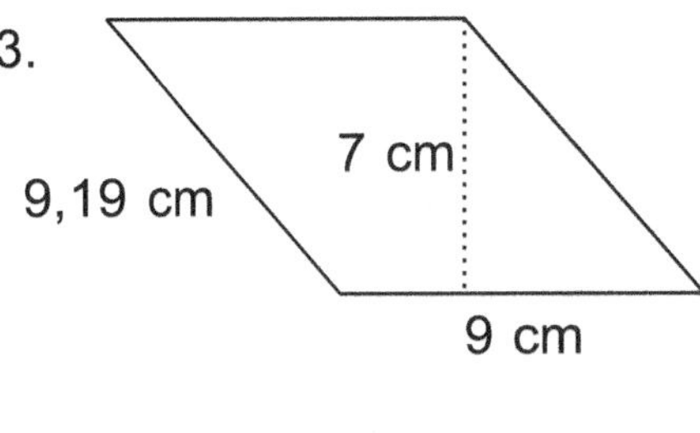
7 cm
9,19 cm
9 cm
....

4. 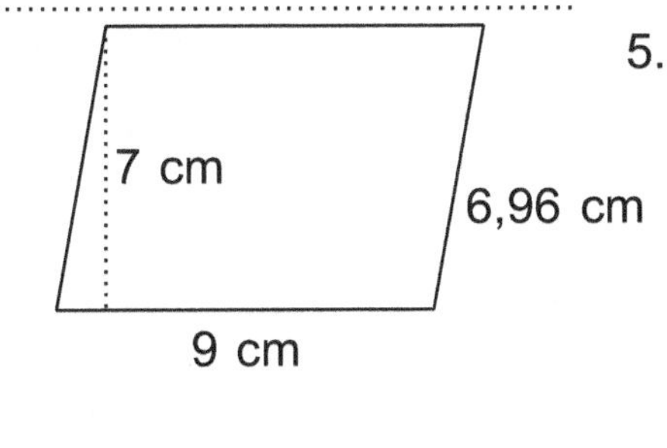
7 cm
6,96 cm
9 cm
....

5. 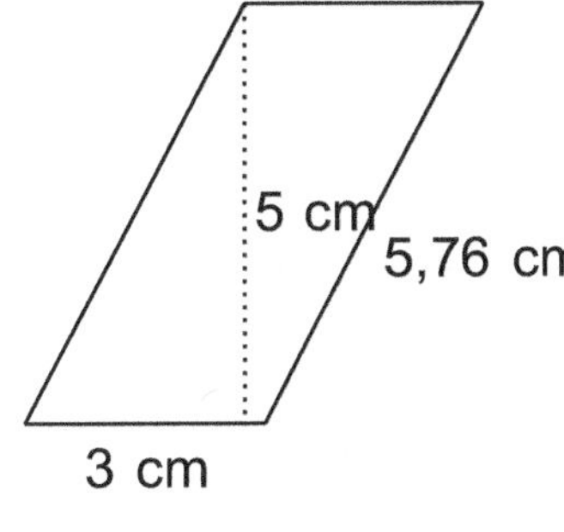
5 cm
5,76 cm
3 cm
....

6. 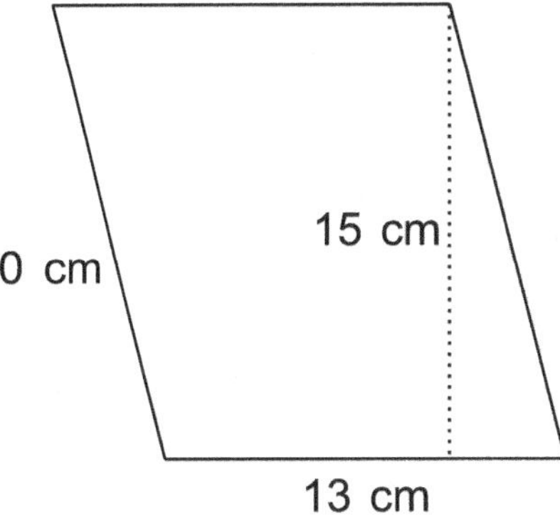
15 cm
15,50 cm
13 cm

7. 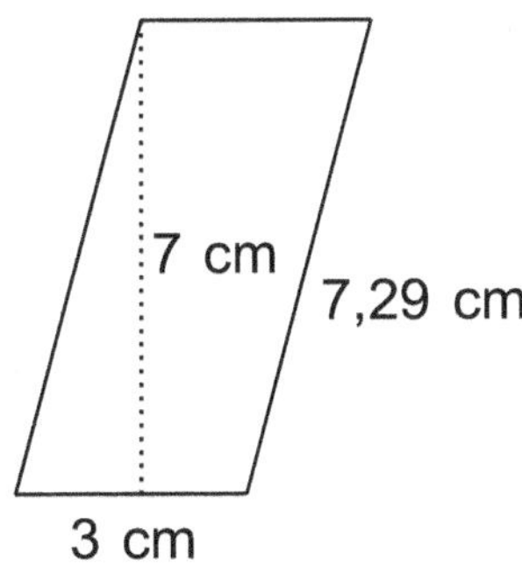
7 cm
7,29 cm
3 cm

8. 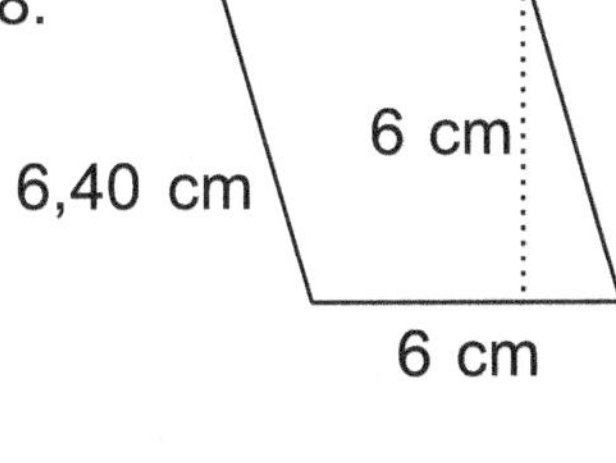
6,40 cm
6 cm
6 cm
....

9. 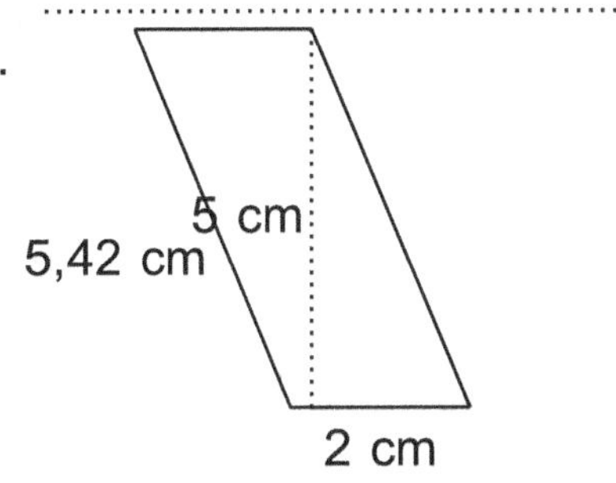
5 cm
5,42 cm
2 cm

10. 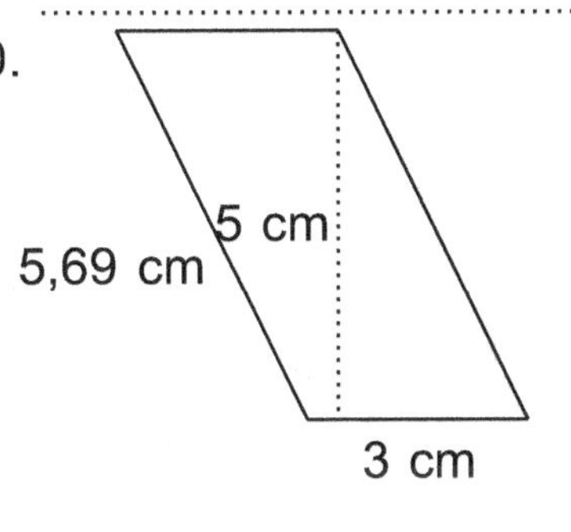
5 cm
5,69 cm
3 cm
....

11. 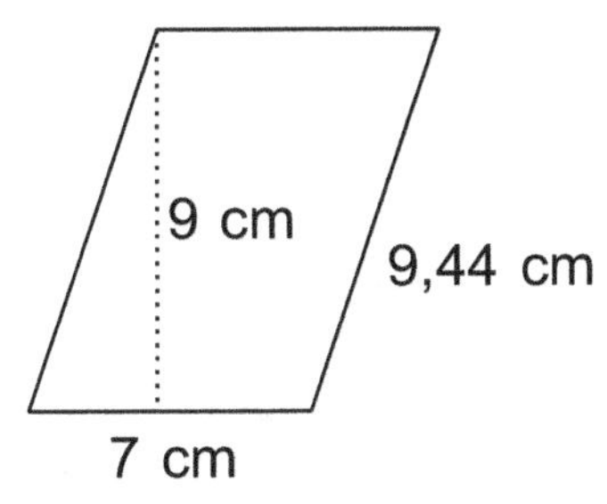
9 cm
9,44 cm
7 cm
....

12. 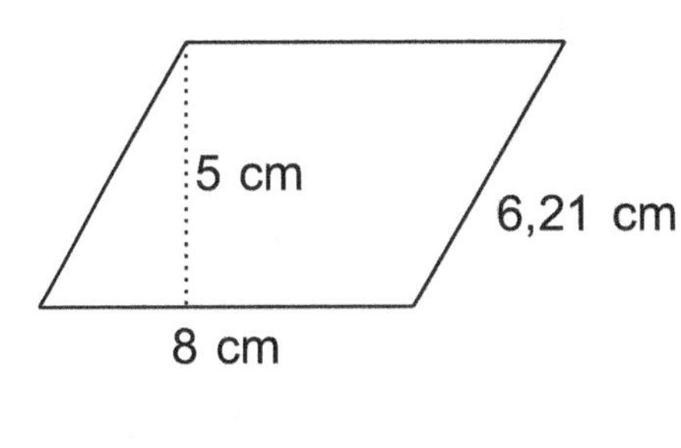
5 cm
6,21 cm
8 cm
....

© KingSchool Edition

Calculer le volume

1.

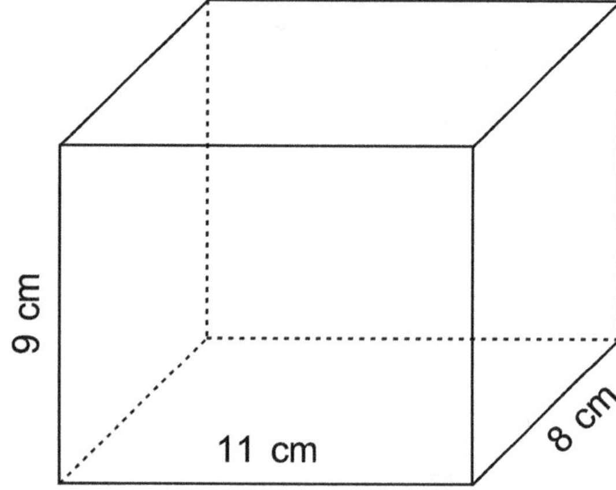

2.

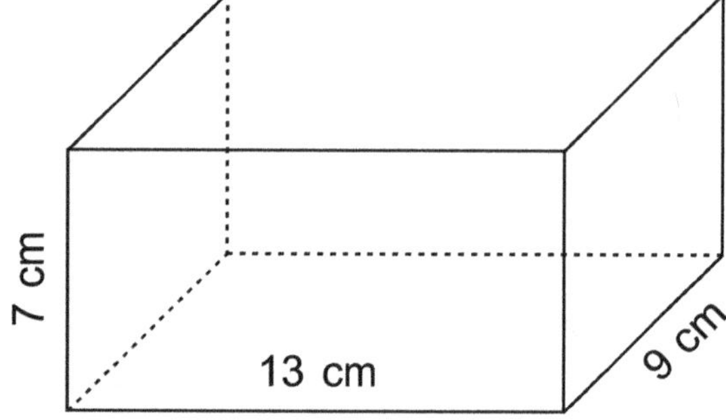

3.

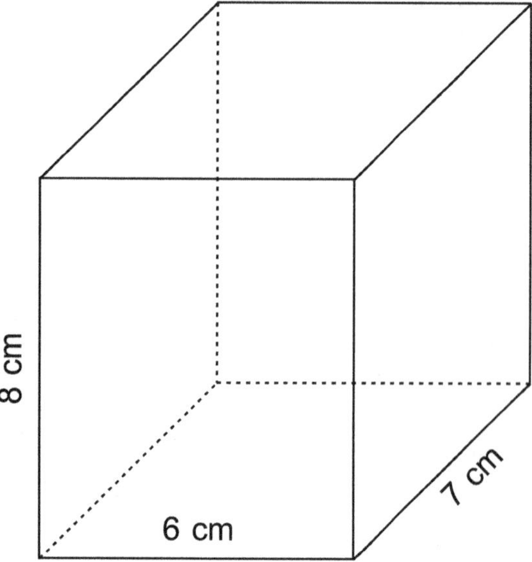

© KingSchool Edition

Calculer le volume

1.

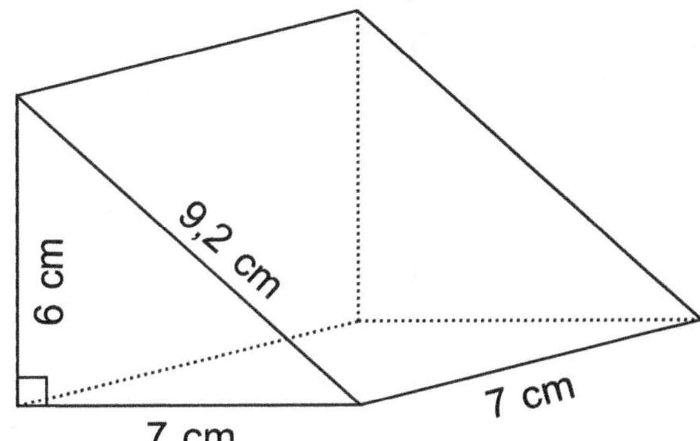

....

2.

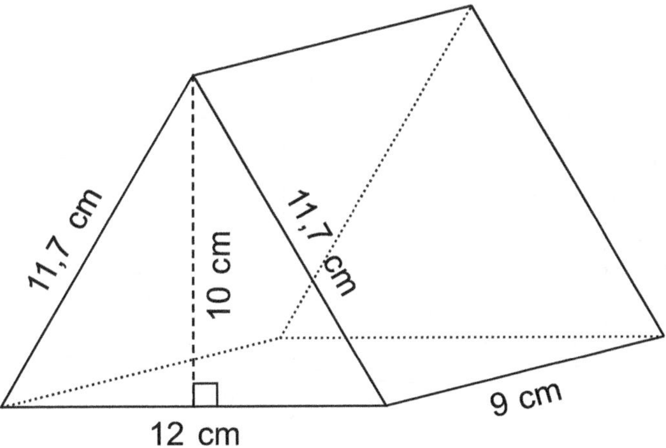

....

3.

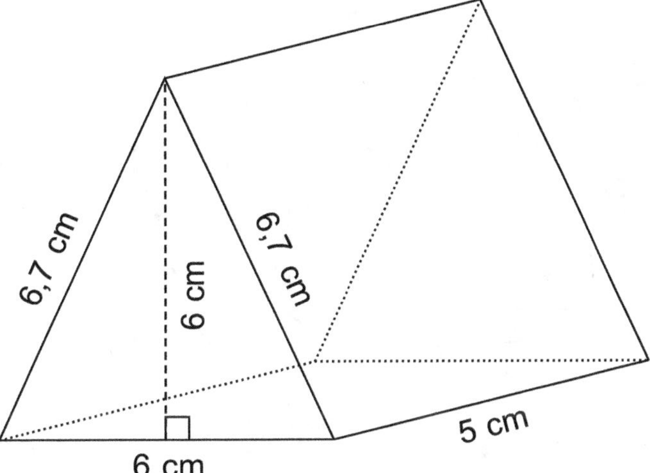

....

© KingSchool Edition

Calculer le volume

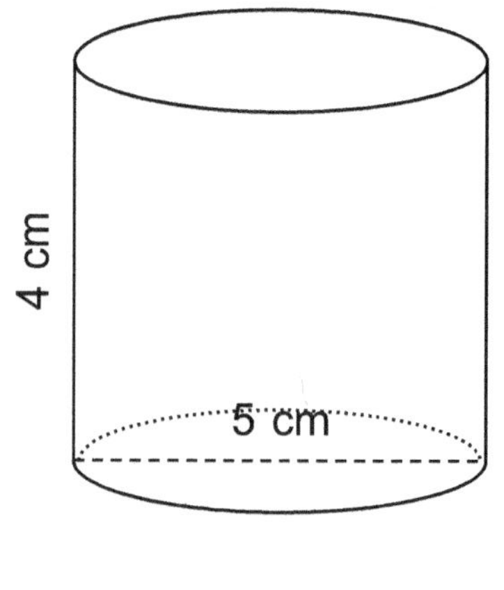

1.

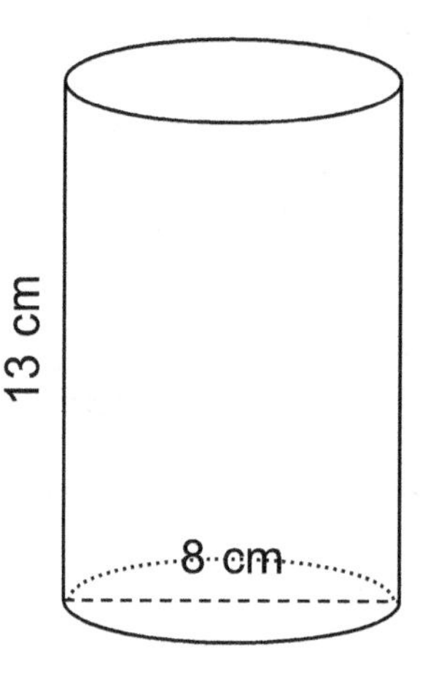

2.

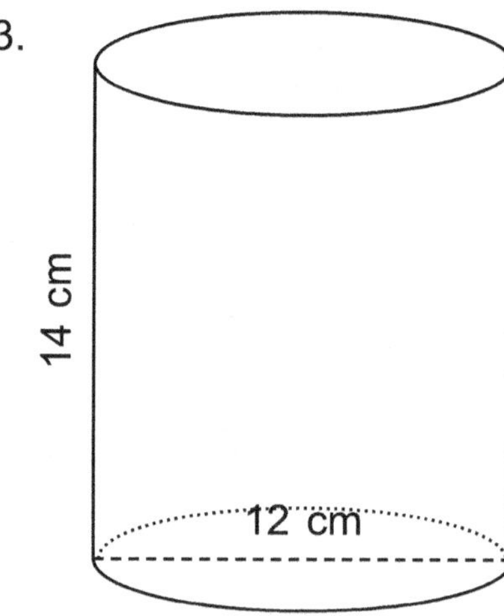

3.

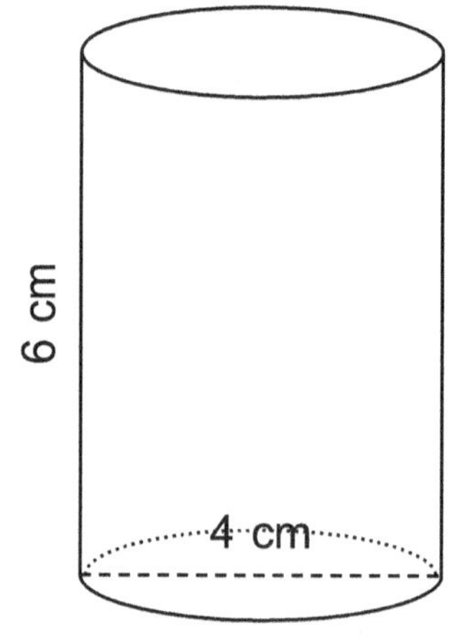

4.

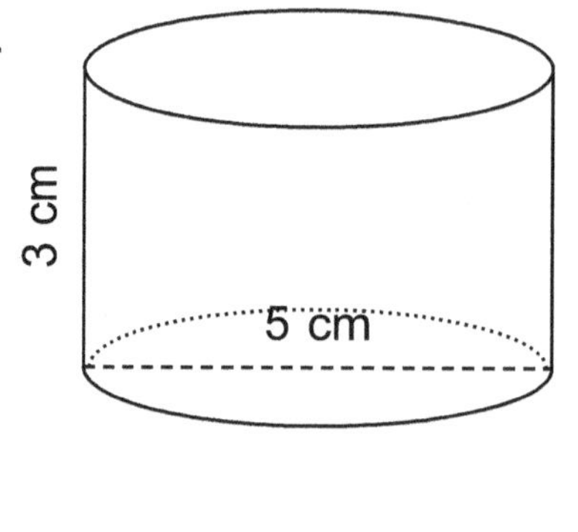

5.

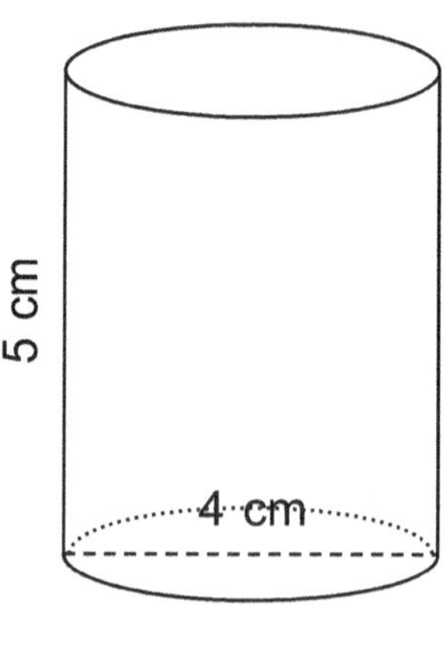

6.

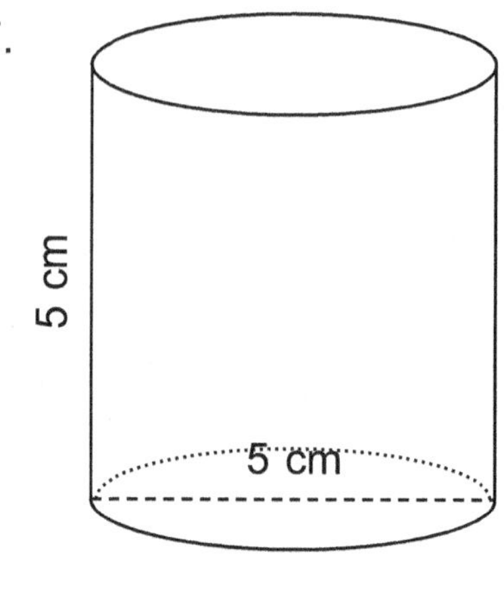

7.

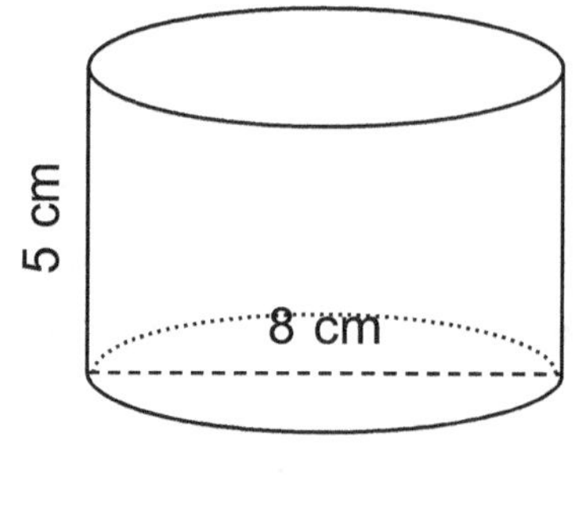

8.

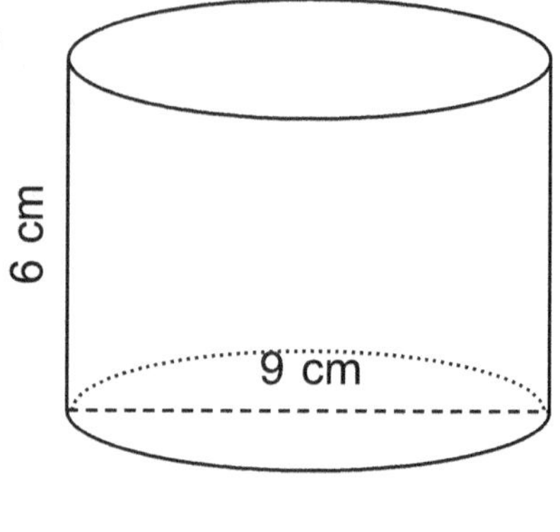

9.

© KingSchool Edition

Calculer le volume

1. 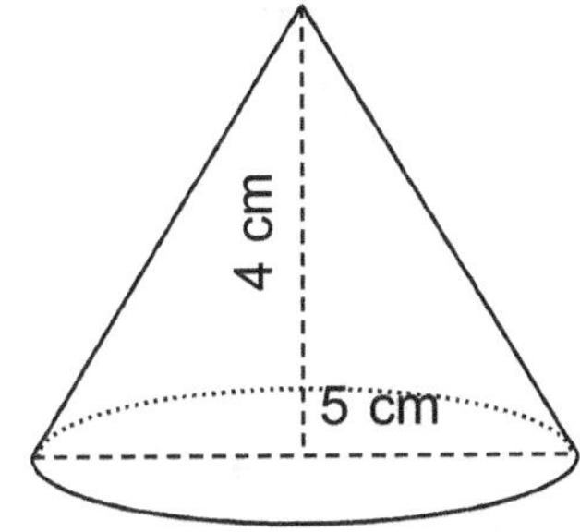

2. 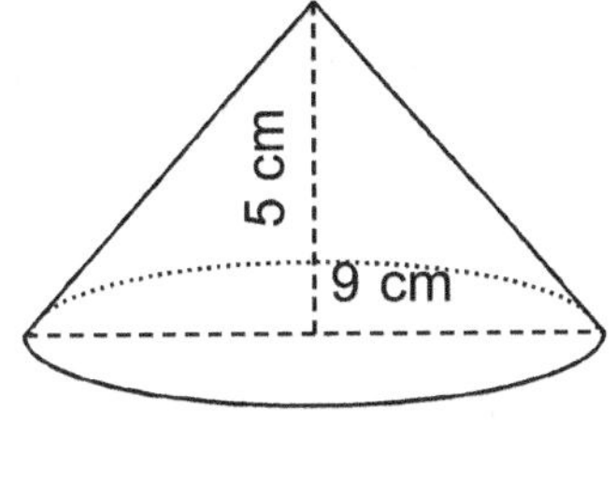

3. 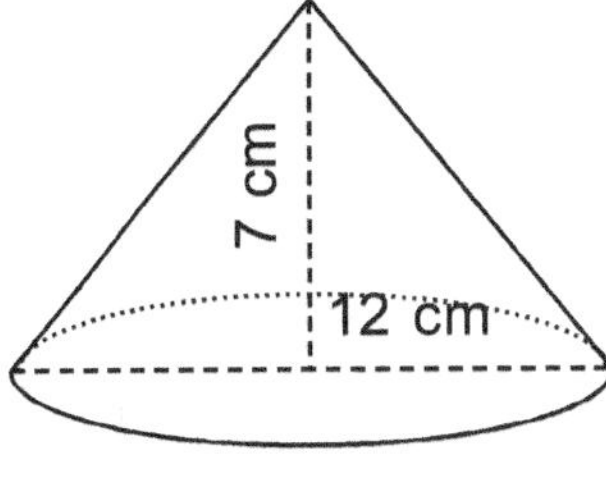

4. 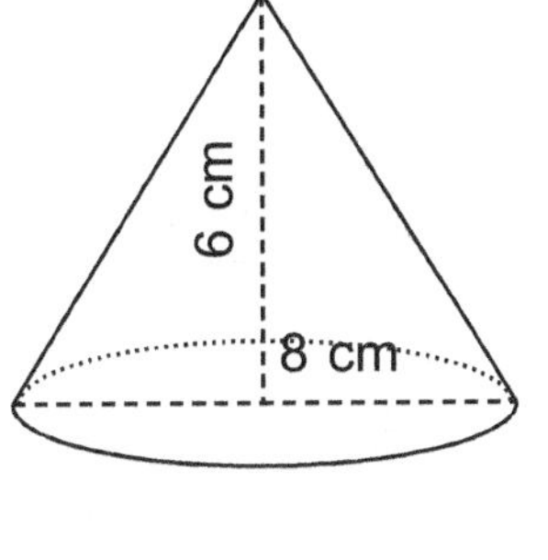

5. 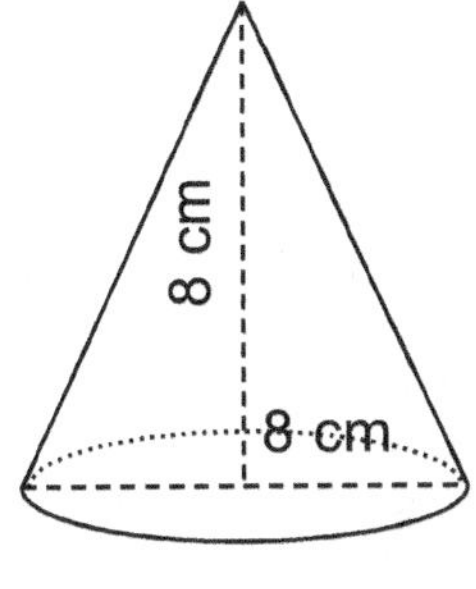

6. 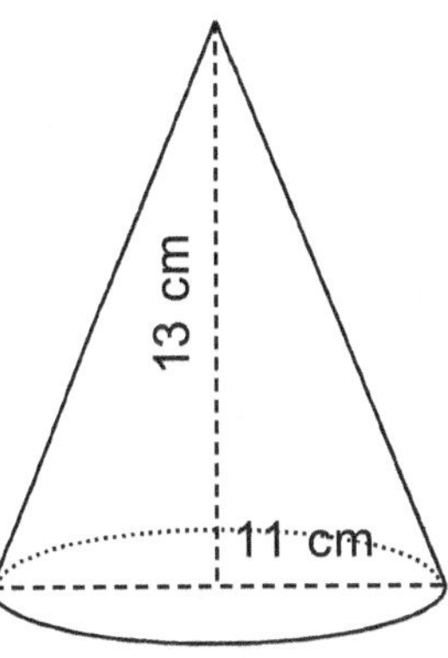

7. 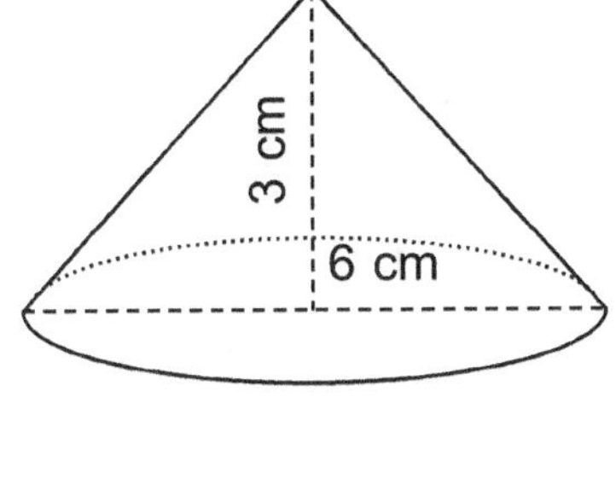

8. 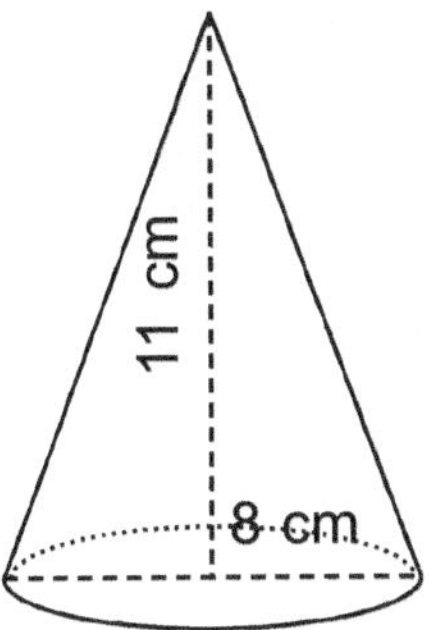

9. 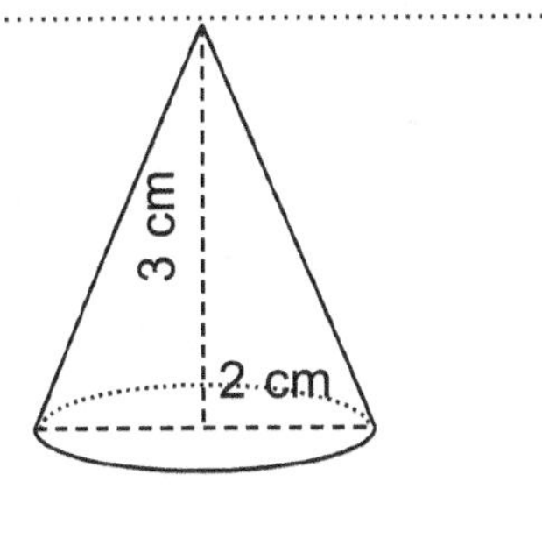

10. 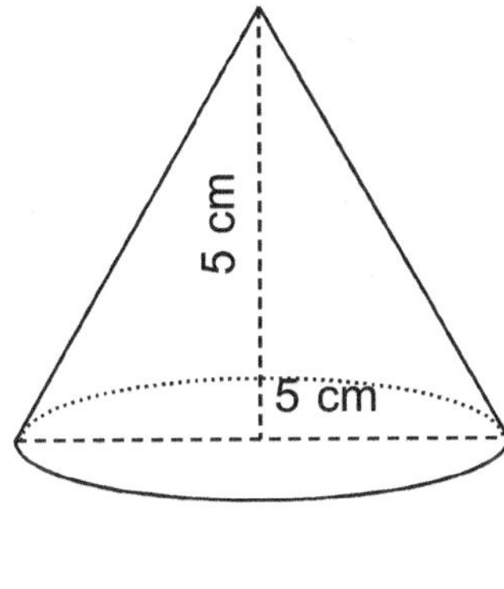

11. 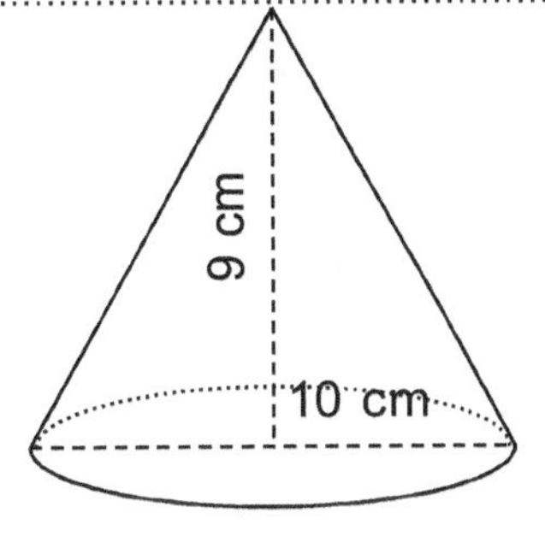

12. 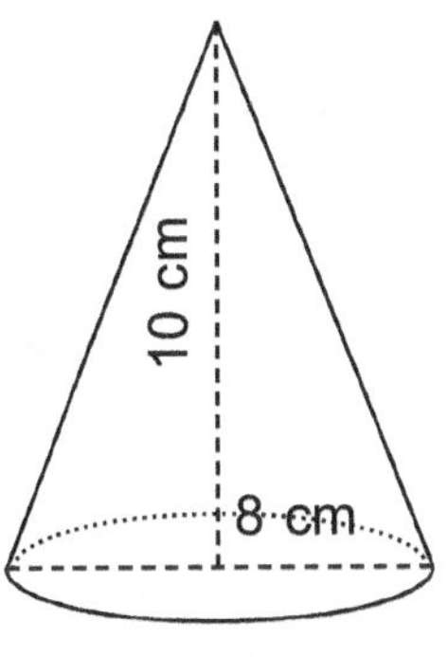

© KingSchool Edition

Calculer le volume

1. 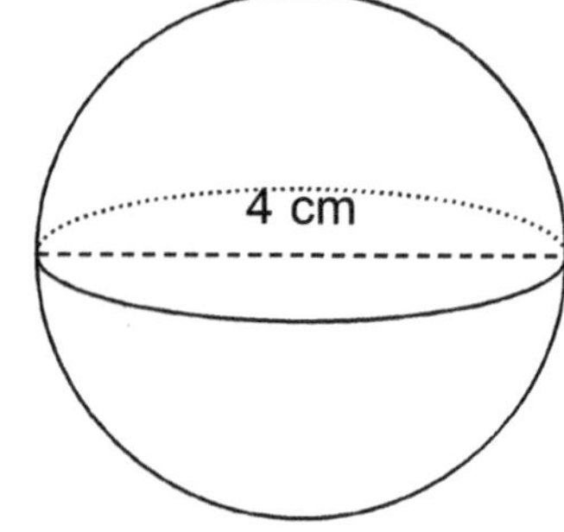

2. 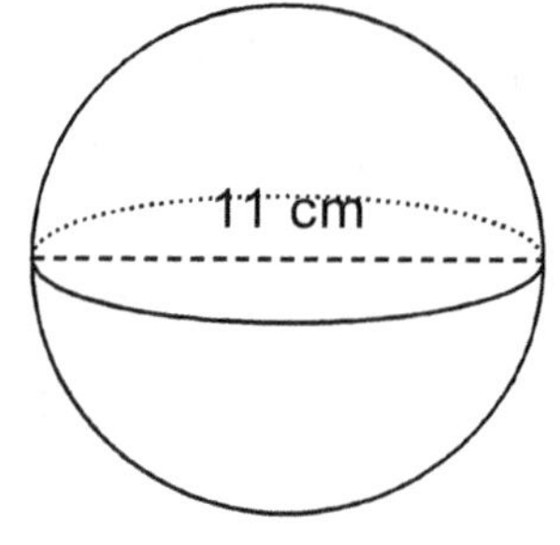

3. 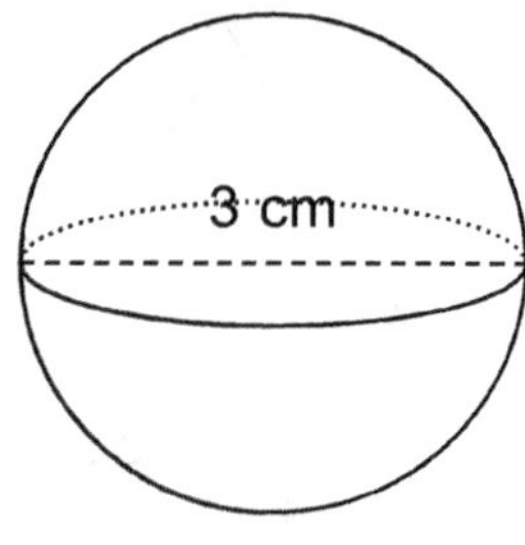

4. 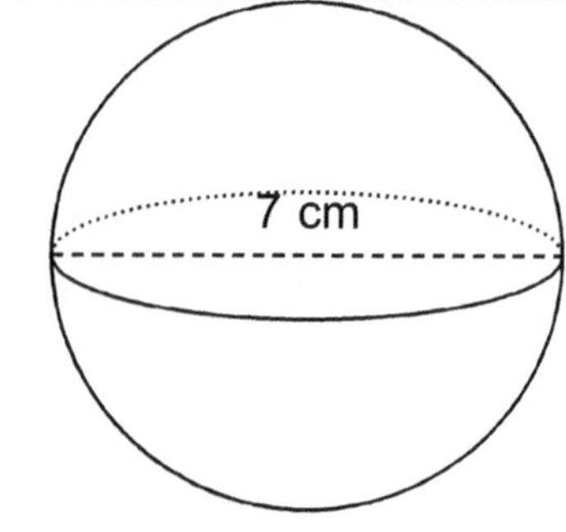

5. 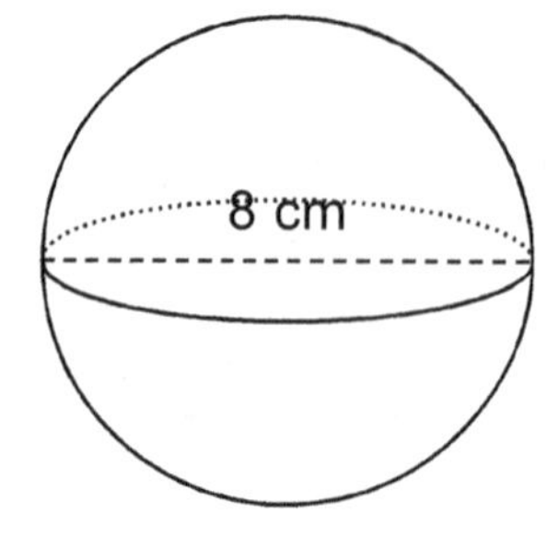

6. 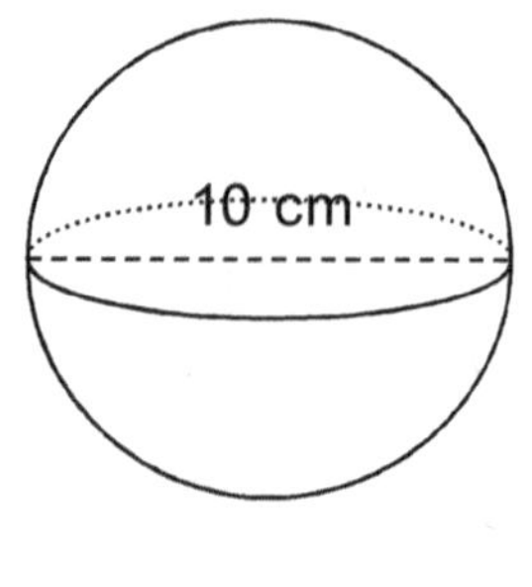

7. 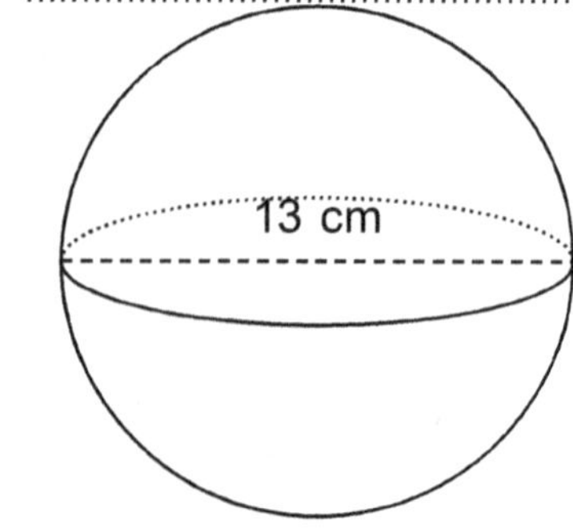

8. 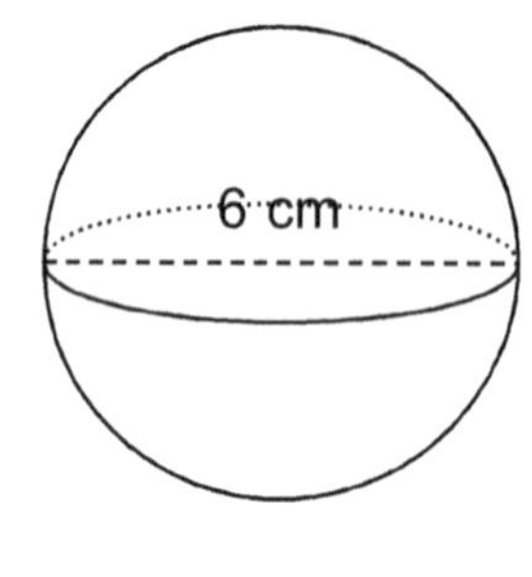

9. 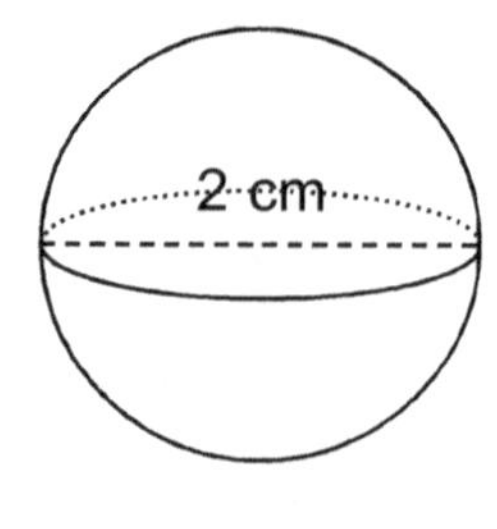

10. 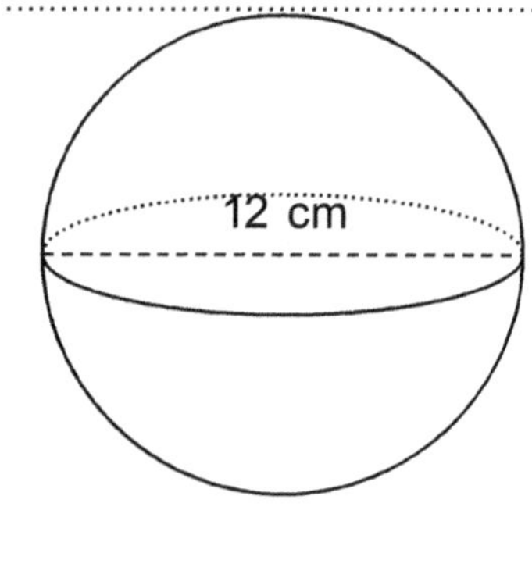

11. 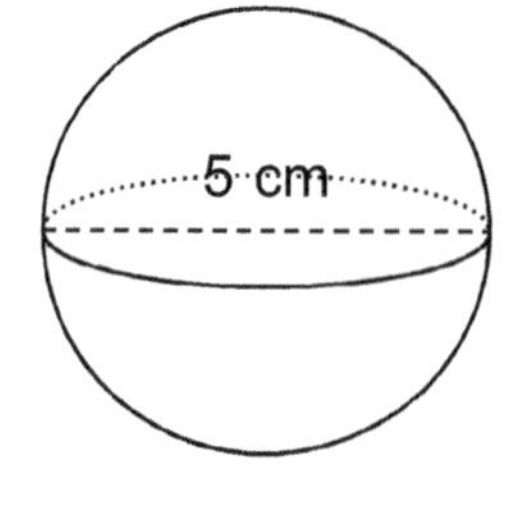

12. 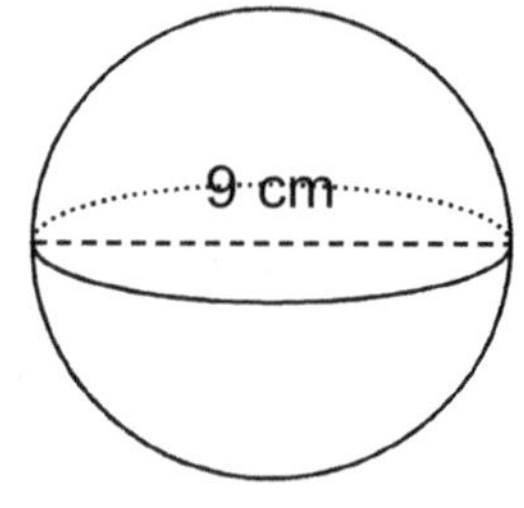

© KingSchool Edition

www.ingramcontent.com/pod-product-compliance
Lightning Source LLC
Chambersburg PA
CBHW081932120726
47997CB00010B/3122